한경MOOK 한경MOOK는 빠르게 변화하는 사회 흐름에 발맞춰 시시각각 현상을 분석하고 새로운 대안과 인사이트를 제시하기 위한 무크 형태 단행본을 발행하는 한국경제신문사의 새 브랜드입니다.

한경 SPORTS

명품 스윙 에이미 조

EASY GOLF

초보부터 스윙이 무너진 골퍼까지

기본기편

'에이미화(化)'한 골프 노하우
같이 배워보시겠어요?

골프채를 잡아본 사람이라면 누구나 동감하겠지만, 골프는 참 어려운 스포츠입니다. 아주 짧은 시간에 여러 가지를 생각하고 컨트롤해야 하니까요. 스윙을 일정 수준으로 끌어올릴 때까지 정말 많은 고통과 스트레스, 고독을 경험하죠. 흡사 복잡하게 엉켜 있어 풀기 힘든 커다란 실뭉치같이 느껴질 때가 적지 않습니다. 혼자만의 싸움이라는 점에서 참 고독한 스포츠이기도 하고요. "골프는 마스터할 수 없다"라는 말이 공공연히 회자될 정도죠.

그럼에도 한국 아마추어 골퍼의 골프 사랑은 대단합니다. 시간을 쪼개 열정적으로 연습하고, 실력을 키우기 위해 끊임없이 연구하고 고민하죠. 좋은 분들과 멋진 코스에서 즐기는 라운드를 가장 큰 행복으로 꼽는 분도 많습니다. 골프가 잘 안 되면 삶 자체가 슬퍼지고, 골프가 잘되면 온 세상이 핑크빛으로 보이는 경험, 한 번쯤 있지 않나요?

저는 많은 아마추어가 이 특별한 스포츠에 들이는 시간과 비용에 비해 실제 라운드에서는 자기 능력의 최대치를 발휘하지 못하는 점이 늘 안타까웠습니다. 그래서 골프 실력을 좀 더 쉽고 빠르게, 그리고 효율적으로 향상시킬 수 있는 방법을 연구해 저만의 노하우인 '에이미화(化)'를 만들어냈죠.

골프의 스윙은 생각보다 훨씬 더 과학적입니다. 모든 동작이 연결돼 있기에 근력이 약하더라도 시퀀스만 잘 이뤄낸다면 훌륭한 비거리를 낼 수 있습니다. 열두 살 된 여자 선수들이 219~228m를 치고, 미국 프로골프(PGA) 투어 선수 브라이슨 디섐보(Bryson DeChambeau)는 물리학적 요소를 스윙에 반영해 비거리의 새로운 역사를 쓰고 있죠. 그는 최근 자신의 신체 조건을 계산해 스윙 스피드를 높이고 비거리를 획기적으로 늘리며 골프 스윙이 과학적이라는 사실을 검증했습니다.

단순해 보이는 스윙에는 여러 요소가 복잡하게 얽혀 있습니다. 그렇기에 기본이 가장 중요한데요. 투어 선수들은 몸 정렬, 공 위치, 스탠스 넓이, 그립 등 기본자세에 정말 많은 에너지와 시간을 할애합니다. 기본이 잘못되면 스윙이 삐뚤어질 수밖에 없습니다. 기본자세가 스윙의 첫 단추인 셈이죠. 반면 아마추어는 대부분 처음 골프를 시작할 때 기본자세에 많은 시간을 투자하는 것을 불만스러워합니다. 어렵고 멋진 동작을 빨리 배우고 싶은데 기본자세를 반복하면 지루해하기 일쑤죠. 그러다 보니 아마추어들이

by_**에이미 조** LPGA Class A 티칭 프로

기본의 중요성을 놓치는 경우가 많습니다. 하지만 아마추어일수록 기초를 더 정확하게 잡아야 합니다. 프로보다 연습량이 압도적으로 적기 때문이죠. 또한 셋업이 잘 잡혀 있어야 우리가 원하는 강력한 골반 회전을 만들 수 있고, 비거리와 방향성을 잡을 수 있죠. 이는 스윙의 각 요소가 유기적으로 얽혀 있기 때문인데요. 기본이 무너지면 스윙은 물론 부상으로 몸도 망가지게 되죠.

어릴 적부터 골프는 제 삶의 전부였습니다. 한국어보다 골프를 먼저 배웠고, 제 첫 드라이버와 페어웨이 우드는 요즘 볼 수 없는 나무로 만든 제품이었죠. 선수로 투어 활동을 했고, 허리 부상을 여러 차례 겪으며 스윙도 계속 바뀌었지요. 결국 부상으로 어린 나이에 선수 생활을 은퇴했지만 강습을 통해 많은 아마추어와 교감하며 새로운 목표를 얻었습니다. 투어 선수의 언어도 잘 알고 아마추어의 언어도 이해하는 코치로서 할 수 있는 일. 바로 아마추어들이 골프에서 얻는 심적 부담을 제가 조금이나마 덜어주고, 최대한 빠른 시간에 올바른 스윙을 만들 수 있도록 돕는 것입니다.

이번 책은 이제 갓 골프에 입문해 100타를 깨고 싶어 하는 '골린이'를 위해 준비했습니다. '깨백'을 원하는 골린이들이 골프에서 궁극적으로 추구하는 것은 프로 전향이 아닙니다. 멋진 스윙을 만들고 비거리와 방향성을 키워서 친구들과 골프를 즐겁게 치는 것이죠. 일단 배우는 과정이 즐거워야 하고, 최단 기간에 좋은 결과가 나와야 하죠. 스윙 요소를 에이미화한다면 어려운 일이 아닙니다.
골린이들의 눈높이에 맞춰 골프를 분석하고 이끌어드리겠습니다. 골프에 흥미를 잃지 않도록 진도는 빠르게 나가되 기본을 계속 점검하고 체크해 혼자서도 효율적으로 잡을 수 있도록 도와드릴게요. 저를 믿고 끝까지 함께해주신다면 혼자서도 골프 스윙의 원리를 쉽게 이해하고 동작을 익힐 수 있을 겁니다.

사랑하는 아버지 덕분에 골프를 시작했습니다. 아버지는 매일 골프 잡지를 읽고, 레슨 비디오를 보며 스윙을 연구하셨죠. 저를 골프의 길로 이끌어주신 아버지는 건강 문제로 10여 년 전 돌아가셨습니다. 골프를 사랑한 아버지 덕에 골프와 관련해 만나는 모든 사람이 누군가의 소중한 아버지, 어머니, 자녀라는 생각을 하게 됩니다. 그래서 강습을 할 때 항상 다치는분이 없도록 각별히 조심하고 최선을 다하려 노력합니다. 책을 통해서도 저의 진심이 전달되면 좋겠습니다.

이 책 사용 설명서

평소 자신의 스윙을 머릿속에 그려보면서 책을 읽습니다.
그동안 유튜브에 떠도는 너무 많은 영상 정보와 각기 다른 코칭 때문에 뒤죽박죽이던 골프 스윙법 중 무엇이 잘못됐는지 확인할 수 있습니다. 이제 잘못된 동작과 따라 하고 싶은 연습법을 체크리스트에 표시합니다. 무엇이 잘못됐는지 확인했다면 순서를 정해 하나씩 연습해서 몸에 익히도록 합니다. 하나의 동작을 마스터했다면 체크 박스에 표시하고 다음 동작으로 넘어갑니다. 이해가 어려운 부분은 각 페이지에 삽입된 QR코드를 이용해 에이미 조의 유튜브 영상을 보면 좀 더 친절한 설명을 들을 수 있습니다. 아직 용어가 낯설다면 책 뒤쪽에 실린 골프 용어(186쪽)를 참고하세요. 내용을 이해하는 데 큰 도움이 됩니다.

구분		올바른 연습법	페이지(P)	점검
아이언 풀스윙	셋업	바나나를 쥐는 느낌을 생각하며 그립을 잡는다.	14	☐
	오른발	오른쪽 엄지발가락의 왼쪽 측면을 바닥으로 굴린다.	23	☐
	템포	톱에서 클럽이 세팅되며 살짝 서는 구간이 1, 다운스윙이 마무리된 후 피니시에서 2가 된다.	28	☐
	골반 회전과 릴리스	테니스 라켓을 이용해 다운스윙한다. 이때 왼손으로 오른 팔꿈치를 안쪽으로 살짝 당기며 받친 후 골반 회전만으로 라켓을 휘두른다.	31	☐
드라이버/ 우드	셋업	오른쪽 엉덩이를 타깃 쪽으로 2~3cm 밀어주며 어깨와 팔뚝이 정렬되도록 한다.	45	☐
	그립	왼손의 새끼손가락은 공간이 뜨지 않게 그립에 닿도록 감싼다. 양손의 엄지와 검지가 오른쪽 어깨를 가리킨다.	49	☐
	코일	백스윙 톱에서 허벅지 윗부분을 꼬는 느낌으로 코일한다.	57	☐
	행백	다운스윙이 시작될 때 오른발 앞꿈치에 잠시 힘을 실어주며 체중이동을 잠깐 지연시키는 행백을 한다.	62	☐
	리듬	3번 우드로 칠 때는 백스윙 때 1-2-3, 다운스윙 때 1-2-3를 카운트한다.	72	☐
피칭/치핑	스탠스	칩샷에서는 양발 엄지 사이에 주먹 하나가 들어갈 정도로 아주 좁게 선다.	85	☐
	스윙	스윙 시 두 팔과 어깨가 이루는 삼각형을 최대한 지키면서 등을 이용해 어깨 움직임을 만든다.	87	☐
	칩샷	미스샷이 쉽게 나는 단점이 있는 플롭샷을 대신해 칩샷으로 안전하게 백스핀 샷을 친다.	102	☐
벙커샷	클럽페이스	그립을 살짝 돌려 잡아 클럽헤드 리딩에지가 밖으로 향하게 한다.	121	☐
	임팩트	솔 전체가 아니라 힐 쪽에 있는 헤드 밑부분인 '힐 솔'을 사용해 끝까지 스윙한다.	139	☐
퍼팅	셋업	무릎을 조금 덜 구부린다. 그 대신 골반을 더 많이 숙여서 높이를 맞춘다.	147	☐
	얼라인먼트	양발 엄지가 12시 방향을 향하게 '11자' 모양으로 만들어 양 엄지 라인이 타깃-공 라인과 평행하게 선다.	147	☐

CONTENTS

004 **PROLOGUE**
'에이미화(化)'한 골프 노하우
같이 배워보시겠어요?

006 **MANUAL**
이 책 사용 설명서

SECTION ──── 1
아이언 풀스윙

012 **SET-UP**
그립 제대로 잡는 법

016 **TRAINING 1**
완벽한 아이언샷을 만드는
힘의 비율

020 **TRAINING 2**
일정한 샷을 위한 스윙 궤도

022 **TRAINING 3**
오른발이 중요한 이유

026 **TRAINING 4**
스윙의 템포를 찾아서

030 **TRAINING 5**
비거리와 파워는
이것에 달렸다

036 **TIP**
좋은 스윙을 만드는 습관

SECTION ──── 2
드라이버/우드

042 **SET-UP**
드라이버/우드 기본자세

046 **GRIP**
세 손가락의 비밀

050 **ROTATION**
히프 턴만 잘해도 골프력
레벨 업

060 **TRAINING 1**
드라이버 체중이동은
아이언 체중이동과 다르다

064 **TRAINING 2**
굿바이 슬라이스

066 **TRAINING 3**
한 방에 '훅' 고쳐드립니다!

070 **TRAINING 4**
3번 우드, 스윙의 비밀

076 **TRAINING 5**
트러블샷은
하이브리드로 막자

080 **TIP**
오른팔 훈련법

SECTION ──── 3
피칭/치핑

084 **TRAINING 1**
기초부터 다지는 칩샷

090 **TRAINING 2**
웨지 하나로 러닝,
백스핀 칩샷을 동시에

096 **TRAINING 3**
웨지 종류에 따른 샷 연습법

100 **TRAINING 4**
프로와 아마추어,
어떻게 다를까

104 **TRAINING 5**
오르막 내리막 두렵지 않다

110 **TRAINING 6**
위기를 탈출하는 토 칩샷

114 **TIP**
멘털 케어 노하우

SECTION ──── 4
벙커샷

- **118** SET-UP
  벙커샷 셋업
- **122** TRAINING 1
  벙커 탈출을 위한 스윙법
- **126** TRAINING 2
  27m 이상의 벙커샷은
  샌드웨지 대신 갭웨지로
- **132** TRAINING 3
  오르막 라이 벙커샷
- **136** TRAINING 4
  내리막 라이 벙커샷
- **140** TRAINING 5
  박힌 볼 빼내는 기술
- **142** TIP
  생크병 극복 노하우

SECTION ──── 5
퍼팅

- **146** SET-UP
  퍼팅 셋업 마스터하기
- **148** GRIP
  퍼터 그립 잡는 방법
- **152** TRAINING 1
  3퍼팅 없애는 비법
- **156** TRAINING 2
  쇼트 퍼팅 실수
  줄이는 노하우
- **162** TRAINING 3
  내리막 퍼팅 시
  토로 굴리라고?
- **164** TRAINING 4
  이렇게 하면 나도 퍼팅신!
- **166** TRAINING 5
  프로처럼 퍼팅라인 읽기
- **168** TIP
  퍼터 구매 전 체크리스트 5

SECTION ──── 6
골프 상식

- **172** CLUB
  꼭 알아야 할
  골프 클럽의 종류
- **174** FITTING
  골프 실력과 직결되는
  클럽 피팅 노하우
- **176** COURSE
  골프장 구성의 비밀
- **178** CHECKLIST
  라운드 체크리스트
- **180** MANNER
  매너가 골퍼를 만든다
  꼭 지켜야 할 골프 에티켓
- **184** RULE
  골프 규칙 제대로 알기
- **186** DEFINITION
  골프 용어 사전

SECTION ①
Iron Full Swing

Let's get Aimeefied —— 에이미 따라잡기

아이언 풀스윙

에이미's Training Note

🏌 오늘의 자세	아이언 풀스윙
⛳ 포인트	손힘 빼는 연습부터 할 것!

> **"**
> 어떻게 하면
> 100타를
> 깰 수 있을까요?

> **"**
> 드라이버가
> 잘 맞으면 아이언이
> 안 맞아요.

> **"**
> 아이언
> 비거리를
> 늘리고 싶어요.

100타를 깨고 싶어 하는 '백돌이', '백순이'들의 공통적 고민이다. 100타를 깨는 방법은 간단하다. 현실적으로 내가 몇 타를 치는 골퍼인지, 정확한 평균 비거리가 얼마인지를 정확하게 파악해야 한다. 그래야 자신의 장단점을 알고 부족한 부분을 빠르게 메울 수 있다.

자신의 진짜 실력을 파악했다면 7번 아이언(Iron)을 잡아보자. 14개 클럽 중 중간 위치로 길이가 길지도 짧지도 않아 기본적인 스윙을 배우기에 좋다. 7번 아이언으로 스윙의 기본 틀을 잡으면 드라이버(Driver), 우드(Wood), 하이브리드(Hybrid), 롱아이언(Long Iron) 등 각 클럽에 맞는 스윙을 익힐 수 있는 바탕을 갖추게 된다.

그립(Grip), 스탠스(Stance), 머리 움직임, 템포(Tempo), 몸의 회전은 모두 연결돼 있고 서로 영향을 받는다. 시작점은 바로 손의 힘이다. "손힘 빼는 데 3년이 걸린다"라는 말이 있을 정도로 많은 골퍼가 스윙을 할 때 손힘을 빼지 못해 애를 먹는다. 손힘을 빼야 하는 가장 큰 이유는 부상 위험을 줄이기 위해서다. 손에 힘이 들어가 그립이 틀어지면 손가락과 손목, 엘보 등의 부상 위험이 커진다.

각 스윙 요소를 매끄럽게 연결하는 기본자세를 익히기 위해서도 손힘을 빼야 한다. 초보들은 스윙을 '손으로 클럽을 잡고 휘둘러 공을 맞추는 것'이라고 생각하기 때문에 손힘으로 스윙을 하려고 한다. 하지만 스윙은 몸통을 회전해 클럽헤드(Club Head)가 궤도를 지나가는 과정이다. 파워는 몸의 큰 근육으로 끌어내고, 손은 클럽이 궤도를 지나는 과정에서 코킹(Cocking), 릴리스(Release) 동작을 잡는 역할을 한다. 이때 손에 힘이 과하게 들어가면 파워도 잃고 궤도, 코킹, 릴리스 등이 모두 망가진다. 몸통 회전이 올바르지 못할 경우에도 부족한 힘을 메꾸려고 손힘을 쓰게 된다. 그 결과 비거리가 짧아지고 목표 지점에서 너무 벗어나는 미스샷이 발생하고 만다.

그립 제대로 잡는 법

SECTION ① | Iron Full Swing | SET-UP

왼 손바닥
왼 손바닥 중앙에 동그랗게 공간이 생긴다면 올바른 그립이 완성된 것이다.

오른손 엄지를 제외한 네 손가락
모양만 잡는 정도로 손에 힘이 들어가지 않아야 한다. '바나나를 쥐는 느낌'을 생각하면 쉽다.

아이언 셋업 정면

스윙의 시작은 그립이다. 손가락 위치만 잘 잡아줘도 채가 손에서 헛돌지 않고, 손힘도 성공적으로 뺄 수 있다. 그래서 내가 개인 레슨과 유료 사이트에서만 알려주는 그립 비법을 소개하고자 한다. 손힘을 자연스럽게 빼면서도 안정적으로 채를 활용할 수 있는 에이미화된 그립이다.

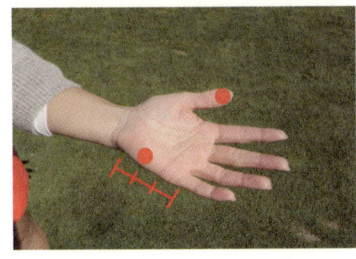 

①, ② 그립 왼 손바닥　　　　　　　③ 그립 감싸는 법

──────── 손가락을 제외한 왼 손바닥의 옆날을 3등분한 뒤 손목에서 가까운 지점에 라인을 그리자. 그리고 왼쪽 엄지손가락의 가장 윗부분에 점을 찍자. 클럽의 그립 끝을 시계라고 상상해보자.

① ──── 12시 방향과 손바닥에 그린 3분의 1 선을 맞추고
② ──── 왼손 엄지 끝에 찍은 점도 12시 지점에 맞추자.
③ ──── 나머지 네 손가락으로 그립을 감싼다. 이때 왼손 엄지손가락은 그립과 나란한 방향이 아니라 약간 비스듬하게 잡힌다. 이렇게 그립을 잡으면 왼손 엄지와 검지가 V자를 만들게 된다. 이 V자가 오른쪽 어깨를 가리켜야 한다. 이게 바로 '뉴트럴 그립'이다.

왼손 그립

──────── 이때 엄지를 제외한 네 손가락은 모양만 잡는 느낌으로 힘이 들어가지 않아야 한다. 네 손가락으로 그립을 감싸라고 하면 초보자는 손에 힘을 꽉 주고 그립을 단단하게 쥐는 경우가 많다. 그러면 스윙하는 내내 힘이 절대 빠지지 않아 스윙을 망치게 된다. 그립을 잡을 때 '바나나를 쥐는 느낌'을 생각해보자. 너무 세게 잡으면 바나나가 뭉개지고, 그렇다고

너무 살살 쥐면 바나나가 손에서 떨어진다. 바나나가 떨어지지 않되 뭉개지지 않을 정도로 살짝 잡아야 한다는 얘기다.

바나나를 쥐는 느낌을 적용한 그립

이때 왼 손바닥 중앙에 동그랗게 공간이 생긴다면 올바른 그립이 완성된 것이다. 그립을 잡을 때 손바닥이 고무 그립과 닿아 있다면 손바닥으로 잡은 것이다. 그러면 손목 힘이 빠지지 않고, 백스윙(Back Swing) 때 손목 코킹을 만들어내기 어렵다. 손목 코킹이 제대로 돼야 스윙 플레인(Swing Plane)과 클럽헤드 각도를 똑바르게, 일정하게 잡을 수 있다. 또한 코킹을 제대로 하면 힘을 덜 들이고도 높은 클럽헤드 스피드를 만들어낼 수 있다. 클럽헤드 스피드는 비거리를 만들어내는 핵심 요소다. 코킹을 올바르게 하고 손목과 손의 힘을 빼려면 손바닥이 아니라 손가락으로 그립을 잡는 것이 첫 단추인 셈이다.

오른손

오른손에는 3곳에 표시를 할 것이다. 우선 오른 손바닥을 보고 있는 자세에서 손목을 왼쪽으로(시계 반대 방향으로) 90도 돌린다. 그러면 엄지와 검지의 옆면이 보인다. 검지의 두 번째 관절에서 세 번째 관절까지 선을 긋는다. 그런 다음엔 검지의 두 번째 관절 안쪽에 X자를 표시한다. 마지막으로 엄지손가락의 지문을 보고 있는 상태에서 왼쪽 윗부분에 점을 찍는다.

① 오른손은 움켜쥐는 게 아니라 그립의 3시 방향에서 밀어주는 역할이라고 생각하자. 이러면 오른 손바닥 가운데와 왼손 엄지손가락 윗부분이 맞닿아

연결되는 느낌이 든다. 두 손이 잘 연결돼야 손가락 힘을 뺄 수 있다.

② ── 검지와 중지는 그 사이에 손가락 하나 정도가 들어갈 정도로 약간 벌린다. 방아쇠를 잡는 듯한 모양이 될 것이다. 이때 첫 번째로 그린 긴 선이 그립과 평행을 이루는 것을 볼 수 있다.

③ ── 검지 두 번째 마디에 그린 X자는 그립의 4시 방향을 받치게 된다. 이 부분이 에이미화 그립의 핵심이다. 여기를 잘 잡아줘야 임팩트(Impact) 때 클럽헤드의 움직임을 줄여 공을 눌러 칠 수 있고 손맛도 더욱 좋아진다. 백스윙 톱에서 손목을 코킹하며 마무리하는 클럽 세팅도 이 X가 그립을 잘 받쳐줄 때 더 완벽해진다. 백스윙 톱에서의 클럽 세팅은 눌러 치기, 클럽헤드 릴리스와 컨트롤을 위한 기본 조건이다.

③ ── 엄지에 그린 점은 그립 11시 30분 위치에 닿게 한다. 이때 오른손 엄지와 검지가 V자를 이루는데 이 V자 역시 오른쪽 어깨를 향해야 한다. 이게 바로 뉴트럴 그립이다. 이때 검지의 X와 엄지의 점으로 그립을 꼬집는 듯한 느낌이 있어야 한다.

──── 에이미화된 그립의 비밀은 검지의 X와 엄지의 점이다. 전통적인 스윙 방법인 클래시컬 스윙에서는 이 두 손가락 힘을 빼라고 가르친다. 훈련 방법으로 두 손가락을 빼고 연습하라고 가르치기도 한다. 하지만 골프 장비가 발전하면서 그립도 바뀌었다. 타이거 우즈나 브룩스 켑카, 더스틴 존슨 등 젊은 선수들은 이 두 손가락을 셋업(Set-up)부터 꽉 잡는다. ──── 에이미화 그립은 손가락 힘, 악력, 손목 힘, 어깨 힘을 구분할 수 있도록 세팅됐다. 올바른 그립은 손가락과 손바닥, 어깨 등 각 부분에서 활용하는 힘을 구분하는 데서 시작한다. "손힘을 빼라"는 말은 클럽이 손가락 안에서 헛돌지는 않되 악력과 손목 힘, 어깨 힘을 빼라는 뜻이다. 같은 맥락에서 "오른손을 쓰지 말라"는 말 역시 "오른쪽 어깨를 쓰지 말라"로 바꿀 필요가 있다.

──── 앞서 말한 '바나나를 쥐는 정도의 힘'은 약 20%의 힘으로 잡는다고도 표현한다. 먼저 그립을 잡은 양손을 꽉 쥐어 100%를 만들어보자. 그런 다음 힘을 쭉 빼자. 0%로 만들면 클럽이 손에서 빠질 것이다. 클럽이 손에서 돌지 않을 정도로 최대한 살살 잡는 정도가 20%다. 이 정도 힘을 쓰면 손목에 힘이 들어갔는지, 팔뚝과 어깨, 목에 힘이 들어갔는지 느낄 수 있다. 그립을 꽉 잡을 때에는 손가락에서 손목, 팔뚝, 어깨, 목 전체에 힘이 들어가기 때문에 부위별 힘 사용 여부를 알아채기 어렵다.

──── 손가락 힘을 빼면 손목이 부드러워지고 팔뚝, 어깨, 목의 근육도 힘을 뺄 수 있다. 코킹이나 궤도를 교정하기 위한 기본 바탕이 만들어지는 셈이다. 100타 깨기를 목표로 하는 골린이는 이것을 바로 몸에 적용하기가 쉽지 않다. 하지만 이론을 이해한 상태에서 경험과 시간이 쌓이면 "유레카!" 하며 와닿는 순간이 올 것이다.

그립의 정석

1
오른 손바닥을 보고 있는 자세에서 손목을 시계 반대 방향으로 돌린다.

2
검지의 두 번째 관절 안쪽에 X자를 표시한다.

3
엄지손가락의 지문을 보고 있는 상태에서 왼쪽 윗부분에 점을 찍는다. 검지의 X와 엄지의 점으로 그립을 꼬집는 것이 핵심!

영상으로 확인!

정확하게 그립 잡는 방법

완벽한 아이언샷을 만드는 힘의 비율

SECTION ① Iron Full Swing | TRAINING

고개의 방향
측면에서 볼 때 머리는 1~2시 사이를 가리키고 무릎은 살짝 구부리는 것이 좋다.

무릎 각도
여기에다 키가 크다면 무릎을 좀 더 구부리고 키가 작다면 덜 구부린다.

발바닥의 힘
무릎을 구부릴 때 핵심은 발바닥에 힘을 싣는 것이다. 셋업 때는 발바닥 가운데 또는 앞꿈치에 힘을 싣는 것이 가장 좋다.

아이언 풀스윙 셋업 측면

TRAINING 1

아마추어들에게는 다소 낯선 개념이겠지만 힘의 비율은 아이언샷의 구질을 결정하는 핵심 요소다. 스윙을 할 때 손힘과 하체 힘이 이루는 비율로, 두 힘이 적절한 비율을 이뤄야 공이 똑바로 멀리 나갈 수 있다. 그러면 골린이들은 의아해할 거다. "앞에서는 손힘을 쓰지 말라고 하더니 손힘의 비율이라고? 손힘은 0인 거 아닌가?" "프로들은 팔 힘을 엄청나게 쓰는데 왜 우리한테는 쓰지 말라는 거지?" 아주 좋은 지적이다. 프로들은 스윙 때 손과 팔의 힘을 쓴다. 중요한 것은 이때 어마어마한 하체 힘을 쓰고 있다는 점이다. 하체를 단단하게 버티며 스윙하기에 프로들은 안정된 궤도로 묵직한 파워를 만들어낸다. 반면 아마추어는 하체의 힘이 부족한 상태에서 손과 팔의 힘을 쓰기 때문에 궤도가 쉽게 틀어지고 밸런스가 무너지며 리듬이 급해진다. 물론 손힘을 사용할 수 있다. 다만 하체에 비해 상대적으로 덜 사용해야 한다. 기본적으로 하체 근력이 약한 아마추어는 하체 힘을 더 키우고 손과 팔의 힘은 더 빼주어야 하는 셈이다.

골프는 하체로 하는 운동

올림픽 육상 종목의 메달리스트를 가르칠 때 일이다. 육상은 다리를 주로 사용하는 만큼 하체 힘이 중요하다고 생각하기 쉽다. 하지만 그는 "빠르게 뛰기 위해 하체가 당연히 튼튼해야 하지만 상체 힘도 중요하다"라며 "육상을 할 때 팔과 어깨, 가슴, 등 부분의 근력 트레이닝을 강도 높게 했다"라고 말했다. 상체가 단단하게 균형을 잡고 있어야 적당한 흐름을 만들어낼 수 있을 정도로 상체 움직임을 컨트롤할 수 있고, 이를 통해 하체가 더 자유롭게 움직이고 추진력을 얻을 수 있다는 것이다.

그의 설명을 듣고 귀가 번쩍 뜨였다. 골프 스윙에서도 비슷한 원리가 정반대로 적용되기 때문이다. 초보자의 시선에서 골프는 손으로 클럽을 잡고 공을 맞추는 운동이다. 그렇기에 하체 힘이 중요하다는 사실이 골린이에게는 쉽게 와닿지 않을 것이다. 하지만 골프에서도 핵심은 하체다. 클럽을 잡고 있는 것은 손이지만 스윙의 힘은 하체, 골반, 허리 회전에서 나온다. 투어 프로들이 강도 높은 스쿼트(Squat)로 하체를 단련하는 것도 그런 이유에서다.

비거리를 내려면 클럽헤드 스피드가 빨라야 한다.

아이언 셋업 정면

클럽을 쥔 손으로 채를 이끈다고 해서 헤드 스피드가 나오지는 않는다. 하체가 단단하게 받쳐주는 상태에서 클럽을 잡고 있는 손의 힘을 빼야 상체를 휘두르는 과정에서 생기는 힘이 클럽헤드 속도를 만들어낸다. 그렇기에 키와 스윙이 같은 선수 둘이 있다면 하체가 더 튼튼한 쪽이 더 많은 비거리를 낼 수 있다.

──────── 하체에서 중요한 것은 단단하게 받쳐주는 다리, 그리고 골반의 회전이다. 프로 선수와 아마추어의 스윙에서 가장 큰 차이를 보이는 것이 바로 골반이다. 처음 티칭을 시작했을 때 대부분의 아마추어가 서로 약속이나 한 듯 골반을 비슷하게 움직이는 모습을 보고 당황했다. 여러 아마추어의 자세를 보고 연구한 결과, 하체 힘이 원인이라는 사실을 알게 됐다. 하체 힘이 받쳐주지 않는 상태에서 골반 회전을 제대로 이해하지 못한 채 스윙을 하려고 하니 손힘으로 공을 치게 돼 나오는 버릇이었던 것이다.

──────── 골반 동작을 최대한 빠른 시일 내에 올바르게 잡아주는 것이 레슨 전문가의 역할이다. 회전 방법을 기본부터 하나하나 고치는 것이 최선이지만, 워낙 오랜 시간이 걸리는 터라 많은 아마추어가 포기하곤 한다. 그래서 몸을 정확하게 쓰는 법을 최대한 신속하게, 즐겁게 만들어줘야 했고 이 과정에서 '에이미화'가 탄생하게 됐다.

──────── 그럼 이제 멋진 아이언샷을 완성해줄 상체와 하체 힘의 비율을 만드는 법을 에이미화해보자. 하체가 단단하게 버텨주지 못하는 아마추어에게 가장 흔하게 보이는 동작이 바로 얼리 익스텐션(Early Extension), 일명 배치기 동작이다. 셋업 측면 모습에서 골반 뒤에 선을 그어 벽이 있다고 가정했을 때, 프로는 스윙 내내 이 벽에서 골반이 벗어나지 않는다. 하체가 잘 버티고 있고, 골반이 올바르게 회전하고 있다는 증거다. 반면 아마추어는 대부분 스윙 때 골반이 이 벽에서 떨어진다. 팔 힘이 들어가서 하체가 버티지 못하기도 하고, 하체가 단단하게 버티며 추진력을 만들어내는 올바른 자세를 몰라 회전이 아니라 앞으로 배를 내미는 듯한 배치기 동작을 하기도 한다. 이를 바로잡기 위한 세 가지 팁은 셋업 자세와 손의 위치, 그리고 풋워크(Footwork)다. 손 위치는 셋업 자세의 한 요소이기도 하지만 워낙 중요한 부분인 만큼 한 번 더 강조하고자 한다.

셋업 땐 발 앞꿈치에 힘을

셋업에서는 발바닥 힘이 가장 중요하다. 7번 아이언을 잡고 셋업했을 때를 예로 들어보자면, 측면에서 볼 때 머리는 1~2시 사이를 가리키고 무릎은 살짝 구부리는 것이 좋다. 키가 크다면 무릎을 좀 더 구부리고 키가 작다면 덜 구부린다.

무릎을 구부릴 때 핵심은 발바닥에 힘을 싣는 것이다. 셋업 때는 발바닥 가운데 또는 앞꿈치에 힘을 싣는 것이 가장 좋다. 농구에서 슛을 할 때, 야구에서 배트로 공을 칠 때 등 모든 운동에서 하는 기본자세(Athletic Posture)다. 무릎을 살짝 구부리고 상체를 숙여 빠르게 힘을 사용할 수 있도록 세팅해주는 자세다.

전통적인 스윙에서는 힘을 뒤꿈치에 싣도록 했다. 이는 과거 강도 약한 메탈 샤프트(Shaft)가 휘는 현상으로 인해 던져 치는 스윙에 맞춘 방식이다. 하지만 기술이 발전하면서 강도 높은 샤프트가 나오기 시작했고 공을 있는 힘껏 눌러치기 시작했다. 이를 위해 셋업 역시 더 파워풀한 동작을 할 수 있도록 바뀌고 있다.

나는 아마추어들에게 발바닥 중앙보다는 앞꿈치에 힘을 싣도록 지도한다. 아마추어는 발바닥의 중앙과 뒤꿈치의 미세한 차이를 느끼기가 쉽지 않기 때문이다. 발 앞꿈치에 힘을 실을 경우 엄지발가락 아래에 있는 둥근 볼 부분을 눌러주는 것이 가장 좋다. 무릎을 구부리고 이 부분을 누르면 허벅지와 엉덩이, 복근에 힘이 단단하게 들어가는 것을 느낄 수 있다. 이렇게 하체에 힘을 실으면 상체 힘을 빼기가 훨씬 수월하다. 이제 팔은 땅과 직각이 되도록 편안하게 늘어뜨리고 어깨는 귀에서 멀어지도록 한다. 키 180cm가 넘는 골퍼는 이 자세에서 그립을 잡고, 180cm가 안 되는 골퍼는 손을 툭 떨어뜨린 자리에서 주먹 반 개에서 한 개 정도 앞에서 그립을 잡는다(7번 아이언 기준).

이제 스탠스를 점검해야 한다. 7번 아이언에서 두 발은 어깨너비 정도로, 공은 스탠스 중앙보다 공 반 개 혹은 1개 정도 왼쪽으로 둔다. 손 위치는 그립 끝이 자신의 배꼽보다 약 1cm 왼쪽을 가리키도록 두면 된다. 손이 이 위치에 있으면 스윙을 할 때 채가 자연스럽게 임팩트 포지션으로 돌아올 가능성이 크다. 손힘으로 억지로 돌아오게 할 필요가 없다는 얘기다. 무릎 구부림을 이용해 발바닥 앞꿈치를 잘 눌러주자. 자연스럽게 하체에 힘이 들어가고 상체에는 힘이 빠지면서 멋진 셋업이 갖춰진다. 이제 스윙을 하는 동안 올바른 힘의 비율을 유지하기만 하면 된다. 상체에 힘이 많이 들어가는 골린이라면 스윙하는 동안 올바른 힘을 유지하는 것이 특히 어렵다.

하체에 힘을 싣고 상체 힘을 뺀 채로 스윙할 수 있도록 도와주는 것이 바로 풋워크다. 이제 풋워크를 통해 올바른 힘의 비율과 스윙 궤도를 한 번에 익혀보자.

잘못된 배치기 동작

올바른 스윙 히프 푸시 측면

배치기 동작 바로잡는 세 가지 TIP!

1
셋업 자세
발바닥 힘이 가장 중요! 발바닥 가운데 또는 앞꿈치에 힘을 싣는 것이 가장 좋다.

2
손의 위치
그립 끝이 자신의 배꼽보다 약 1cm 왼쪽을 가리키도록 둘 것!

3
풋워크
하체에 힘을 싣고 상체 힘을 뺀 채로 스윙할 수 있도록 도와주기 때문에 가장 중요! (다음 장에서 더 자세히 배워보자)

일정한 샷을 위한 스윙 궤도

스윙 궤도는 채가 지나가는 길을 말한다. 클럽이 올바른 궤도대로 이동해야 스위트스폿(Sweet Spot)을 맞출 수 있다. 골린이 대부분이 스윙 궤도가 유독 어렵게 느껴진다고 한다. 하지만 완벽하진 않더라도 손의 위치와 샤프트 앵글만 가볍게 잡아줘도 정말 큰 효과를 볼 수 있는 부분이기도 하다.

몸통 회전이 좋지 않고 상체를 지나치게 사용하는 골퍼는 궤도 잡기를 유독 어렵게 느끼게 된다. 그러나 올바른 스윙 궤도는 백돌이인 지금 확실하게 잡아주는 것이 중요하다. 자신만의 스윙 버릇이 굳어지지 않은 지금이 좋은 궤도를 만들 수 있는 기회이기도 하기 때문이다.

탄탄한 하체와 풋워크로 완성

스윙 궤도에서도 하체는 중요한 역할을 한다. 하체가 단단하게 받쳐줘야 몸통 회전과 체중이동이 부드럽게 이루어질 수 있고 궤도가 흐트러지지 않고 매끄러운 곡선을 만들기 때문이다. 나도 골프를 시작한 이후 계속 해결되지 않던 문제가 하체의 힘을 기르는 것이었다. 밸런스가 좋지 않은 편이어서 열세 살 때부터 골프 피트니스를 시작했고 프로로 전향한 후에도 꾸준히 했다.

내가 체계적인 풋워크를 완성한 것은 스마트 인솔 제품을 만나면서다. 신발 속에 깔창을 깔면 내 발바닥 동작을 앱을 통해 볼 수 있었다. 하체의 미세한 움직임과 체중이동을 바로바로 확인하다 보니 밸런스가 좋아지기 시작했다. 밸런스가 좋아지자 하체도 더 단단하게 버텨주었고, 차츰 상체 힘을 더 빼면서 스윙 템포와 궤도 모두가 좋아졌다. 풋워크 노하우가 쌓이면서 학생들에게 적용하기 시작했는데 마찬가지로 스윙 궤도를 훨씬 수월하게 잡도록 도와주는 것을 확인했다.

하프스윙-톱-임팩트-폴로스루-피니시 궤도 느끼기 훈련

풋워크와 동시에 이루어질 상체 움직임을 살펴본다. 샤프트를 손으로 어깨너비보다 넓게 잡아 셋업을 취한다. 스윙을 통해 샤프트로 커다란 원을 만든다고 생각했을 때, 이 면을 가리켜 스윙 플레인이라고 한다. 가슴까지 올라오는 하프스윙에서는 샤프트가 스윙 플레인보다 살짝 가파르거나 평행인 것이 좋다. 이 때 왼손은 가슴 중앙에 위치한다. 샤프트 앵글이 누워 있으면 심한 뒤땅이나 톱볼이 나온다.

솔티드 스마트 인솔로 확인한 발의 무게 이동

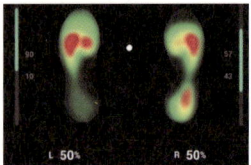

아이언 셋업 풋워크

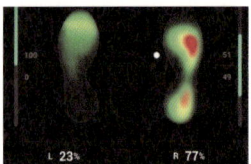

아이언 백스윙 풋워크

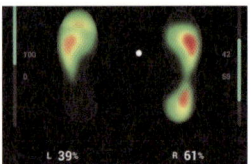

아이언 다운스윙 풋워크

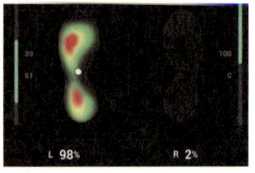

아이언 임팩트

TRAINING 2

이제 오른손을 떼서 왼손 옆에 그립을 잡아주고 백스윙 톱으로 간다. 그러면 왼손은 오른쪽 귀 높이 정도에 오른발 뒤꿈치와 비슷한 곳에 놓인다. 왼팔은 오른쪽 어깨를 가로지르는 모양이 될 것이다. 이때 왼손이 너무 뒤로 가거나 앞으로 나오면 백스윙 톱에서 어깨와 양팔이 만드는 삼각형이 찌그러진다. 이는 다운스윙(Downswing) 때 궤도를 망치는 원인 중 하나다. 다운스윙 때 왼발 앞꿈치를 꾹 밟고 골반을 회전하면 상체와 팔에 힘이 빠지면서 백스윙 때 만들었던 궤도를 따라, 혹은 살짝 인사이드(Inside)로 클럽헤드가 내려온다. 일부러 다운스윙 궤도를 인사이드로 우겨넣을 필요가 없.

임팩트 이후 폴로스루(Follow Through)는 백스윙과 일치한 궤도가 가장 좋다. 이 부분도 넓게 샤프트를 잡은 채로 연습하면 손이 올바른 궤도를 타고 다니는 느낌을 익힐 수 있다. 임팩트 때 샤프트는 땅과 평행, 타겟과 평행이 된다. 폴로스루 때는 하프스윙(Half Swing)과 느낌으로 오른손을 가슴 앞에 두고 샤프트가 10~20도 정도 기울면 된다.

피니시 때는 백스윙 톱과 비슷하다. 이번엔 왼손을 떼서 오른손 옆에 그립을 잡고 양손이 왼쪽 귀 높이에 왔을 때 4분의 3 스윙 피니시 자세가 나온다. 이때 샤프트는 땅과 평행, 타겟과 평행을 이룬다. 상체는 더 이상 낮은 자세가 아니고 똑바로 일어서 있다. 여기서 오른쪽 어깨만 조금 더 돌려주면 샤프트가 등 뒤로 사선을 이루며 풀 피니시가 나온다.

손이 어깨와 너무 가깝지 않고 왼쪽 팔꿈치가 몸에서 너무 벌어지지 않는 멋진 피니시를 모두 꿈꿀 것이다. 이런 동작을 만들어주는 열쇠는 바로 4분의 3 피니시다. 그립을 잡은 손이 왼쪽 귀 높이까지 왔을 때 샤프트가 땅과 평행을 이루고 있다면 몸의 밸런스를 잘 지킨 상태에서 정상 궤도대로 스윙했다는 뜻이기 때문이다.

많은 전문가가 "피니시를 잡고 몇 초 버텨라"라고 강조한다. 그럼에도 초보들이 피니시를 잡고 버티지 못하는 가장 큰 이유는 몸의 밸런스를 잡지 못했기 때문이다. 그러면 피니시가 흐트러질 수밖에 없다. 이는 스윙 내내, 그리고 임팩트 때 몸이 균형을 이루지 못하고 흔들렸다는 것이다. 스윙하는 동안 정상 궤도를 지키며 몸이 균형을 이루면 피니시는 자연스럽게 잡힌다. 재미있는 건 피니시를 잘 잡아주려고 노력하면 이런 불균형도 잡을 수 있다는 점이다. 피니시를 잡게 되면 균형이 잡히기 시작하므로 꼭 피니시를 3초 정도 유지하는 것을 추천한다.

에이미화한 풋워크

1
셋업 때 체중을 50:50으로 앞꿈치에 싣기

2
백스윙 때 오른발에 약 70~80%

3
다운스윙 시작할 때 왼발 앞꿈치에 80~100%

4
다운스윙 때 힙 터닝 시작하며 왼발 뒤꿈치에 90~100%

5
임팩트 발생

6
피니시 때 왼발에 100%

SECTION ① | Iron Full Swing | TRAINING

오른발이 중요한 이유

오른쪽 엄지발가락
다운스윙을 시작하면서 오른쪽 엄지발가락 움직임에 집중하자. 엄지발가락에 힘을 싣지 않고 왼쪽 면으로 굴린다.

왼발
오른쪽 엄지발가락을 굴리면서 왼발에 체중이 100% 실리는 것을 느껴보자. 이때 왼팔은 오른손으로 겨드랑이를 누른 상태 그대로 다운스윙을 한다.

다운스윙 측면

TRAINING 3

　　　　　　다운스윙 때 간과하는 부분이 오른발이다. 사실 다운스윙 때 오른발 동작을 따로 배우는 사례도 본 적이 없고, 나 역시 배운 기억이 없다. 하지만 아마추어 레슨을 하면서 발견한 공통점이 오른발 모양을 잘못 만든다는 것이다. 오른발 모양은 골반 동작과 직결된다. 올바른 체중이동과 몸의 중심축 유지를 방해하는 중요한 변수인 셈이다. 오른발을 잘못 쓰는 상태에서는 절대 다운스윙을 고칠 수 없다.

　　　　　　올바른 오른발 동작을 이해하고 적용하면 정말 효율적으로 스윙을 바로잡을 수 있다. 클럽헤드가 엎어져 들어가는 '아웃투인(out-to-in)' 다운스윙 궤도를 비롯해 잘못된 체중이동과 머리가 일찍 들리는 등의 동작이 크게 개선된다.

오른발 뒤꿈치 정면

오른발 뒤꿈치 측면

▌ 오른쪽 엄지발가락, 어떻게 쓰고 있나요

　　　　　　아마추어 골퍼가 가장 흔하게 취하는 오른발 동작은 다운스윙을 시작하자마자 뒤꿈치가 들리고 엄지발가락으로 짚은 상태에서 오른발이 도는 것이다. 이러면 회전축이 오른쪽 엄지발가락이 된다. 정상적인 스윙에서는 왼발에 체중이 실리면서 회전축이 돼 골반을 회전하며 자신의 몸무게로 힘을 만들어내야 한다. 하지만 오른쪽 엄지발가락이 회전축이 되면 체중이동이 안 되고 골반도 제자리에서 돌게 된다. 그 결과 궤도가 틀어지고 공도 비껴 맞을 수밖에 없다. 그러면 공을 더 맞히기 위해 골반을 과하게 회전하기 시작한다. '힙 스핀아웃(hip spin-out)' 스윙이라고 부르는 오류인데, 임팩트 때 골반이 과하게 돌아가 있는 것이 특징이다. 측면에서 보면 클럽헤드가 엎어져서 들어가는 아웃투인 궤도로 들어오는 현상이 뚜렷하다.

오른발 뒤꿈치 피니시 정면

오른발 뒤꿈치 피니시 측면

　　　　　　이때 클럽을 올바르게 릴리스한다면 공은 궤도 각도만큼 왼쪽으로 날아갈 것이다. 하지만 몸은 왼쪽으로 미스가 날 것을 미리 알아채고 이를 막기 위한 반사 행동으로 무의식 중에 클럽페이스(Club Face)를 릴리스하지 않고 붙잡는다. 그러면 임팩트 때 클럽페이스가 과하게 열려서 맞게 된다. 아웃투인 궤도와 열린 클럽페이스가 합해지면서 공에는 슬라이스(Slice) 스핀이 어마어마하게 걸린다.

　　　　　　보통 임팩트 때 골반 회전은 45~50도 정도 열려 있다. 힙 스핀아웃은 80~90도 정도 열리면서 배꼽이 이미 타깃을 향해 있다.

배치기(얼리 익스텐션)가 나오는 것도 이 때문이다. 심지어 골반이 공 쪽으로 밀리면서 상체가 일어나는 모습을 보이기도 한다. 오른쪽 엄지발가락을 딛고 도는 동작 하나로 스윙에 대한 악영향이 일파만파 퍼지는 것이다.

이를 바로잡으려면 역시 엄지발가락에서 시작해야 한다. 오른쪽 엄지발가락의 왼쪽 측면을 바닥으로 굴려준다고 생각하자. 피니시에서 오른발 바닥이 땅과 직각을 이루기 위해서다. 엄지발가락의 왼쪽 면이 닿도록 굴리면 체중이 자연스럽게 왼발로 옮겨간다. 오른쪽 엄지발가락에 억지로 힘을 싣지 않는 이상 과도한 골반 회전이 이루어지지 않는다. 왼발로 체중이동하고 골반이 적당한 회전을 이루면서 클럽은 자연스럽게 올바른 궤도로 떨어지게 된다. 이로써 클럽이 공 쪽으로 끌려가고 클럽페이스를 올바르게 릴리스할 수 있는 상황이 만들어진다.

잘못된 뒤꿈치 정면

잘못된 뒤꿈치 측면

잘못된 뒤꿈치 피니시 정면

잘못된 뒤꿈치 피니시 정면

잘못된 동작
다운스윙을 시작하자마자 뒤꿈치가 들리고 엄지발가락으로 짚은 상태에서 오른발이 돈다.

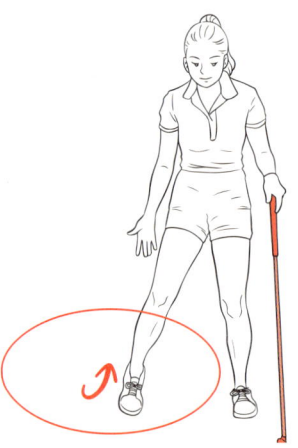

올바른 동작
오른쪽 엄지발가락의 왼쪽 측면을 바닥으로 굴려준다고 생각하자. 엄지발가락의 왼쪽 면이 닿도록 굴리면 체중이 자연스럽게 왼발로 옮겨간다. 오른쪽 엄지발가락에 억지로 힘을 싣지 않는 이상 과도한 골반 회전이 이루어지지 않는다.

다운스윙 때 오른쪽 엄지발가락을 왼쪽으로 롤링

이제 쉽고 빠르면서도 효율적으로 오른발 모양을 잡고, 손힘을 빼면서 궤도, 릴리스, 체중이동을 한 번에 익힐 수 있는 방법을 배워보자.

① 셋업　　　② 백스윙　　　③ 다운스윙

④ 임팩트　　　⑤ 포스트임팩트　　　⑥ 피니시

+ 다운스윙 체크리스트

☐ 맨손 연습
☐ 빈 스윙
☐ 50% 스피드
☐ 100% 스피드

① ─── 클럽 없이 맨손으로 셋업을 잡는다. 이때 오른 손바닥으로 왼쪽 팔뚝을 가슴 쪽으로 누른다. 왼쪽 겨드랑이가 떨어지지 않도록 잡는다고 생각하자.

② ─── 백스윙을 한다. 다운스윙을 시작하면서 오른쪽 엄지발가락 움직임에 집중하자. 엄지발가락에 힘을 싣지 않고 왼쪽 면으로 굴린다.

③ ─── 그러면서 왼발에 체중이 100% 실리는 것을 느껴보자. 이때 왼팔은 오른손으로 겨드랑이를 누른 상태 그대로 다운스윙을 한다.

④ ─── 임팩트 때 왼발에 체중이 100% 다 실려 있다. 왼손은 타깃을 향해 있거나 3도 정도 타깃보다 오른쪽을 향해 있어야 한다.

⑤ ─── 포스트임팩트(Post Impact)에서는 왼쪽 손등이 돌아가게 된다. 왼손 엄지손가락은 타깃보다 약 45도 정도 오른쪽을 가리키고 있다. 이때 어깨나 팔 힘보다는 하체, 골반, 발바닥에 힘이 훨씬 더 들어가 있어야 한다. 앞서 언급한 힘의 비율을 기억하자.

─── 이 동작이 익숙해지면 연습장에서 공 없이 채만 잡고 반복연습을 한다. 그다음에는 공을 두고 50% 스피드로 치고 몸이 편해지면 100%로 본다. 자세가 흐트러진다 싶으면 다시 맨손으로 연습하고 빈 스윙, 50% 스피드, 100% 스피드 순서로 반복한다. 최대한 단기간에 올바른 자세를 몸에 익히게 해주고, 공 앞에서도 올바른 동작이 나오도록 도와줄 것이다.

 영상으로 확인!

파워 & 정확도를
위한 오른발 동작
집중 분석

SECTION ①　Iron Full Swing | TRAINING

스윙의 템포를 찾아서

템포
1-2로 카운트하는 방법을 제안한다. 백스윙 톱에서 클럽이 세팅되며 살짝 서는 구간이 1이고, 다운스윙이 마무리된 후 피니시에서 2가 된다.

7번 아이언 백스윙 정면

TRAINING 4

─────── 스윙 템포와 스윙 리듬. 정확한 스윙을 만들기 위해 중요한 요소로 많이 쓰는 표현이지만 정확한 차이를 모르고 혼용하는 분위기다. 사실 둘 사이엔 큰 차이가 있다. 템포와 리듬의 차이는 각각의 영어 철자로 기억하면 쉽다. 템포(Tempo)는 'T', 즉 Time(시간)을 뜻한다. 셋업에서 백스윙, 그리고 임팩트까지 내려오는 시간을 템포라고 한다. 리듬(Rhythm)은 'R', Ratio(비율)를 생각하면 된다. 백스윙에 걸리는 시간과 다운스윙에 걸리는 시간의 비율이다.

─────── 둘 다 스윙에 굉장히 중요한 요소다. 사실 골퍼들은 둘 차이를 머리로 이해하기보다 몸의 감각으로 기억한다. 아마추어도 리듬과 템포에 관해서는 세세하게 이론적인 부분을 분석하기보다 직접 몸으로 느끼고 감각에 익숙해지는 편을 추천한다.

생각은 줄이고 몸으로 익히세요

─────── 골프를 할 때 너무 많은 생각에 사로잡히면 몸이 굳고 더 수렁에 빠질 수 있다. 그래서 프로들은 샷을 할 때 머리를 비우려고 노력한다. 오직 스윙할 때 느낌과 자신이 당장 알아야 하는 포인트 한두 가지에만 집중하는 것이 좋다. 골퍼가 스윙할 때 집중할 수 있는 것은 최대 2개까지다. 투어 프로라고 해서 다르지 않다. 스윙은 워낙 순식간에 이뤄지기 때문에 많은 것을 생각해도 그 안에 다 반영하지 못한다. 그러니 스윙 전에는 머리를 비우고 두 가지 이상을 생각하지 않도록 노력하자.

─────── 또 하나, 필드에서는 백스윙보다 폴로스루에 집중해야 한다. 실전에서 백스윙에 너무 신경 쓰면 몸이 굳어 임팩트나 타점, 방향성에 좋지 않은 영향을 미치게 된다. 그러므로 필드에서는 가급적 백스윙보다 폴로스루에 집중해야 실수를 줄일 수 있다.

백스윙 톱에서 1, 피니시 때 2

─────── 100타를 깨고 싶어 하는 아마추어 골퍼는 지금 리듬이나 템포가 정확하게 잡혀 있지 않았을 가능성이 크다. 템포와 리듬이 일정하다면 풀스윙이 잘 잡혀 있을 것이기 때문이다. 일관된 동작이 나오므로 일정한 템포와 리듬을 반복할 수도 있다. 이 정도 수준이면 80대 타

수 정도의 실력이다.

스윙 템포와 리듬을 잡는 가장 쉬운 방법은 숫자를 세며 스윙하는 것이다. 통상 스윙 템포를 위한 카운트를 '1-2, 3'으로 한다. 셋업부터 하프 백스윙까지 1, 백스윙 톱까지 2, 다운스윙 시작하며 임팩트 때 3을 카운트하는 방식이다. 하지만 많은 골린이가 이 템포를 활용할 때 '2'에서 급해지고 임팩트에서 '3'으로 끝나면서 폴로스루를 챙기지 못한다.

따라서 1-2로 카운트하는 방법을 제안한다. 백스윙 톱에서 클럽이 세팅되며 살짝 서는 구간이 1이고, 다운스윙이 마무리된 후 피니시에서 2가 된다. 백스윙 톱에서 살짝 멈추면 백스윙 톱에서 급하게 당겨서 내려오는 다운스윙을 피할 수 있다. 백돌이 아마추어 골퍼에게서 흔하게 볼 수 있는 실수다. 또 다운스윙을 마무리한 후 피니시에서 '2'를 카운트하면 팔로 공을 때리며 임팩트에서 리듬이 끊겨버리는 실수를 피할 수 있다. 1-2 카운트를 몸에 쉽게 익힐 수 있도록 에이미화해보자.

롱아이언 백스윙 정면   롱아이언 피니시 정면

① 백스윙을 한 뒤 톱에서 1-2 카운트를 하며 살짝 멈춘다는 느낌을 집중한다. 손목 코킹, 체중이동 등 세팅을 마무리하고 몸통의 꼬임도 더 단단하게 만들어준다.

② 다운스윙을 시작하면 피니시까지 끊김 없이 연결한다. 임팩트 때 흐름이 뚝 끊기는 분이 많다. 임팩트 때 공을 때린다는 느낌이 아닌, 클럽이 정해진 궤도를 따라가는 길에 공이 있어서 그걸 지나간다는 느낌을 만들어야 한다. 그래야 헤드 스피드가 줄지 않고 가속도가 붙는다. 헤드 스피드가 빨라져야 비거리가 늘어난다.

피니시가 끝나면 이때 '2' 카운트를 한다. 이때 공을 맞히기 어렵거나 임팩트를 만드느라 중간에 스윙이 끊긴다면 공을 티에 올려놓고 치는 것도 큰 도움이 된다. 아이언을 칠 때 공을 티에 놓고 치면 더 쉽게 잘 맞힐 수 있다. 이로써 공을 맞히는 결과를 덜 신경 쓰고 다운스윙을 끊김 없이 피니시까지 이어갈 수 있다.

롱아이언은 좀 더 여유 있는 템포로

이때 롱아이언을 치게 되면 클럽이 길기 때문에 7번 아이언에 비해 템포 조절이 필요하다. 긴 채를 7번 아이언과 동일하게 스윙할 경우 긴 채는 백스윙을 제대로 마무리하지 못하고 급해지면 스윙이 엉켜버린다. 백스윙 톱에서 클럽 세팅을 제대로 하지 못한 채 손힘으로 급하게 당겨 내려오면서 릴리스가 올바로 만들어지지 못하고, 클럽페이스가 과하게 열려 맞으며 슬라이스가 발생할 수 있다. 또는 지나친 손힘 때문에 채가 떨궈지지 못하고 공중에 떠서 들어가 톱볼 또는 헛스윙, 심지어 섕크(Shank)도 발생할 수 있다.

롱아이언을 칠 경우 두 가지를 조절해주면 좋다. 백스윙 톱에서 더 여유 있는 템포를 만들기 위해서 백스윙 톱에서 1-2 카운트를 하는 것이다. 폴로스루 때 채가 길어 스윙이 커지기 때문에 시간을 좀 더 들여 피니시를 만들어준다고 느끼면 좋다. 롱아이언은 7번에 비해 클럽

롱아이언 셋업 정면

길이나 헤드가 크게 차이 나지 않는다. 그렇기에 좀 더 느린 호흡으로 동작을 크게 만들어주지 못하면 또다시 손힘으로 클럽을 당기게 된다. 따라서 반드시 스윙 템포를 좀 더 여유 있게 만들어야 한다. 백스윙 톱에서 1-2 카운트를 세고, 다운스윙 시 1, 피니시에서 2를 카운트해준다. 하이브리드나 페어웨이(Fairway) 우드 역시 같은 맥락으로 스윙과 템포를 조절하게 될 것이다.

영상으로 확인!

스윙 템포 포인트

성급함은 금물! 일시 정지만 잘해도 실수를 잡을 수 있어요.

백스윙 톱에서 1을 카운트하라는 에이미화의 핵심은 백스윙 톱에서 잠깐의 일시 정지 상태, 포즈(pause)를 만들어주는 것이다. 이는 골린이가 흔히 범하는 여러 실수를 잡아주는 장점이 있는 팁이다. 톱에서 제대로 마무리를 못 하고 미세하게 흔들리거나 백스윙이 일정하지 않다거나, 백스윙 톱에서 급하게 당겨 내려오면서 손을 사용하는 오류를 막아준다. 톱에서 잠깐의 일시 정지를 통해 손이 아니라 몸이 다운스윙을 리드할 수 있는 시간을 만들어주는 것이다.

단순하지만 중요한 1-2 템포

임팩트가 아니라 피니시에서 2를 카운트하면 다운스윙을 전반적으로 부드럽게 만들어준다. 다운스윙을 급하게 하면서 손을 쓰게 되고, 공을 손으로 때리려고 하는 것이 아마추어들의 스윙을 망치는 주범이다. 다운스윙은 클럽헤드가 정해진 궤도를 지나가는 과정이다. 그 중간에 있는 공을 맞히고 부드럽게 치고 지나가는 느낌을 가져야 한다. 피니시에서 2를 카운트해야 하는 이유도 그래서다. 또 앞서 강조한 피니시를 3초 정도 유지하는 데도 도움을 준다.

1-2 템포를 잘 잡아둔다면 클럽이 길어지고 그에 맞춰 템포가 조금씩 달라져야 할 때 어렵지 않게 적응할 수 있다. 같은 방식으로 카운트하되 호흡만 길게 해주면 된다.

SECTION ① | Iron Full Swing | TRAINING

비거리와 파워는 이것에 달렸다

왼손 받침
왼손으로 오른쪽 팔꿈치를 안쪽으로 살짝 당기며 받친다.

골반 회전
다운스윙은 골반 회전만 사용해 라켓을 휘두른다. 골반 회전으로 어깨가 돌고, 그 힘으로 팔과 라켓이 휘둘리는 것을 느껴야 한다.

하체의 힘
백스윙 때 하체는 단단하게 버티면서 등이 타깃을 향해 있어야 한다.

테니스 라켓 셋업 정면

TRAINING 5

———— 힘찬 스윙과 쭉 뻗어나가는 비거리는 모든 골퍼의 로망이다. 나도 비거리를 늘리기 위해 부단히 노력했다. 그렇게 오랜 기간 트레이닝과 스윙 교정을 통해 조금씩 비거리를 늘렸다. 원래부터 장타인 선수는 자신의 장타 비결을 알기 어렵다. 하지만 나는 스스로 노력해 비거리를 늘렸기에 부상 없이 비거리를 늘리는 노하우를 터득했다는 자부심이 있다.

———— 나는 한국에서 박세리 키즈가 떠오르기 전에 골프를 시작했다. 그때만 해도 골프를 치는 아이들과 여성이 매우 드물었다. 집 근처 연습장에서 티칭 프로에게 전통 방식의 스윙을 배웠다. "여자들은 파워보다 예쁜 스윙을 만들어야 한다"라는 당시 트렌드에 따라 나 역시 아주 예쁘면서 느린 스윙을 배웠다.

하지만 프로로 전향하면서 이 스윙이 발목을 잡았다. 클럽헤드 스피드가 느린 탓에 비거리가 나지 않았고, 뒤늦게 비거리를 늘리려고 잘못된 스윙 자세로 무리하게 스피드를 높이면서 허리 부상을 피할 수 없었다. 잘못된 스윙 자세로 연습을 과하게 하면 몸이 상할 수밖에 없다. 그리고 한 번 상한 몸은 원상 복구가 불가능하다는 사실도 경험으로 알게 됐다.

———— 허리 부상으로 워낙 고생을 많이 한 터라 부상 없이 스윙을 교정하는 법은 나의 가장 큰 화두였다. 처음 티칭을 시작했을 때 필자의 체력은 좋은 편이 아니었다. 한 번에 7홀 이상을 치는 게 목표였다. 지금은 18홀을 거뜬히 친다. 운동을 열심히 하고 스윙을 교정한 결과다. 몸에 무리가 가지 않으면서도 클럽헤드 스피드를 높이는 노하우를 터득했고, 이를 아마추어에게 전수하고 있다. 선수로 활동하던 때에 알았으면 더 좋았겠다는 아쉬움이 남긴 하지만, 레슨을 하면서 많은 분에게 도움을 드릴 수 있다는 점은 개인적으로 매우 뿌듯하다. 허리나 목이 약한 분들이 다치지 않고 쉽게 골프를 익히고 즐길 수 있도록 돕는다는 데 보람을 느끼기 때문이다. 아마추어 골퍼 중 상당수가 사무실에 앉아서 일하는 분들이다. 그러다 보니 허리나 목의 추간판 탈출증(디스크)으로 고생하는 이가 적지 않다.

골반 회전으로 클럽헤드를 휘두른다

———— 컴프레션(Compression), 릴리스, 스위트스폿, 손힘, 손목 코킹, 몸통 코일, 코어 힘, 하체 힘, 골반 회전, 체중이동, 클럽헤드 스

비거리&파워 결정 요소 체크리스트

☐ 골반 회전
☐ 릴리스

파워풀한 히프 턴 만드는 고무 밴드 연습

○ 오른발 앞꿈치로 고무 밴드를 밟는다.
○ 낮은 자세를 취한 뒤 왼손으로 주머니 옆쪽까지 당긴다.
○ 이 상태에서 누군가 배에 펀치를 할 때 힘을 주는 느낌으로 몸을 회전한다.
○ 오른발 앞꿈치에 어마어마한 힘이 들어간다.
○ 터닝을 하면서 옆구리에도 굉장한 힘이 느껴진다.

피드, 볼 스피드, 큰 키, 팔·다리 길이…. 비거리와 파워를 결정하는 요소는 너무나 많고 또 서로 연결돼 있다. 각자가 독립적 변수로 작용하는 게 아니라 한 동작이 다른 동작의 원인으로 작용해 선순환 혹은 악순환을 만들어낸다.

드라이버 백스윙 정면

여기서 딱 두 가지만 고른다면 골반 회전과 릴리스가 될 것이다. 이 두 가지가 나머지 요소들의 결과를 이끌어내기 때문이다. 일단 골반 회전이 강하게 돼야 클럽헤드 스피드가 올라가고 볼 스피드도 높아지며 체중이동도 올바르게 이뤄진다. 릴리스를 올바르게 익힌다면 클럽페이스가 스퀘어(Square)로, 즉 정타로 공을 맞히고 스위트스폿을 맞히는 확률도 높아진다. 그 결과 스매시 팩터(Smash Factor)도 좋아지고 정확도, 비거리, 파워까지 한 번에 잡을 수 있다. 여기에 체격이 좋다면 금상첨화다.

골반 회전은 왜 해야 할까? 바로 스피드를 만들기 위해서다. 백스윙할 때 몸통에 코일, 즉 꼬임을 만들어준다. 백스윙 때 제대로 꼬아준다면 다운스윙 때 스피드와 파워의 절반은 해결된 셈이다.

드라이버 포스트 임팩트 정면

──────── 다운스윙을 시작할 때 골반을 회전하면서 이 단단하게 꼬인 몸통을 풀어준다. 이때 골반 회전에서 만들어진 힘이 복근을 타고 어깨 턴으로 연결되고, 어깨가 힘차게 돌면서 클럽을 잡고 있는 손을 휘두르며 스윙하게 된다. 말 그대로 스윙은 클럽을 휘둘러 스피드를 내는 것이다. 골반 회전은 몸의 밑에서 위로 회전을 만들어 클럽헤드를 휘두르는 역할을 하는 셈이다.

──────── 컴프레션은 공을 눌러 치는 것을 뜻하는데 한국에서는 종종 '손맛'이라고 표현한다. 클럽헤드에 공이 착 붙는 느낌으로, 이 손맛은 한 번 느끼면 골프의 매력에 푹 빠질 정도로 중독적이다. 문제는 이 손맛이 너무 매력적이라 초보 골퍼의 경우 한 번 더 손맛을 느끼기 위해 손힘으로 공을 눌러 치기 시작한다는 것이다. 기껏 익힌 골반 회전과 몸통 꼬임, 릴리스가 잘 어우러져야 나오는 것이 손맛인데, 이걸 다 잊고 손으로만 공을 맞히려 하면서 스윙이 망가지는 악순환이 이어진다. 여기에 손목, 엘보, 어깨, 갈비뼈 부상도 심심찮게 생긴다. 컴프레션은 스윙의 목적이 아니다. 스윙을 구성하는 모든 요소가 잘 맞아떨어졌을 때 나오는 결과라는 점을 잊지 말자.

테니스 라켓으로 골반 회전과 릴리스를 한 번에

아마추어 골퍼도 골반 회전의 중요성은 알고 있다. 다만 왜 돌리는지, 어떻게 돌려야 하는지 제대로 몰라 효과적인 스윙으로 이어지지 못하는 것이다. 중요한 것은 골반 회전에 앞서 백스윙 코일이 단단하게 이루어져야 하고, 하체가 단단하게 버티고 셋업 앵글(Setup Angle)을 잘 유지한 상태에서 골반을 회전해야 한다는 사실이다.

이제 골반 회전과 릴리스를 한 번에 잡을 수 있는 에 이미지화된 훈련법을 익혀보자. 하체의 단단함은 앞서 셋업 부분에서 익힌 내용을 그대로 적용한다. 준비물은 테니스 라켓. 왼손은 빈손으로, 오른손에는 테니스 라켓을 잡고 셋업을 취한다. 이때 왼손으로 오른 팔꿈치를 안쪽으로 살짝 당기며 받쳐준다.

왼손 받침은 백스윙 때 몸통 회전을 방해하는 '치킨 윙(Chicken Wing)'을 막아준다. 백스윙 때 몸통의 꼬임을 만들지 않고 팔만 당겨 돌면 오른 팔꿈치가 벌어진다. 마치 닭날개처럼 팔꿈치가 꺾여 있어서 치킨 윙이라고 부른다. 이렇게 백스윙을 하면 몸통이 아닌 어깨와 목이 회전하게 돼 다운스윙 때 충분한 파워를 만들어내지 못한다.

백스윙은 왼쪽 등을 회전시키며 코일을 만들어준다. 백스윙 톱에서 어깨는 약 90도, 골반은 약 45도 돌아가 있다. 이때 하체는 단단하게 버티면서 등이 타깃을 향해 있어야 한다. 코일이 제대로 만들어졌다면 숨을 쉬기 쉽지 않을 것이다. 그만큼 복근에 꼬임이 만들어져 있기 때문이다.

백스윙 톱에서 라켓은 타깃을 가리키거나 타깃보다 왼쪽을 가리고, 라켓의 페이스 면은 땅과 약 45도를 이뤄야 한다. 골프채로 백스윙을 한다면 클럽페이스 면이 45도 각도를 만들게 된다. 이것을 스퀘어

테니스 라켓 셋업 정면

테니스 라켓 백스윙 정면

테니스 라켓 포스트 임팩트 정면

페이스 각도라고 한다. 스윙을 할 때 클럽페이스가 스퀘어 상태로 궤도를 지나다녀야 임팩트 때 스퀘어로 들어올 가능성이 높다.

─────── 왼손으로 오른 팔꿈치를 안쪽으로 당겨 받치고 있기 때문에 오른팔은 안쪽으로 밀어 넣고 있는 느낌이 들고, 팔꿈치는 거의 땅을 가리키고 있는 각도가 나온다. 이 각도가 페이스 면이 45도를 이룰 수 있도록 도와준다. 이때 어깨 유연성이 떨어진다면 조금 벌어져도 괜찮다. 너무 과하게 힘을 써서 팔꿈치가 몸 뒤쪽이나 하늘을 가리키는 것만 피하면 된다. 다운스윙은 골반 회전만 사용해 라켓을 휘두른다. 골반 회전으로 어깨가 돌고, 그 힘으로 팔과 라켓을 휘두르는 것이 느껴져야 한다.

─────── 라켓으로 다운스윙을 할 때 포스트 임팩트를 주의해야 한다. 임팩트에서 약 1m 지난 구간이다. 이때 라켓은 45도 정도 타깃의 오른쪽을 가리켜야 한다. 이 포지션만 잘 잡아주면 올바른 릴리스가 이루어져 임팩트 때 클럽페이스가 스퀘어하게 들어갈 수 있다. 또 클럽헤드 스피드와 손맛도 좋아진다.

─────── 이 방법이 어느 정도 익숙해졌다면 이제 클럽을 잡고 공을 쳐보자. 채를 잡고 있지만 왼손으로 오른 팔꿈치를 안으로 당겨주던 느낌을 기억하며 팔꿈치를 안으로 당기자. 스윙하는 동안 이 느낌을 유지하는 게 좋다. 그리고 자신의 스윙 모습을 영상으로 찍어 확인해보는 습관도 길러보자. 백스윙 톱에서 클럽페이스 각도가 45도를 이루는지, 포스트 임팩트 때 클럽페이스가 45도 정도 타깃의 오른쪽을 가리키고 있는지를 점검한다. 처음에는 자신이 낼 수 있는 최고 스피드의 50~80% 정도로 천천히 스윙하는 것을 권한다. 공을 앞에 두면 무의식 중에 공을 맞히고 싶어서 손힘을 쓰는 게 인지상정이다. 공을 앞에 두고도 클럽헤드가 정해진 궤도를 지나다니는 느낌으로 스윙하는 것이 익숙해지면 조금씩 속도를 높인다.

비거리와 파워, '이것'에 달렸다!

테니스 라켓 셋업 측면

테니스 라켓 백스윙 측면

테니스 라켓 피니시 측면

좋은 스윙을 만드는 습관

SECTION 1 | Iron Full Swing | TIP

좋은 스윙과 샷은 만들기도 어렵지만 유지하기는 더 어렵다. 골프는 여러 가지 복잡한 요소가 아주 짧은 순간 완벽하게 어우러져 샷이 만들어지는 예민한 스포츠기 때문이다. 좋은 스윙과 샷을 유지하기 위해서는 예리함과 집중력, 반복연습이 중요하다.

구체적 목표를 잡고 연습한다

아무 생각 없이, 또는 뚜렷한 목표 없이 하는 연습은 무의미할 뿐 아니라 스윙에 악영향을 미칠 수 있다. 특정 클럽, 스윙의 한 구간, 체중이동 등 기술적 부분을 세세하게 나눠 목표로 잡고 연습해야 한다. 단순히 '오늘은 공 몇 개를 치겠다, 한 시간 동안 연습하겠다'가 아니라 '오늘은 체중이동을 30분, 손목 릴리스를 30분 연습한다'는 식이다.

투어 선수들의 연습 루틴을 보면 롱 게임(Long Game), 쇼트 게임(Short Game), 실전 연습으로 나눈 뒤 각각을 세분해 시간을 배정한다. 대부분 롱 게임에 연습의 약 3분의 1을 들이고, 나머지 3분의 2를 쇼트 게임에 할애한다. 쇼트 게임 연습 비중이 더 큰 이유는 투어 선수들은 수년간 쌓인 연습량이 굉장히 많고, 샷이 완전히 잡혀 있어서다. 또 투어 프로 레벨에서는 쇼트 게임에 따라 스코어 차이가 결정되기 때문이기도 하다. 쇼트 게임 안에서도 피칭(Pitching), 치핑(Chipping), 벙커(Bunker), 퍼팅(Putting)으로 나누고 라이(Lie), 스핀 컨트롤 등 기술적인 부분을 세분해 엄청난 양의 반복연습을 한다. 각 분야에서 목표치를 달성하고 나서야 9홀이나 18홀 코스에서 실전 훈련을 한다.

투어 활동 시절, 연습 스탯을 항상 기록했다. 연습할 때마다 페어웨이 적중률, 그린 안착률, 쇼트 게임 세이브(Save) 확률, 평균 퍼팅 수 등을 꼬박꼬박 남겼다. 그리고 오늘 연습한 것이 무엇인지, 어떤 결과가 있었는지를 기록했다. 매일, 순간순간의 기록이 쌓이면 내 스윙의 강점과 약점, 패턴을 파악하는 자료가 된다. 이를테면 칩샷(Chip Shot) 파트에서 공 15개로 한 홀에 1m 안쪽으로 붙이는 연습을 했다면 공 15개로 몇 세트를 연습했는지, 세트당 몇 개가 1m 안에 붙었는지 기록한다. 또 이 연습을 일주일에 몇 번, 어느 요일에 했는지도 남긴다. 이 같은 일지가 한 달쯤 쌓이면 그사이 내 기록이 좋아졌는지 나빠졌는지를 한눈에 볼 수 있다. 또 이 방법을 얼마나 했는지, 다른 방법을 어떻게 섞어야 할지 연습 루틴도 구성할 수 있다.

분명한 목표를 갖고 연습한다는 것은 내게 모자란 부분이 무엇인지 인지하고 이를 고치기 위해 무수히 노력하는 과정이 된다. 하지만 많은 아마추어가 세밀한 목표를 잡지 않은 채 연습한다. 예를 들면 더 멀리 치고 싶다는 생각에 1시간 내내 특정 방법 없이 드라이버를 친다든지, 똑바로 보내고 싶다는 생각에 열심히 연습을 하기 위해 150개의 공을 치는 식이다. 문제는 이때 자신의 스윙 궤도가 틀어지거나 틀린 요소가 있었을 때다. 공을 멀리 보내고 싶다는 생각에 몸통이 아니라 손힘을 쓰는 연습을 했을 수도 있다. 이에 대한 자각 없이 그대로 연습하면 150번의 나쁜 스윙을 몸에 익힌 결과를 낳는다. 그러면서 입스(Yips)나 슬럼프에 빠질 수 있다.

올바른 연습을 위해서는 정확한 목표를 잡아야 한다. 이를 위해서는 자신의 퍼포먼스를 잘 파악하고 있어야 한다. 나의 강점과 약점, 내 게임 중 어느 부분에 시간을 더 할애해야 할지 고민해야 한다. 또 나의 테크닉이 어떤지, 어떤 부분을 개선할 수 있는지 파악하려고 노력해야 한다. 골프는 노력한 시간을 배신하지 않는다. 항상 고민하고 연구해야 한다. 레벨에 따라 지금 당장 실력이 좋아지지 않을 수도 있다. 하지만 이 같은 노력이 쌓이면 같은 레벨의 골퍼보다 골프에 대한 이해가 깊어지고 몸 컨트롤도 좋아지는 자산이 된다.

연습할 때 스윙의 특정 동작을 목표로 잡는다면 연습 드릴(Drill)을 사용할 것을 추천한다. 어느 정도 수준에 오르면 몸 컨트롤 능력이 좋아져서 드릴 없이도 연습할 수 있다. 하지만 초보 레벨에서는 처음 접해보는 동작이 많다. 몸이 한 번도 경험해보지 못한 스윙을 익히기 위해 처음에는 상당히 과장된 동작을 하는 것이 효율적이다. 드릴은 특정 구간에만 집중해 그 구간을 과장해 몸이 동작 메커니즘을 빨리 이해하고 익힐 수 있도록 돕는다. 드릴을 하고 나서는 반드시 풀 스윙에 이 동작을 적용하는 시간도 필요하다.

실전처럼 연습한다

우리는 왜 연습을 할까. 실전에서 잘 치기 위해서다. 그러려면 연습을 실전처럼 해야 한다. 연습에서는 하나의 성공적 샷을 위해 연습 샷 10개를 할 수 있다. 하지만 실전에서는 주어진 단 하나의 샷으로 성공과 실패가 결정된다. 연습장에서 10개 공 가운데 1개가 잘 맞으면 성공 확률이 10%라는 뜻이다. 하지만 대부분 골퍼가 잘 친 샷 하나만 기억한다. 그래서 실전에서 실수하면 '왜 연습장에서 친 샷이 안 나올까' 하고 실망한다. 실전에서는 연습 때 실력을 100% 발휘하기 어렵다.

투어 시절, 나 역시 입스를 겪은 적이 있다. 어느 날 갑자기 드라이버만 치면 오비가 났다. 스윙 코치도, 나 자신도 내 스윙에서 어떤 문제점을 찾지 못했다. 이런저런 방법을 시도해봤지만 아무것도 통하지 않았다. 분명 스윙 느낌이 좋은데도 결과는 아니었다. 원인을 알 수 없으니 해결책 없었다. 멘털은 무너졌고 멘털 코치의 도움으로 힘겹게 견디고 있었다. 그러던 어느 날, 피칭 연습을 하고 있을 때 LPGA 프로 한 분이 다가왔다. 그해 꽤 좋은 성적을 올리고 있던 그분은 "에이미는 왜 프리샷 루틴(Preshot Routine)을 하나도 안 하고 연달아 공만 치지?"라고 물었다. 그립, 에이밍(Aiming), 어드레스(Address), 스탠스 등 공을 치기 전 셋업을 하는 데까지 과정을 왜 매번 새로 하지 않냐는 지적이었다. 정신이 번쩍 들었다. 나도 모르게 '연습을 열심히 해서 이 상태를 극복해야 한다'는 생각에 연달아 샷만 하고 있었던 것이다.

그분의 조언을 계기로 연습 때도 샷마다 프리샷 루틴을 하려고 노력했다. 한 샷 한 샷 준비할 때마다 내 동작과 마음이 조급해져 있다는 걸 새삼스레 느꼈다. 물론 한편으로는 '과연 이게 도움이 될까' 하는 생각도 들었다. 하지만 나보다 경력이 많은 선수가 애정을 담아 해준 조언인 만큼 믿고 연습했다. 그 조언의 의미와 이유는 시간이 한참 지나서야 깨달았다. 아마추어를 가르칠 때면 그때의 나와 닮은 분이 참 많다. 스탠스를 그대로 유지한 채 그립도 다시 잡지 않고 공만 연달아 치는 분이 대부분이다. 나도 이제는 그분들에게 "이렇게 연습하면 실전에서 도움이 하나도 안 된다"라고 말린다.

연습장에서 프리샷 루틴 없이 연달아 샷만 하다 보면 한 샷에 집중해서 자신의 올바른 리듬을 내기가 거의 불가능해진다. 단 한 번의 샷만 허락되는 실전에서는 더 말할 것도 없다. 프리샷 루틴 없이 연속 동작으로 움직이며 리듬을 만들어내는 것이 몸에 익은 상태라면, 평소보다 더 긴장되는 실전에서 한 번의 스윙으로 정확한 샷을 보여주기란 결코 쉽지 않은 일이다.

프로들은 연습 때 샷마다 그립을 비롯해 셋업을 처음부터 다시 잡는다. '같은 자리에 서서 공을 치는데 굳이?'라고 생각할 수도 있다. 하지만 150개의 연습 공을 치면서 매번 프리샷 루틴을 다듬는다면 올바른 셋업을 150번 연습하게 된다. 이렇게 며칠을 거듭하면 몸이 셋업을 위한 준비를 자연스럽게 기억한다. 긴장으로 머릿속이 하얘지는 순간에도 몸이 기억해서 그립을 바르게 잡을 수 있다. 셋업도 마찬가지다. 두 발의 너비, 공에서 나까지의 거리, 셋업 앵글, 체중 분배, 공의 위치, 얼라인먼트(Alignment) 등을 매일 150번씩 반복하면 몸이 내게 맞는 최적의 상태를 기억하게 된다.

정확한 그립과 셋업을 몸으로 기억하고 있어야 달라진 환경에 맞춰 빠르게 적용할 수 있다. 연습장에서는 평평한 라이에서 공을 친다. 하지만 필드에서는 경사도 있고, 잔디 길이도 다 다르다. 샷마다 그립과 스탠스를 다시 잡고 셋업을 다듬는 훈련을 하면 다양한 변수가 나타나도 편안하고 균형 잡힌 셋업을 찾을 수 있다. 공의 위치, 정렬, 방향성도 마찬가지다. 연습장에서는 네모난 매트나 얼라인먼트 스틱이 있기에 방향을 따질 필요 없이 연습할 수 있다. 하지만 필드에서는 방향을 가늠할 어떤 도움도 없다. 스탠스와 정렬부터 완전히 엉뚱하게 하는 골퍼가 적지 않다. 타깃보다 오른쪽을 겨냥해 '닫아서는' 정렬을 취하면 스윙도 망가질 수밖에 없다. 이렇게 18홀을 플레이한다면 연습장에서 잘 잡아둔 스윙도 망가질 수밖에 없다.

'100타 깨기'가 목표인 골퍼들의 경우, 사실 정해진 프리샷 루틴이 없는 분이 더 많을 것이다. 아직 정해진 루틴이 없다면 자신이 좋아하는 선수의 루틴, 또는 내가 제안하는 루틴을 따라 해보자. 루틴을 거듭하다 보면 자신에게 더 잘 맞는 방법이 생길 것이다. 프리샷 루틴에서 숨을 들이마시는 타이밍도 정교하게 이뤄져야 한다. 0.001초라도 숨 들이마시는 타이밍을 잘못 잡으면 스윙이 다 꼬여버릴 수도 있다. 그래서 내가 만든 프리샷 루틴이 바로 스탠스를 마무리하고 토 태핑(Toe Tapping)을 할 때 마지막으로 타깃을 쳐다보며 방향을 인식하는 것이다. 이때 타깃에서 공까지 가상의 선을 그으며 내려온다. 이때가 바로 숨을 들이마시는 타이밍이다. 눈이 공에 도달하면 바로 클럽헤드 테이크어웨이(Takeaway)를 시작한다. 테이크어웨이가 시작되면

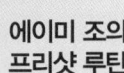

에이미 조의 프리샷 루틴

인터미디어트 타깃
(Intermediate Target)

1
클럽헤드를 공 뒤에 놓고 공 앞 15cm 정도에 '인터미디어트 타깃'을 지정한다. 타깃과 공에 가상의 선을 긋고 여기에 직각으로 클럽페이스를 셋업한다.

2
인터미디어트 타깃과 공에서 그린 선을 의식한 채 진짜 타깃을 올려다보며 그 선과 발을 평행하게 맞추고 스탠스를 잡는다.

숨을 얼마나 들이마시는지 참는지 생각하지 않는다. 백스윙 톱에 도달하면 몸통 꼬임 때문에도 숨을 쉴 수 없을 것이다. 공이 맞을 땐 내 몸의 힘을 쏟아낸 상태기 때문에 자연스럽게 숨을 내뱉게 된다. 간혹 연달아 치는 연습 드릴이 필요할 때도 있다. 공을 5개 정도 줄 세워놓고 쉬지 않고 연달아 치는 것인데, 래피드 파이어 드릴(rapid fire drill)이라고 한다. 이 방법은 손힘을 빼거나 클럽헤드 스피드 연습을 집중적으로 할 때 많이 사용한다. 하지만 말 그대로 드릴이다. 항상 이런 식으로 연습하면 안 된다.

실전에서도 연습처럼 잘 치고 싶다면, 주어진 한 샷에서 내게 필요한 리듬과 동작이 나와야 한다. 그러기 위해서는 실전처럼 연습해야 한다는 사실을 기억하자. 샷마다 프리샷 루틴을 하는 것으로 연습의 양과 질, 모두를 잡을 수 있다. 올바른 방법으로 많이 연습하는 것이 최고인 셈이다.

내 자신을 믿는다

흔히 골프는 멘털 게임이라고 한다. 이는 연습에서도 적용된다. 간혹 오랜 시간 연습을 하면서도 내내 불신에 가득 찬 분을 볼 때가 있다. 연습을 안 하느니만 못한 자세다. 자신과 레슨에 대한 의심은 결국 시간을 들여 자신의 능력을 의심하는 연습만 반복하는 셈이다. 연습 때에도 내가 올바르게 연습하고 있고 최선을 다하고 있다는 것, 나의 100%를 집중해서 진심으로 하고 있다는 마음가짐을 갖자.

연습량에서 자신감을 얻는 선수가 있는가 하면, 타고난 재능 덕분인지 연습량이 적어도 자신감이 가득한 선수도 있다. 현역 선수로 활동하며 느낀 결과, 나는 연습량으로 자신감을 충전하는 편이었다. '재능이 부족한 것일까? 왜 이렇게 고생을 해야만 발전을 만들어낼까?' 하고 원망하기도 했다. 하지만 세계 톱 랭커를 가까이에서 지켜보고 직접 인터뷰하며 알게 됐다. 잘 치는 선수 중 연습을 적게 하고도 자신감 가득한 선수는 없었다.

연습을 많이 하면 잘 치는 것은 당연하다. 연습을 통해 자신의 게임이 일정해지고, 좋아지는 모습을 보며 자신감이 생긴다. 하지만 연습 중에 계속 의심을 하며 스윙을 이리 바꾸고 저렇게 바꾸면 불신만 더 쌓인다. 목표를 정하고, ==프리샷 루틴을 하면서 내가 올바른 길로 잘 가고 있다고 믿어야 한다.== 연습 동안 생기는 실수나 잘못은 그조차도 다 도움이 된다.

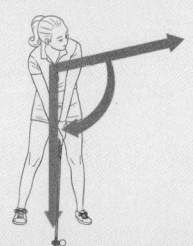

3
토 태핑을 하며 리듬과 발바닥 힘을 점검한다. 힘이 발꿈치로 들어가면 스윙 도중 밸런스를 잃고 상체가 일어나는 원인이 된다. 발바닥 힘은 앞꿈치에 둔다.

4
가볍게 왜글(Waggle)을 하며 테이크어웨이 궤도나 리듬을 잡는다. 손을 지나치게 돌리거나 테이크어웨이가 너무 급해지지 않도록 주의한다.

5
타깃을 쳐다보며 방향을 인식한다. 타깃에서 공까지 숨을 마시며 내려온다. 눈이 공에 도달하면 바로 클럽헤드 테이크어웨이를 시작한다.

SECTION ② Driver/Wood

Let's get Aimeefied — 에이미 따라잡기

드라이버/우드

에이미's Training Note

오늘의 자세	드라이버/우드
포인트	올바른 스윙 궤도와 회전 방법을 익힐 것!

> "
> 티샷을
> 멋지게
> 날리고 싶어요.

> "
> 어떻게 하면 샷의
> 정확도를 높일 수
> 있을까요?

> "
> 드라이버 샷에서
> 손힘이 자꾸
> 들어가요.

7번 아이언으로 풀스윙의 기본을 익힌 골린이가 두 번째로 도전하는 클럽은 드라이버다. 골프백에서 가장 긴 클럽으로, 가장 멀리 나가도록 설계돼 있다. 드라이버로 멋지게 티샷(Tee Shot)을 날리는 모습은 모든 골린이의 로망일 것이다.

장타는 골프 게임에서 굉장히 유리한 상황을 만들어준다. 티샷을 멀리 보내놓으면 세컨드 샷의 부담이 줄어들기 때문이다. 하지만 100타 깨기를 목표로 하는 골린이는 무엇보다 샷의 정확도를 높여야 한다. 골린이는 대체로 페어웨이 안착률, 그린 적중률, 쇼트 게임 기록 등 전반적으로 실력이 부족한 상태다. 이 중 가장 시급한 것은 티샷을 페어웨이에 올리고 트러블과 벌타를 피하는 것이다. 페어웨이 안착률이 높아지면 그린에 올리기도 한결 수월하다. 티샷이 정교해지면 아이언샷도 좋아지고, 페어웨이에서 세컨드샷(Second Shot)을 치는 것이 러프(Rough)보다 훨씬 유리하기 때문이다. 드라이버샷에서 정확도에 집중해야 하는 이유도 여기에 있다.

하지만 대부분의 골린이가 드라이버 샷을 할 때 비거리에 대한 로망이 커서 드라이버를 잡으면 무조건 세게 휘두르려고 한다. 드라이버는 일반적인 스윙으로도 멀리 가도록 만들어져 있다. 굳이 힘을 더 줘서 휘두르면 나쁜 스윙을 만들 뿐이다. 앞서 언급한 이론은 드라이버에서도 그대로 적용된다. 손힘이 들어가면 궤도가 틀어지고 슬라이스나 훅(Hook)이 나온다는 것, 비거리는 골반 회전에서 나온다는 것, 그리고 정타를 치려면 스윙 리듬이 중요하다는 것 등이다.

정확도를 강조하면 적잖은 분이 '비거리는 중요하지 않다는 것인가'라고 의문을 제기한다. 하지만 비거리 욕심에 잘못된 골반 회전에다 손힘을 계속 사용한다면 비거리는 끝까지 만들지 못한다. '정확도'라고 표현하지만 사실은 올바른 스윙 궤도와 회전 방법을 익히는 것이다.

드라이버/우드 기본자세

SECTION ② Driver/Wood | SET-UP

대문자 K 셋업
오른쪽 엉덩이를 타깃 쪽으로 2~3cm 밀어주며 어깨와 팔뚝이 정렬되도록 한다. 이때 왼쪽이 일자를 이루는 모습을 '대문자 K 셋업'이라고 부른다.

팔뚝 정렬
셋업을 마친 뒤 측면에서 사진을 찍어 팔뚝 정렬을 확인해보자.

손의 위치
그립 끝부분이 배꼽과 왼쪽 골반 사이에 오게 한다.

공의 위치
왼발 뒤꿈치 앞쪽에 위치하며 7번 아이언보다 약 5~7cm 넓게 서야 한다.

드라이버 셋업 정면

드라이버는 골프 클럽 중 가장 긴 채다. 채가 길수록 스윙은 물론 몸의 회전 범위도 커진다. 아이언샷과 드라이버샷의 스윙 방법이 다른 것은 그 때문이다. 드라이버에서는 특히 슬라이스 미스가 많이 나는데, 이때 가장 먼저 점검해야 할 것이 셋업이다. 이제 셋업을 요소별로 살펴보자.

그립에서 좌우되는 스퀘어한 클럽페이스

그립에 따라 가장 직접적으로 영향을 받는 것은 클럽페이스 각도다. 클럽페이스가 비뚤어지면 공을 맞히기 위해 무의식적으로 손힘을 사용해 궤도나 릴리스 동작을 조절하게 된다. 그립 하나로 스윙 전체가 틀어지는 악순환이 시작되는 것이다.

임팩트 때 스퀘어한 클럽페이스는 그립에서부터 좌우된다. 가장 이상적인 그립은 '뉴트럴(Neutral) 그립'이다. 양손의 엄지와 검지가 만드는 두 개의 알파벳 V자가 오른쪽 어깨를 가리켜야 한다. 뉴트럴 그립으로 잡으면 스윙 내내 클럽페이스가 스퀘어하게 정렬될 가능성이 높고, 임팩트 때에도 페이스가 스퀘어하게 공을 맞히기 쉽다. 스퀘어한 클럽페이스로 임팩트를 하면 스위트스폿에 제대로 공을 맞힐 수 있고, 그 결과 몸이 만든 힘을 공에 효과적으로 전달할 수 있다. 즉 스퀘어한 클럽페이스는 긴 비거리와 정확성에 아주 중요한 역할을 한다.

양손 엄지와 검지가 만드는 V자가 모두 왼쪽 어깨나 턱을 향하고 있다면 '위크(Weak) 그립'이라 부른다. 그립에서 '위크'는 약하다는 뜻이 아니다. 손 포지셔닝을 뜻하는 것으로, 스윙 때 클럽페이스가 쉽게 열리는 것이 특징이다. 그 때문에 임팩트 때 공이 열려서 맞아 샷이 오른쪽으로 밀리거나 휘는 패턴을 볼 수 있다. 또한 클럽페이스가 열려서 맞는 탓에 공에 백스핀(Back Spin)이 지나치게 걸리고, 공에 실리는 힘도 약해져 비거리가 짧아진다.

반대로 양손의 V자가 오른쪽 어깨보다 더 바깥쪽으로 지나치게 오른쪽을 가리킬 경우 '스트롱(Strong) 그립'이라고 부른다. 이때는 위크 그립과 반대로 스윙 내내 클럽페이스가 쉽게 닫힐 수 있다. 임팩트 때 페이스가 닫혀 맞아서 공이 왼쪽으로 휘는 미스샷이 나온다. 다만 왼쪽 미스샷은 공에 백스핀이 적게 걸려서 위크 그립에 비해 공은 더 힘있게 날아간다.

드라이버 스윙에서는 하체와 밸런스를 더욱 단단하게 잡아줘야 한다. 가장 긴 채로 하는 스윙이어서 스윙 궤도와 몸의 회전 범위가 커지기 때문이다.
7번 아이언보다 스탠스를 더 넓게 잡는다. 7번 아이언에서 어깨너비 정도이

그립 종류별 손의 위치

스트롱 그립

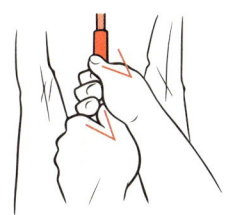

뉴트럴 그립

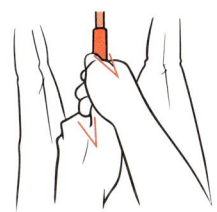

위크 그립

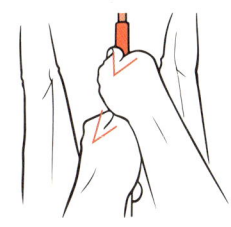

던 스탠스를 드라이버에서는 약 10cm 정도 더 넓게 벌리자. 스탠스를 너무 좁게 잡으면 하체를 효율적으로 지탱하지 못해 밸런스가 깨진다. 하체가 불안해지면 자연스레 상체에 지나치게 힘이 들어가고, 힘이 너무 들어간 상체는 회전에 방해가 된다. 손과 손목, 어깨에 힘이 들어가면서 클럽헤드 스피드가 느려지고 비거리 손실도 커진다.

드라이버 스탠스 볼 포지션

볼 포지션 체크는 수시로!

드라이버, 우드, 하이브리드, 아이언 등 클럽마다 길이와 무게가 조금씩 다르다. 그래서 클럽별로 볼 포지션을 이해하고 몸에 익히는 것이 중요하다. 선수 생활을 할 때 항상 주시한 부분은 바로 볼 포지션이었다. 이 부분은 찰나의 순간에 삐뚤어지기 십상이었다.
나의 얼라인먼트(정렬)와 셋업에 아주 큰 영향을 주는 부분이 바로 볼 포지션이고, 내가 공 위에 서서 보는 볼 포지션과 정면에서 사진을 찍어서 보는 볼 포지션은 사뭇 다를 때가 많다. 볼 포지션이 흐트러지면 스윙 궤도나 클럽페이스 각도에 직접적으로 영향을 끼치기 때문에 볼 포지션을 수시로 체크해야 한다.

드라이버 볼 포지션은 왼발 뒤꿈치 안쪽이 가장 이상적이다. 특히 드라이버는 티에 올려놓고 샷을 하기 때문에, 그리고 행백(Hang Back)을 구사해야 하는 샷이기 때문에 볼 포지션이 꽤 중요하다. 채가 길어질수록 공의 위치는 왼쪽으로 움직인다.
채의 길이에 따라 릴리스 구간이 달라지기 때문이다. 눈에 보이는 정도로 크진 않지만, 긴 채는 짧은 채에 비해 좀 더 늦게 릴리스된다. 그렇기 때문에 볼 포지션을 왼쪽으로 옮겨야 릴리스할 수 있는 시간적·공간적 여유가 확보되고 임팩트 때 클럽페이스가 스퀘어를 이룰 수 있다.

드라이버를 칠 때 공이 왼발 뒤꿈치보다 더 오른쪽에 있다면 클럽페이스가 미처 다 릴리스되지 못한 채로 임팩트가 일어난다. 클럽페이스가 열려 맞는 셈이다.
그러면 오른쪽으로 밀리고 슬라이스 샷이 나올 수 있다. 볼 포지션 문제를 인지하지 못한 채 계속 스윙을 하면 오른쪽으로 가는 미스샷을 막기 위해 스윙 궤도를 안쪽으로 당기거나 클럽페이스를 닫으려고 하는 등 스윙이 크게 망가질 수 있다.

반대로 볼 포지션이 왼발 뒤꿈치보다 더 왼쪽에 있는 경우에는 클럽페이스가 완전히 릴리스된 뒤 더 왼쪽으로 돌아가기 시작하는 시점에 공이 맞는다. 그러면 공에 드로(Draw) 또는 훅이 걸리거나 공이 왼쪽으로 크게 휘는 미스샷이 나온다.
이런 경우에도 우리 몸은 무의식 중에 이를 바로잡고자 손힘을 쓰게 되고 상체 앵글을 흐트러뜨리게 된다. 볼 포지션은 정말 작은 차이지만 구질에 직접적으로 영향을 미치고, 스윙을 망칠 수 있다.

실력의 척도 되는 얼라인먼트

셋업 자세에서 골퍼의 실력을 가늠할 수 있는 가장 정확한 요소가 얼라인먼트, 즉 정렬이다. 얼라인먼트는 토 라인(Toe Line)을 타깃 라인과 평행하게 잡는다. 여기서 타깃 라인이란 공이 타깃을 향하는 방향이다. 토 라인은 스탠스를 잡을 때 양발이 이루는 방향을 뜻한다.

공의 방향과 스탠스의 방향이 평행을 이뤄야 한다는 것이다. 골반과 어깨 라인도 중요하다. 이 둘 또한 타깃 라인과 평행을 이뤄야 한다. 통상 초보 골퍼는 7번 아이언으로 처음 스윙을 배우기 때문에 7번 아이언 셋업에 익숙하다. 앞서 언급했듯이 드라이버 셋업에서는 공이 왼쪽으로 옮겨진다. 그러다 보니 초보들은 골반과 어깨, 팔뚝 정렬이 틀어지면서 오픈스탠스로 서는 경우가 많다.

팔뚝 정렬은 우리가 쉽게 놓치는 부분이다. 공 위치를 왼쪽으로 옮기면서 상체 방향을 제대로 맞추지 않으면 팔뚝에서 바로 표시가 난다. 그립을 약하게 잡아도 바로 확인할 수 있는 부분이 팔뚝 정렬이다. 팔뚝이 열려 있는 셋업으로 드라이버를 치면 '아웃투인' 궤도가 나오고, 공에 컷 스핀이 걸리면서 오른쪽으로 휘는 슬라이스 샷이 나온다.

드라이버 셋업을 마친 뒤 측면에서 사진을 찍어 팔뚝 정렬을 확인해보자. 이때 왼쪽 팔뚝이 오른쪽 팔뚝 앞으로 보이지 않는다면 열려 있는 것이다. 만약 오른쪽 팔뚝 아래로 왼쪽 팔뚝이 보인다면 꽤 많이 열린 것이다. 정면 또는 골반이 보이는 쪽에서 사진을 찍었을때, 오른 골반이 오른쪽으로 삐죽 나와 있는 모양새라면 상체가 열려 있는 것이다.

드라이버 스퀘어 얼라인먼트 측면

'대문자 K'를 기억하세요

이 같은 요소들을 담아 에이미화한 드라이버용 셋업이 '대문자 K 셋업'이다. 드라이버 셋업을 마친 뒤 오른쪽 골반을 타깃 쪽으로 2~3cm 정도 밀어주자. 그러면 어깨와 팔뚝 정렬이 스퀘어가 된다. 이때 왼쪽 어깨가 조금 높아지고 상체가 닫히는 느낌이 들 것이다. 오른쪽 골반을 살짝 밀어 넣으면 몸의 왼쪽 부분이 일자를 이루게 된다. 그다음으로 짚을 부분이 바로 손의 위치다. 7번 아이언 셋업에서는 그립 끝이 자신의 배꼽에서 약 1cm 왼쪽을 가리켜야 한다. 드라이버에서는 종종 손을 왼쪽으로 내밀어서 클럽페이스를 타깃 쪽으로 밀어주려는 아마추어가 많다. 하지만 이렇게 셋업을 하면 손이 몸에서 많이 떨어지고 스윙할 때 몸과 손이 따로 움직이게 된다.

손은 드라이버에서도 최대한 몸에서 떨어지지 않도록 해야 한다. 셋업 때 그립 끝부분이 왼쪽 골반과 배꼽의 중간 지점을 가리키도록 맞춘다. 이렇게 뉴트럴 포지션을 만들면 손이 몸에서 떨어지지 않아 임팩트 때 같은 포지션으로 돌아올 확률이 크다.

장비도 실력! 초보여도 '클럽 피팅'은 꼭 한번 받아보세요.

대문자 K 셋업만 잡아주면 슬라이스 미스를 즉각 잡아줄 수 있다. 하지만 이 셋업을 잡고도 슬라이스 샷이 계속 나온다면 장비도 점검해보자.

골린이에게도 필요한 클럽 피팅

프로들에게 클럽 피팅(Fitting)은 자신의 퍼포먼스를 최상으로 끌어내기 위해 반드시 거치는 과정이다. 하지만 이제 골프에 입문해 100타 깨기를 목표로 하는 골린이들은 "아직 스윙도 제대로 잡혀 있지 않은데 피팅이 효과가 있을까?"라고 생각하곤 한다. 골린이들에게 클럽 피팅이 필수는 아니다. 하지만 피팅은 꼭 한번 해보라고 권하고 싶다. 일반 성인 남자의 경우, 초보는 레귤러 샤프트로 시작해 스윙이 익숙해지고 헤드 스피드가 붙기 시작한다면 스티프 샤프트로 넘어가는 것이 좋다. 여성 골퍼는 대부분 여성용을 사용하지만 근력이 강한 이들은 남성용 시니어 채를 써도 좋다. 조금이라도 자신에게 더 잘 맞는 클럽을 사용해야 적은 연습 시간으로도 정확한 샷을 구사할 수 있다.

세 손가락의 비밀

SECTION ② Driver/Wood | GRIP

왼손 새끼손가락
왼손의 새끼손가락은 공간이 뜨지 않도록, 그립에 다 닿도록 감싸듯 쥔다.

그립 끝
그립 끝이 왼쪽 골반뼈와 배꼽의 가운데를 가리키도록 정렬하면 된다.

힘의 정도
바나나를 손에 쥐듯, 힘의 20%만 사용한다.

드라이버 셋업 정면

투어 선수들이 셋업에서 주기적으로 점검하는 것 중 하나가 그립이다. 그립이 살짝만 흐트러져도 스윙에 큰 영향을 미치기 때문이다. 드라이버를 잡는다고 해서 그립의 기본 원칙이 달라지는 것은 아니다. 하지만 아마추어들은 드라이버를 잡으면 그립부터 낯설어한다. 채가 길어서 손 높이와 볼 포지션이 바뀌기 때문일 것이다. 아이언에 비해 손 위치가 높게 셋업되고, 또 공 위치가 왼쪽으로 옮겨오면서 손도 왼쪽으로 가게 된다. 여기에다 앞서 언급한 '대문자 K' 포지션까지 적용하면 초보자 입장에서는 그립 느낌이 더 헷갈릴 수 있다.

드라이버 그립

먼저 드라이버 그립도 다른 클럽과 같은 원칙으로 잡는다는 것을 인지하자. 그리고 그립을 잡기 전 해야 할 일은 드라이버를 헤드부터 공 뒤에 정렬하는 것이다. 여기에 맞춰 손 높이와 손 포지션을 올바르게 놓고 그립을 잡는 게 좋다.

클럽페이스는 타깃과 직각을 이룬다. 이때 드라이버 페이스가 오프셋(Offset)이 있어서 살짝 닫혀 있는 각도라면 아무래도 타깃보다 왼쪽을 가리킬 수도 있다. 드라이버는 길이가 상당히 길기 때문에 미들아이언(Middle Iron)에 비해 셋업 각도가 좀 더 커진다. 올바른 셋업 각도를 찾기 위해 드라이버 헤드 코 부분이 땅에서 너무 많이 떨어져 있지 않도록 헤드를 잘 잡아줘야 한다. 공이 왼쪽으로 옮겨가면서 바뀌는 손 위치를 제대로 잡기 위해서는 그립 끝이 왼쪽 골반뼈와 배꼽의 가운데를 가리키도록 정렬하면 된다.

그립의 완성

드라이버를 잡을 때 손의 높이와 위치를 올바르다면 이제 그립을 완성해보자. 앞서 아이언 그립에서 설명한 것처럼 왼쪽 손바닥을 삼등분해 첫 3분의 1 지점이 그립의 12시 부분을 눌러줘야 하고, 이 누르는 힘이 왼쪽 손가락이 그립을 감싸 잡는 힘보다 세야 한다. 왼쪽 손바닥이 그립을 누르는 데는 결코 힘이 많이 들어갈 수 없다. 즉 왼쪽 손가락으로 그립을 잡는 힘이 강해서는 안 된다는 얘기다. 아이언 그립에서 언급한 대로 바나나를 손에 쥐듯 힘의 20%만 사용해야 한다.

왼쪽 손바닥이 그립의 12시 부분을 누르면 왼팔이 펴지는 느낌이 들 것이다. 왼팔에 힘을 넣지 않고 손바닥을 사용하기 때문이다. 간혹 손바닥에 유독 살이 없는 사람이 있다. 손바닥이 얇거나 손바닥이 길면 왼손 새끼손가락이 그립을 감쌀 때 뜨는 공간이 나온다. 그러면 그립이 단단하지 않아서 왼손에 힘이 들어가고 왼쪽 손목, 팔꿈치, 어깨 등에 힘이 들어가 스윙이 망가지는 악순환이 시작된다.

그립을 잡기 전 해야 할 일

1
드라이버를 헤드부터 공 뒤로 놓는다.

2
클럽페이스는 타깃과 직각을 이루도록 한다.

3
그립 끝이 왼쪽 골반뼈와 배꼽의 가운데를 가리키도록 한다.

그립과 세 손가락의 관계

그립에 힘이 들어가는 것을 막는 데는 세 개 손가락이 핵심 역할을 한다. 바로 왼손 새끼손가락, 오른손 엄지와 검지. 왼손의 새끼손가락은 공간이 뜨지 않도록, 그립에 다 닿도록 감싸 쥐어야 한다. 오른손은 아이언 그립에서도 말했듯 그립의 3시 방향, 즉 공의 뒷부분에서 벽을 만들어 받쳐주는 역할을 한다. 이 벽은 백스윙 톱에서 안정성을 만들어내는 중요한 역할을 한다. 양손의 엄지와 검지가 만들어내는 V자가 오른쪽 어깨를 가리키고 있다면 이 벽이 잘 만들어진 것이다.

오른손 검지는 앞서 짚은 코어 덱스 스윙, 즉 허벅지 윗부분을 꼬아 허리에 부담을 덜어주는 스윙에서도 중요한 역할을 한다. 오른손 검지가 그립에서 탄탄한 벽을 만들어주면서 백스윙 톱에서 손목 코킹이 마무리되도록 돕는다. 단단한 벽으로 그립을 받치기에 클럽헤드 릴리스도 책임진다. 오른손 검지를 잘 활용하면 릴리스 컨트롤이 쉬워지고 임팩트 때 스퀘어로 공을 맞힐 확률도 높다.

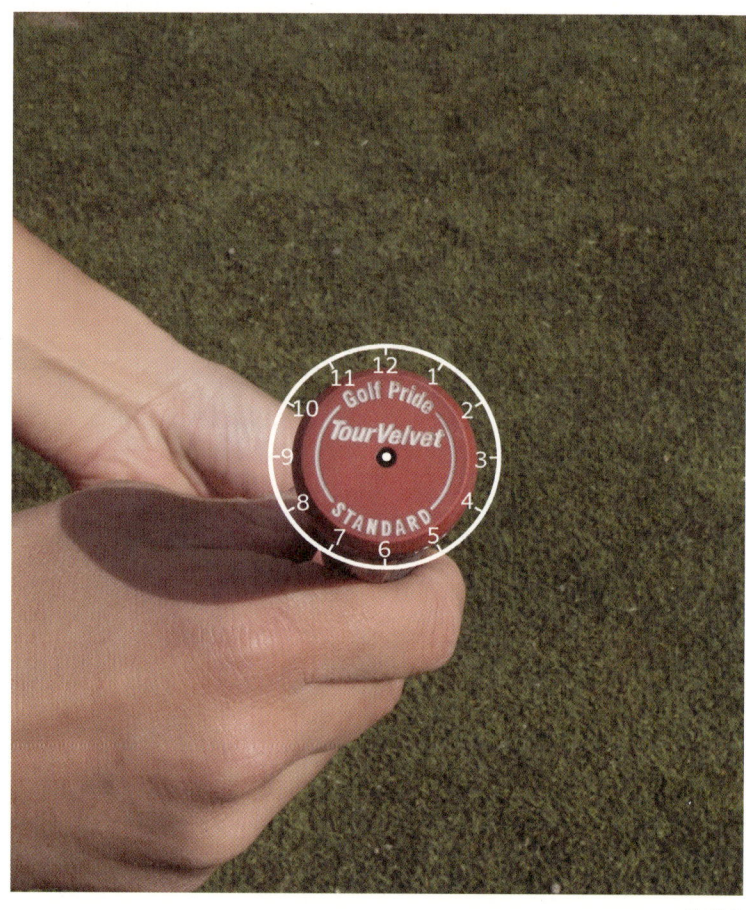

그립 시계

 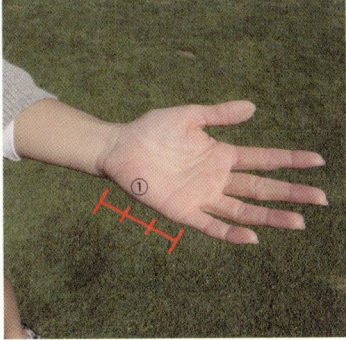 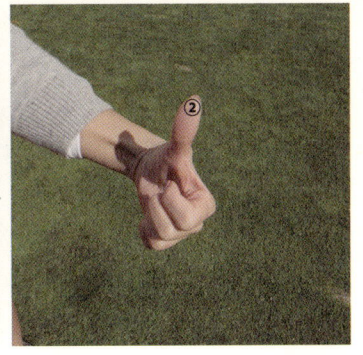

왼손 그립

마지막 오른손 엄지는 오른손 검지의 보조 역할을 한다. 벽이 클럽헤드 뒤를 받쳐주는 역할을 하지만 백스윙 때는 임팩트의 반대 방향으로 올라가기에 자칫 클럽헤드가 흔들릴 수 있다. 이 같은 미세한 흔들림을 방지하기 위해 오른손 엄지가 검지의 반대 방향에서 잘 받쳐줘야 한다. 그립의 윗부분이 12시라면 엄지손가락 끝부분이 11시 30분을 눌러준다.

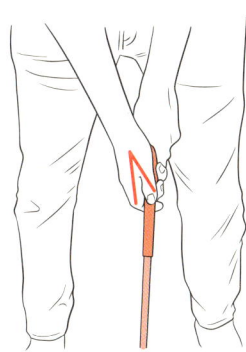

그립 잡는 데 가장 중요한 세 손가락

왼손 - 새끼손가락
오른손 - 엄지와 검지

왼손 그립 잡기
양손의 엄지와 검지가 만들어내는 V자가 오른쪽 어깨를 가리킨다면 잘 만든 것

이때 엄지손가락을 그립 아래로 누르면 오른쪽 손목에 힘이 들어간다. 그렇기에 그립 아래가 아니라 검지를 눌러줘야 한다. 이 팁을 알려주면 많은 아마추어 골퍼가 "그립을 꼬집는 느낌이 든다"라고 피드백을 준다. 그립을 두 손가락으로 꼬집어주는 것만으로도 클럽헤드의 흔들림을 줄이고 클럽페이스 릴리스도 자유롭게 컨트롤할 수 있다.

그립만 올바르게 잡는다면 좋은 스윙을 만드는 데 정말 큰 도움이 된다. 손힘도 더 쉽게 뺄 수 있다. 반면 그립의 중요성을 인지하지 못한다면 아무리 노력해도 스윙이 좋아질 수 없다는 사실을 반드시 유의하자.

 영상으로 확인!

**골프 그립,
세 손가락의 비밀**

히프 턴만 잘해도
골프력 레벨 업

골반
이 벽에서 골반이 떨어지면 안 되는 이유는 몸에서 공까지의 거리 때문이다.

거리 유지
측면에서 셋업을 봤을 때 공에서 골반까지의 거리는 스윙 내내 최대한 유지해야 한다.

드라이버 포스트 임팩트 벽 측면

스윙의 힘은 골반 회전에서 나온다. 골반을 힘차게 돌리는 데서 나오는 힘이 복근과 허리를 통해 어깨 회전을 만들어준다. 어깨가 회전하는 힘으로 클럽을 잡은 팔과 손을 휘두르고, 이 힘이 클럽을 휘둘러 공을 맞히는 것이 스윙이다. 골반이 작게 움직여 어깨와 클럽의 큰 움직임을 만들어내는 셈이다. 골반 회전만 잘해도 골프 실력이 눈에 띄게 늘 수 있다. 골프 스윙에서 골반이 하는 역할, 여기에 얽힌 이론을 살펴보고, 어떻게 쉽고 효율적으로 정확한 회전을 만들어낼 수 있을지 알아보자.

골반만 휘두른다고 골반 회전이 아니다

골프에서 스윙(Swing)은 말그대로 '휘두른다'는 뜻이다. 다만 손을 휘둘러 공을 때리는 것이 아니라 클럽을 휘둘러 공을 맞히는 것이 핵심이다. 비거리와 직결되는 클럽헤드 스피드가 바로 클럽 회전의 힘과 비례한다. 한 조사에 따르면 클럽헤드 스피드가 시속 1마일 늘어나면 드라이버 비거리가 약 2.7m 늘어난다고 한다. 시속 5마일만 빨라져도 14m를 더 보낼 수 있다는 얘기다. 무척 솔깃하지만 클럽헤드 스피드를 올리는 것은 쉽지 않다. 올바른 스윙을 해야 몸이 만들어내는 힘을 클럽헤드 스피드로 전환할 수 있다.

골반 회전의 중요성은 골퍼 누구나 알고 있다. 하지만 골반만 잘 돌리면 된다고 잘못 알고 있는 분이 많다. 골반 회전을 제대로 이해하지 못한 골퍼는 비거리를 내기 위해 열심히 골반을 돌리고 정작 공은 손힘으로 가격한다. 골반을 과하게 돌리는 것을 스핀아웃이라 한다. 체중이동과 올바른 시퀀스(Sequence), 스윙 순서를 무시하고 골반만 과하게 돌리는 식이다.

임팩트 때 골반은 약 45~55도 정도 열려 있는 게 적당하다. 하지만 스핀아웃했다면 골반이 임팩트 때 더 많이 열리게 된다. 또한 체중도 보통 스윙보다 오른발에 지나치게 실려 있는 것을 볼 수 있다. 이러면 다운스윙에서 클럽헤드가 엎어져 들어오고 훅이나 슬라이스가 나온다.

골반 스핀아웃은 관절에 무리를 줘 무릎과 허리 부상 위험도 커진다. 특히 사무직인 아마추어들이 위험하다. 이들은 허리나 복근이 약하고 허리 디스크까지 있는 경우가 많다. 복근과 허리 힘이 받쳐주지 못하는데 골반만 과하게 회전하면 어깨 회전으로 연결되지 못한다. 어깨 회전이 안 되면 파워가 급격히 줄어들고, 이를 채우기 위해 무의식 중에 손힘으로 스윙을 만들어내려 한다. 이 같은 스윙을 반복하면 허리 관절에 무리가 갈 수밖에 없다.

골프 인생 내내 나를 괴롭히던 허리 부상 역시 이런 동작에서 나왔다. 나는 일곱 살에 골프를 시작했다. 주니어 골퍼는 근력이 모자란 대신 유연성이 좋다. 그렇다 보니 근력보다 회전에 더 파워를 의존하게 된다. 골반을 힘차게 돌려보지만 회전에서 나온 힘을 허리와 복근이 잡아주지 못하면서 허리 관절에만 무리가 가고, 정작 어깨 회전으로는 연결되지 않는다. 결국 골반 회전에 비해 비거리가 나오지 않는 것이다.

그러면 복근을 키워야 하는데, 대부분은 골반을 더 힘차게 돌리게 된다. 이 동작을 반복하면 허리에 계속해서 무리가 가고, 몇 년 지나지 않아 부상을 당하게 된다. 이 과정에서 부족한 파워를 메우려 손힘을 사용해 공을 때리기 시작한다. 그러면 그 충격이 공이 아니라 몸으로 오롯이 전달되고 갈비뼈, 어깨, 엘보, 손가락 등의 부상을 초래한다. 이는 복부 근력과 허리가 약한 성인, 시니어 골퍼 등에서도 흔히 볼 수 있는 현상이다.

체력 조건이 좋더라도 올바른 시퀀스를 모르는 골퍼의 경우 비슷한 악순환에 빠진다. 골반만 지나치게 회전하면 하체와 상체의 싱크, 조화가 깨진다. 골반의 회전 스피드에 비해 어깨 회전 스피드와 클럽헤드 스피드가 나올 수 없다. 상체와 하체의 싱크가 무너지면 나타나는 대표적 현상이 상체와 하체가 따로 돌면서 몸이 휘청거리는 모습이다. 그러면 클럽헤드 릴리스 타이밍이 불규칙해져 페이스를 일정하게 스퀘어로 맞출 수 없고 훅이나 슬라이스를 내게 된다. 골반 회전에서 시작되는 스윙 시퀀스를 제대로 이해하고 연결시켜야 좋은 스윙을 만들어낼 수 있는 것이다.

드라이버 셋업 벽 측면

드라이버 백스윙 벽 측면

드라이버 다운스윙 벽 측면

■ 골반 회전 방법

이제 골반을 정확하게 회전하는 방법을 알아보자. 셋업 자세를 측면에서 봤을 때 골반 뒤에 벽을 하나 그려보자. 프로들은 스윙하는 내내 이 벽에서 골반이 떨어지지 않는다. 하체가 잘 버티고 있고 상체를 낮춘 셋업 앵글을 유지한 상태에서 골반 회전을 만들어주기 때문이다. 이 벽에서 골반이 떨어지면 안 되는 이유는 몸에서 공까지의 거리 때문이다. 측면에서 셋업을 봤을 때 공에서 골반까지의 거리는 스윙 내내 최대한 유지해야 한다. 그래야 클럽헤드가 공으로 일정하게 돌아올 수 있기 때문이다.

앞에서 말했듯 스윙은 몸의 회전축을 잡아놓고 클럽을 휘둘러 공으로 돌아오는 것이다. 처음 셋업에서 만들어진 공에서 골반까지의 거리를 백스윙 톱에서 다운스윙, 임팩트까지 그대로 유지해야 임팩트 때 처음 셋업 때처럼 클럽페이스가 스퀘어하게 공으로 돌아오게 된다. 스윙하는 동안 이 벽에서 골반이 떨어진다는 것은 골반이 공에 가까워진다는 뜻이다. 그러면 스윙 궤도가 틀어진다. 손이 좁아진 공간을 빠져나가기 위해 백스윙 톱에서 손목이 너무 빨리 느슨해지는 캐스팅(Casting)을 하기도 하고, 비좁은 공간을 최대한 활용하기 위해 클럽을 과하게 안쪽으로 당겨 손이 빠져나가는 시간을 마련하기도 한다. 또 좁아진 공간을 보상하기 위해 상체가 일어나기도 한다.

──────── 임팩트 때는 어떨까. 클럽페이스가 처음 어드레스 했던 자리에 그 각도로 들어와야 스위트스폿을 맞힐 수 있지만 공과 몸 사이가 짧아진 탓에 스위트스폿을 맞히기 어려워진다. 우리 몸은 이를 보상하기 위해 무의식적으로 스윙 스피드를 늦춰 손으로 클럽헤드를 컨트롤해 스위트스폿을 맞히려 한다. 당연히 그 짧은 시간에 클럽페이스를 스퀘어하게 정렬하는 것은 불가능하다. 그 결과 비거리가 짧아지고 방향도 비뚤어질 수밖에 없다. 당연히 폴로스루도 꼬인다. 몸과 공 사이의 좁은 공간에서 폴로스루를 만들기 위해 궤도를 벗어나게 되고, 손힘으로 억지로 당겨서 폴로스루를 만들어야 할 수도 있다.

──────── 이제 셋업 자세를 머리 위에서 내려다본다고 생각해보자. 드론을 띄웠을 때 내려다보는 느낌이다. 이때도 골반에 벽을 그려놓는다. 셋업 때 양쪽 엉덩이는 이 벽에 닿아 있다. 백스윙 때 최대한 축을 유지한 상태에서 회전하기 때문에 45도 정도를 도는 호선을 그린다. 이때 오른쪽 골반이 벽에 닿아 있다. 프로들은 살짝 벽을 민 것처럼 뒤로 조금 빠져나가기도 한다. 다운스윙을 할 때는 왼발로 체중이동을 하며 회전하기 때문에 타원이 그려진다. 프로들은 임팩트와 포스트 임팩트 때 왼쪽 골반이 벽에 닿거나 벽을 살짝 밀어주는 모습을 보인다. 그리고 피니시 때는 골반이 타깃을 정면으로 보면서 양쪽 골반이 벽에서 완전히 떨어진다.

──────── 이때 피니시가 올바르다면 체중의 100%가 왼발 뒤꿈치 바깥쪽에 실려 있을 것이다. 왼쪽 다리와 허벅지, 그리고 왼쪽 엉덩이 근육에 단단하게 힘이 실린다. 이를 왼발에 포스팅(Posting)한다고 한다. 흔히 왼발에 벽을 만들어 잡아준다는 말로 표현한다. 이 밸런스로 인해 피니시 때 프로들은 왼쪽 엄지발가락이 땅에서 들려 있는 경우가 많다. 또한 이 균형을 만들기 위해 골반이 왼발 위에 쌓여 있는 것을 볼 수 있다.

──────── 프로의 움직임을 기준으로 아마추어의 측면 스윙을 분석해보자. 아마추어 골퍼는 흔히 백스윙과 다운스윙 때 골반이 벽에서 쉽게 떨어진다. 드론 뷰로 보면 아마추어의 스윙에서는 백스윙 때 골반이 벽에서 떨어져 원을 그리는 것을 알 수 있다. 하체 힘이 제대로 버티지 못하거나 손에 지나치게 힘이 들어가 백스윙 코일을 제대로 꼬지 못한 채 클럽을 들어올렸기 때문이다. 이러면 회전이 아니라 스웨이(Sway), 즉 밀어내는 동작이 나온다. 골반을 돌리기보다 오른쪽으로 밀어낸 것이다.

다운스윙에서는 스핀아웃이 나올 경우 체중이동이 올바르게 이루어지지 않고 골반이 너무 많이 회전하기 때문에 타원이 아니라 제자리에서 원을 그리는 모습이 나온다. 또 왼쪽 골반이 벽에 붙어 있지 못하고 다운스윙이 시작되자마자 벽에서 떨어지면서 임팩트 때 양쪽 골반이 모두 떨어져버린다. 피니시에서도 왼발로 서 있는 대신 오른발에도 힘이 실린 엉거주춤한 자세가 나온다.

배치기 또는 얼리 익스텐션을 하는 경우엔 다운스윙 때 체중이 타깃 쪽이 아니라 공 쪽으로 이동한다. 때로는 골반이 회전하는 대신 정면으로 내밀리기도 한다. 결국 피니시 때 균형을 놓쳐 공이 놓여 있던 방향으로 넘어지거나 까치발로 피니시를 잡게 된다.

골반이 공과 가까워지며 상체가 들리는 동작을 흔히 '헤드업(Head Up)'이라고 부른다. '머리를 들었다'는 지적에 억울함을 느낀 아마추어가 많을 것이다. 정확하게 자신이 뭘 했는 줄 모르고, 공도 톱볼로 맞았기 때문에 반박할 수는 없지만 분명 임팩트가 끝날 때까지 공을 지켜봤기 때문이다. 이런 분들은 머리보다 척추 각도가 펴지는 배치기, 즉 얼리 익스텐션이라고 표현하는 것이 더 맞다. 하지만 대개 상체가 급하게 일어나는 동작을 헤드업이라고 부른다.

셋업을 다시 떠올려보자. 셋업 때 골반은 뒤쪽 벽에 닿아 있다. 이때 상체는 살짝 숙인 상태로, 골반은 정면이 아니라 땅을 향하고 있다. 이 각도를 유지하면서 골반 회전을 하는 것이 얼리 익스텐션 또는 헤드업을 하지 않는 데 굉장히 중요하다. 이 각도를 유지해야 공에서 골반까지의 거리를 일정하게 유지할 수 있고, 파워풀한 골반 회전에도 일정한 궤도와 클럽페이스 각도를 유지할 수 있기 때문이다.

상체가 일어나면 손의 위치도 높아질 수 있다. 땅을 바라보던 골반이 정면을 향하면 처음 셋업 각도에서 맞춰진 스윙 궤도가 골반이 일어나는 만큼 높게 된다. 이 궤도대로 다운스윙을 하면 클럽헤드는 공 위로 최고 50cm까지 떠서 지나친다. 열심히 휘둘렀지만 공 근처에도 못 가고 허공을 가르는 헛스윙이 나오는 것도 이런 이유에서다.

우리 몸의 반사신경은 생각보다 훨씬 대단하다. 궤도가 누워서 손의 위치가 높아지면 공을 맞히기 위해 손힘으로 클럽을 내려치려 한다. 그러면 뒤땅이 나오게 된다. 결국 스윙 궤도를 일정하게 만들어야 공을 잘 맞힐 수 있고, 그러려면 몸의 각도를 유지한 채 그대로 회전해야 한다. 몸의 큰 근육을 사용해 궤도를 만들어야하는 이유도 그래서다. 몸 따로 손 따로 회전하고 손의 힘으로 궤도를 만들려고 하면 스윙할 때마다 스윙 궤도가 달라진다. 그러면 임팩트 구간에 가까워질 때 손힘으로 공을 맞히려 하게 된다. 스위트스폿을 일정하게 맞힐 수 없을뿐더러 클럽헤드 스피드가 떨어져 비거리도 줄어든다. 클럽페이스도 열렸다 닫혔다 일정하지 않아 방향성도 나빠진다.

스핀아웃을 예방하는 에이미의 원포인트 레슨

1
셋업 자세를 측면에서 본다.

2
골반 뒤에 벽을 하나 그린다.

3
하체로 단단히 버티며 벽에서 골반이 떨어지지 않게 스윙한다.

→ 몸의 각도를 유지한 채 그대로 회전하는 것이 포인트!

────────── 땅을 향해 있는 골반 각도를 유지하며 회전하는 것은 말처럼 쉽지 않다. 앞서 양팔과 상체로 T자를 만들며 연습해 몸에 익힌 회전을 떠올려보자. 이 연습에서 손끝이 백스윙 톱과 임팩트, 포스트 임팩트 때 모두 땅을 가리켜야 한다고 강조했다. 바로 골반이 땅을 보는 각도를 유지하기 위한 팁이었다. 골반보다 상체와 손의 방향에 집중하면 이 각도를 보다 쉽게 유지할 수 있다.

────────── 골반 각도에 좀 더 집중하는 실내 연습도 있다. 마찬가지로 상체와 양팔로 T자를 만들되, 바지에 있는 벨트 구멍에 얼라인먼트 스틱을 꽂아보자. 그러면 골반 회전 모습과 회전 때 각도를 더 크게 과장해서 볼 수 있다. 어깨는 양팔을 벌려도 좋고, 골반과 마찬가지로 스틱을 이용해 양손을 X자로 포갠 후 스틱을 어깨에 고정해 회전하는 것도 좋다. 백스윙을 했을 때 벨트에 꽂힌 스틱이 정면이 아니라 땅을 향하고 있어야 올바른 각도를 유지하며 회전했다는 뜻이다.

▪ 골프 선수의 탄탄한 하체 비밀

────────── 골반 회전을 잘하려면 아래에서 하체가 단단히 버텨줘야 한다. 기반이 흔들리지 않아야 올바른 각도를 유지할 수 있고 강한 회전을 만들 수 있기 때문이다. 앞서 언급한 야구 투수, 테니스 선수, 태권도 선수 모두 강한 하체를 지니고 있다. '골프 여제' 박세리 프로도 하체가 매우 단단하다. 야구 선수 박찬호보다 허벅지가 더 굵다고 한다. 같은 체구라도 하체가 더 강한 선수가 비거리를 더 많이 내는 것도 같은 맥락이다.

────────── 2014년 무렵 로리 매킬로이가 근육을 만들며 몸을 키운 적이 있다. 당시에는 골프에 웨이트트레이닝이 중요하지 않다는 시선이 많았다. 타이거 우즈가 웨이트트레이닝을 너무 많이 하는 것 아니냐는 이야기가 나오던 시절이었다. 당연히 로리의 변화에 많은 골퍼가 의문을 제기했다. 그러자 로리는 "나는 골반 회전이 너무 빨라서 미스샷이 많이 나온다. 이를 해결하기 위해 회전속도를 늦추기보다는 골반을 컨트롤할 수 있도록 하체 힘을 길러 단단히 지탱해주는 방법을 택했다"라고 답했다. 그리고 그의 선택은 좋은 결과를 만들어냈다.

────────── 하체가 강하면 하체의 흔들림을 잡아주기 때문에 골반이 더 강하게 회전할 수 있다. 반면 하체 힘이 모자라면 골반이 회전할 때 균형을 잃고 축이 흔들린다. 그러면 공을 맞히기 위해 골반의 회전속도를 낮추거나 손힘을 쓰게 된다.

────────── 나는 어려서부터 하체가 매우 약했다. 그래서 운동을 시작한 뒤 언제나 다리가 튼튼한 선수들을 부러워했다. 하체는 단기간에 강해지지 않았다. 열세 살 때 뉴질랜드 국가대표가 되어 담당 운동 코치의 지도를 받으며 하체를 강화하기 위해 힘썼지만 큰 변화가 없었다. 시간이 지나 대학에 들어가서야 근력이 붙기 시작했다. 주니어 때 단타로 마음고생이 컸

지만 대학 때는 당당하게 투어 평균 거리를 만들어냈다. 비거리를 늘리기 위한 연구와 고민은 지금도 나의 티칭에 큰 자산으로 활용되고 있다. 다만 당시 골프 피트니스가 조금만 더 발달했으면 허리 부상을 피할 수 있었을 거란 아쉬움은 남는다. 그래도 부상 경험마저 근력이 약한 골퍼들에게 좋은 노하우를 제공할 수 있어 소중하게 느껴진다.

나는 지금도 매일 하체운동을 한다. 하체가 강해야 허리에 무리하게 힘을 주지 않으며, 골반 회전도 쉽고 강하게 할 수 있다. 여기서 강조하는 하체 힘은 다리의 잔근육과 엉덩이 근육 중 중둔근, 그리고 복근의 힘을 말한다. 엉덩이와 허벅지가 허리 대신 힘을 쓰는 역할을 하기 때문이다. 그래서 골프 피트니스에선 스쿼트와 런지, 한 발로 운동하는 방법을 많이 사용한다. 한 발 밸런스가 좋으면 두 발로 섰을 때에도 당연히 밸런스가 좋을 것이다. 그리고 골프는 체중이동을 하는 사이 회전하기 때문에 한 발 밸런스가 특히 중요하다.

지금 바로 밸런스 능력을 확인해보자. 골프 셋업 자세를 취한다. 손은 X자로 포개 어깨에 얹는다. 이제 오른발을 땅에서 떼고 5초 정도 버텨보자. 그리고 발을 바꿔 오른발로 땅을 짚고 왼발을 들고 5초간 버텨보자. 이때 흔들리지 않고 한 발 셋업을 잡을 수 있다면 밸런스가 뛰어난 것이다. 부끄럽지만 나는 처음 이 동작을 했을 때 발바닥이 흔들려 금방 넘어져버렸다. 지금 설명한 대로 자세를 취해본 독자도 비슷한 경험을 했을 것이다. 그래도 한 발 밸런스는 노력하면 단기간에 좋아질 수 있다.

셋업에서 한 발 밸런스가 잘된다면 이제 한 발을 짚

밸런스 능력 확인해보기

1
골프 셋업 자세를 취한다.

2
손은 X자로 포개 어깨에 얹는다.

3
오른발을 땅에서 떼고 5초 정도 버틴다.

4
발을 바꿔 오른발로 땅을 짚고 왼발을 들고 5초간 버틴다.

→ 흔들리지 않고 한 발 셋업을 잡을 수 있다면 밸런스가 뛰어난 사람!

골반을 정확하게 회전하는 셋업 자세

○ 골반 뒤에 벽을 하나 그려 스윙하는 내내 이 벽에서 골반이 떨어지지 않게 한다.
○ 측면에서 셋업을 봤을 때 공에서 골반까지의 거리는 스윙 내내 최대한 유지해야 한다.
○ 상체는 살짝 숙인 상태로, 골반은 정면이 아니라 땅을 향하고 있어야 한다.

은 채 백스윙, 다운스윙을 해보자. 이때도 흔들리지 않는다면 균형감이 매우 좋은 것이다. 회전을 시작했을 때 조금 흔들린다면 반복연습으로 강화하면 된다. 이 동작은 어디서든 짬날 때마다 쉽게 할 수 있다. TV 보면서, 엘리베이터 기다리면서 짬짬이 연습해보자.

백스윙 톱에서 숨 쉬기 어려울 정도로 몸통을 꼬아주자

한 발 밸런스 훈련을 하다 보면 골반 움직임도 자연스레 좋아진다. 초보자의 경우 골반 회전과 무릎 회전을 혼동하는 경우가 많은데, 골반 회전은 허벅지와 종아리를 최대한 고정하고 골반만 회전하는 것이다. 그러면 무릎은 앞뒤로 움직이게 된다. 하지만 이때 컨트롤을 잘못해 무릎을 돌리거나 손만 사용하면서 골반 회전을 했다고 생각하는 아마추어가 적지 않다. 이런 경우 골반 회전을 잘못해 백스윙 때 골반이 오른쪽으로 밀리거나, 밀리지 않기 위해 공에서 왼쪽으로 골반을 내밀거나, 혹은 둘 다 하지 않으려고 아예 골반을 고정한 채 손으로만 백스윙을 만들어낸다.

이는 몸통 코일을 이해하지 못했기 때문에 나오는 현상이다. 코일은 골반 회전의 꽃이라고 할 수 있다. 코일은 백스윙 때 상체와 하체를 꼬아주는 것이다. 코일이 이뤄져야 다운스윙에서 이 꼬임을 풀어 엄청난 파워를 만들어낸다.

어떻게 코일을 하는 것이 베스트일까? 대부분의 골퍼는 하체를 고정하고 상체를 꼬아준다고 알고 있다. 나도 그렇게 배웠다. 하지만 허리 부상 때문에 그 방식은 나에게 너무 무리가 됐다. 이렇게 코일을 하면 허리 통증이 심했기 때문이다. 선수 생활을 접고 LA로 이사 와서 강습을 시작할 때, 허리가 온전치 못한 탓에 7홀 이상 플레이할 수 없을 정도였다. 이후 허리 재활 운동을 꾸준히 했지만 한 번이라도 스윙을 잘못 하면 고통과 고생이 반복됐다.

결국 스윙을 바꿔야겠다고 느꼈다. 오랜 시간 몸에 익은 스윙을 고치는 것은 쉽지 않은 일이었다. 당시 내 허리 상태를 이해하지 못하는 코치가 많았고, 내 허리 상태와 상관없이 무리한 동작을 권하기도 했다. 내 선택은 독학이었다. 혼자 스윙을 분석하고 이론을 공부했고, 직접 적용해보면서 허리에 무리가 가지 않는 스윙을 터득했다. 이 과정에서 비거리가 약 15m 늘어나는 기쁨도 얻었다.

아마추어들이 코일을 할 때 하체를 움직이지 않은 상태에서 상체만 꼬아준다는 이론을 잘못 이해해 몸의 회전보다 팔을 사용해 코일을 만드는 경우를 많이 봤다. 그러면 어깨, 팔, 목이 단단히 꼬이게 된다. 골퍼 자신은 몹시 불편한 상태이기 때문에 코일이 잘 만들어진 것으로 착각하기 쉽다. 이들에게 올바른 코일을 만들어주면 "목과 어깨가 편해서 하나도 꼰 것 같지 않다. 그런데 숨은 잘 못 쉬겠다"라는 반응이 많았다. 어깨와 목이 아니라 복부가 꼬였기 때문이다.

백스윙 정면

백스윙 측면

백스윙 피니시 정면

———————— 올바른 코일은 백스윙 톱을 잡고 있기 어려울 정도로 힘들게 느껴지는 게 맞다. 목이 아니라 몸통이 꼬여 있기 때문이다. 그래서 숨 쉬기도 불편하고, 이 코일을 빨리 풀어버리고 싶어 한다. 이 꼬임을 억지로 유지하고 있다가 임팩트 때 한 번에 풀어줘야 한다.

———————— 몸에 무리가 가지 않으면서도 쉽게 코일을 할 수 있는 에이미화의 핵심은 허벅지 윗부분을 꼬는 느낌이다. 주의할 점은 무릎은 절대 돌리면 안 된다는 것이다. 무릎은 셋업 때와 같이 정면을 향해 있도록 한다. 무릎 관절은 돌리는 구조가 아니라 접었다 펴는 구조로 만들어졌다. 무릎을 강제로 돌리다 보면 금세 관절이 상해버린다. 한 번 다친 관절은 완전히 복구되지 않으니 항상 주의해야 한다. 허벅지 윗부분을 꼬아준다고 생각하면 상체와 하체가 함께 통으로 도는 느낌이 올 것이다. 어깨와 목에 꼬임이 없기 때문에 몸도 편하고, 스윙 때 상체의 느릿한 느낌이 들 것이다. 그만큼 다운스윙도 여유로워진다.

———————— 상·하체를 분리하지 않고 통으로 꼬아주면 허리에도 무리가 가지 않는다. 이러면 골반이 조금더 돌아갈 수 있고, 이를 위해 더 강한 하체가 필요할 수 있다. 골반이 회전하면 하체가 더 잘 버텨줘야 하기 때문이다. 반면 골반을 제대로 회전하지 않던 골퍼들에게는 골반을 돌릴 수 있는 아주 좋은 동작이 된다. 느낌상 몸이 통으로 어깨와 함께 회전하는 것 같지만 실제 각도로는 원래 골반이 도는 범위에서 크게 벗어나지 않는다. 그리고 골반과 어깨를 함께 돌리는 느낌으로 회전해도 어깨가 골반의 2배로 회전하는 것은 변하지 않는다. 그저 느낌일 뿐이니 걱정하지 않아도 된다.

———————— 허벅지 윗부분을 꼬아주면 좋은 점은 복근, 옆구리, 허리가 약한 골퍼도 꼬인 허벅지를 푸는 동작으로 다운스윙 함으로써 쉽게 파워를 낼 수 있기 때문이다. 복근이 약한 골퍼는 코일을 세게 하지 못한다. 무리해서 꼬임을 만들어도 복근과 허리가 이 코일을 푸는 힘이 모자라기 때문에 허리 힘으로 풀려다 부상당할 수 있다.

에이미화된 코일 연습 방법

1단계

체스트 히프 드릴 백스윙 측면

- 클럽 없이 맨손으로 셋업을 취한다.
- 거울 앞에 측면으로 서서 골반 뒤에 벽이 있는 이미지를 활용해 연습하면 큰 도움이 될 것이다.
- 오른 손바닥은 배꼽 아래에, 왼 손바닥은 흉골, 가슴 가운데에 둔다.
- 두 손바닥으로 골반과 어깨 회전을 느끼기 위해서다.
- 양손이 싱크에 맞춰 함께 회전한다.
- 백스윙 때 어깨는 귀에서 멀어지도록 힘을 빼고, 이 비율을 백스윙 톱까지 유지한다. 백스윙 톱 포지션에서 양 팔꿈치가 땅과 하늘을 가리키며 평행 라인이 만들어진다. 꼬임은 허벅지 윗부분에 느껴진다.
- 양 무릎은 최대한 정면을 가리키도록 유지한다. 이때 거울에 있는 라인을 최대한 몸 중앙에 오도록 지키며 둔다. 5cm 정도 오른쪽으로 가 있어도 회전이 좋다면 괜찮다.

2단계

드라이버 하프 다운스윙 정면

- 다운스윙 때에는 무릎과 허벅지를 사용해 다이내믹하게 회전하며 체중이동도 함께 만들어준다.
- 무릎과 허벅지가 동작을 크게 만들어준다고 생각하면 된다. 몸통으로 만든 꼬임을 이 동작으로 풀어주는 것이다.
- 이때 체중이동을 아직 이해하지 못했더라도 거울에 있는 라인을 기준으로 타깃 쪽으로 나가며 회전을 이루면 된다.
- 체중이동을 이해하게 되면 이 경험을 통해 더욱 올바른 체중이동을 만들 수 있을 것이다.

이번 챕터를 통해 골반 회전이 골프 스윙에서 가장 중요한 파워를 만들 뿐 아니라 클럽이 공으로 다시 돌아오는 것을 일정하게 만들어주는 핵심이라는 점도 이해했을 것이다. 여기에 드라이버 풋워크를 익히면 몸의 회전을 더 쉽게 몸에 익힐 수 있다. 풋워크는 밸런스를 잡는 데도 큰 도움을 준다. 아이언과 드라이버의 체중이동 차이를 이야기할 때 아이언과는 어떻게 풋워크가 달라져야 하는지 소개하겠다.

 영상으로 확인!

드라이버 히프 턴
파워 만들기
세상 쉬운 방법

드라이버 체중이동은
아이언 체중이동과 다르다

골반 회전
왼발을 축으로 골반 회전을 이용해 클럽을 끌고 내려온다.

왼발
왼발에 거의 90~100%의 체중이 실린 후 임팩트가 이뤄진다.

롱아이언 임팩트 정면

"아이언이 잘 맞으면 드라이버가 안 맞고, 드라이버가 맞기 시작하면 아이언이 안 맞아요."

많은 아마추어 골퍼가 고민하는 문제다. 원인도 다양하다. 스윙 템포 때문에 스윙이 올바르게 이뤄지지 않았을 수도 있고, 셋업부터 문제가 있을 수도 있다. 하지만 아이언이 잘 맞는데 드라이버샷에서 하늘로 높이 치솟는 스카이볼 미스가 나오거나, 오른쪽으로 크게 밀리는 미스가 나온다면 드라이버 샷에 맞는 체중이동을 하고 있는지 점검해봐야 한다.

드라이버엔 클럽헤드 릴리스 위한 시간 필요

──────── 모든 스윙의 기본 원칙은 같다. 백스윙 때 하체로 단단히 버티고 몸통을 회전해 꼰 후에 그 꼬임을 풀면서 클럽을 휘둘러 클럽헤드 스피드를 만들어내는 것이다. 이때 정확도를 높이기 위해 릴리스를 이해해야 하고, 더 강한 파워를 만들어내기 위해 체중이동을 잘 알아야 한다.

──────── 드라이버의 가장 큰 특징은 티 위에 높이 꽂혀 있는 공을 친다는 것이다. 그리고 채의 길이가 클럽 중 가장 길다. 채가 길어질수록 스윙은 커진다. 클럽헤드가 만들어내는 아크(Arc)가 넓어지는 셈이다. 스윙이 커지면 스윙의 템포, 코킹, 릴리스 포인트가 직접적으로 달라진다. 채가 길어지면 손목 코킹이 늦게 만들어지고 릴리스 또한 더 늦어진다. 드라이버샷에서 공을 왼발 쪽으로 옮기는 것은 늦춰진 릴리스 포인트에 맞추기 위해서다. 아크가 커지면서 스윙 템포도 달라진다. 동작이 커지고 긴 채를 휘두르는 데 좀 더 시간이 걸리기 때문이다. 다만 이 부분은 개인차가 있을 수 있다.

──────── 드라이버샷과 아이언샷의 가장 큰 차이는 바로 체중이동이다. 체중이동은 클럽헤드의 올바른 릴리스를 결정하고 더 많은 파워를 만들어낼 수도, 잃을 수도 있는 열쇠다. 7번 아이언에서의 체중이동을 돌이켜보자. 7번 아이언에서는 공과 셋업을 가운데서 한 상태에서 척추를 회전축으로 몸통을 꼬아주며 백스윙을 했다. 그리고 백스윙이 채 끝나기 전에 하체가 다운스윙을 위한 준비를 시작한다. 체중은 왼발로 거의 다 이동되고, 왼발을 축으로 골반 회전을 이용해 클럽을 끌고 내려온다. 이 같은 방식으로 7번 아이언은 가파른 각도로 임팩트를 만들어냈다. 내려 찍는 어택 앵글(Attack Angle), 다운 블로(Down Blow)가 이뤄지는 것이다. 이때 왼발에 거의 90~100%의 체중이 실린 후 임팩트가 이뤄진다.

──────── 거의 동시라고 느낄 만큼 짧은 시간이지만 체중이 왼발로 완전히 옮겨가지 않은 상태에서 임팩트를 하면 몸으로 클럽을 끌고 내려오는 힘을 사용하지 못한다. 결국 손힘으로 임팩트를 만들면서 톱볼이나 뒤땅이 나온다. 드라이버는 우선 클럽헤드가 크고 페이스 각도도 낮다. 여기에다 공이 높이 떠 있기 때문에 아이언에서처럼 왼발로 한꺼번에 체중을 옮겨 아래로 내리찍으면 공이 높이 뜨거나 오른쪽으로 밀리는 미스샷이 나온다. 그렇지 않아도 높이 떠 있는 공을 다운 블로로 내리찍으면 드라이

버 클럽페이스의 윗부분을 맞으면서 위로 뜰 수밖에 없다. 또한 긴 채를 찍어 치면 클럽헤드 릴리스가 제대로 이뤄지기 어렵다. 그 때문에 페이스가 너무 열린 상태에서 임팩트가 만들어져 오른쪽으로 밀리는 샷이 나오게 된다.

드라이버 잘못된 포스트 임팩트

드라이버 올바른 포스트 임팩트

다운스윙 때 오른발 앞꿈치에 '행백'을

드라이버에서는 아이언과 비슷하게 하되 한 호흡 더 만들어줘야 한다. 가장 중요한 '행백'이라는 동작이 추가된다. 행백은 다운스윙이 시작될 때 오른발 앞꿈치에 잠시 힘을 실어주며 체중이동을 잠깐 지연시키는 것을 뜻한다. 체중이동이 지연되면 드라이버 클럽헤드가 임팩트 전에 궤도의 최저점을 지나게 된다. 이후 다시 올라가는 각도를 만들기 시작할 때 공을 맞히는 업 블로(Up Blow)를 만들어낼 수 있다.

아이언으로 칠 때는 다운스윙 때 골반 회전으로 체중을 왼쪽으로 한 번에 보냈다. 반면 드라이버에서는 골반 회전의 힘으로 오른발 앞꿈치를 한 번 밟아준 다음 아이언처럼 자연스럽게 왼쪽으로 중심이동을 한다. 행백으로 스윙 템포가 한 호흡 길어지면서 클럽헤드 릴리스를 할 수 있는 여유가 생긴다. 그리고 궤도 최저점을 지난 뒤 업 블로로 임팩트가 이루어지기 때문에 클럽페이스가 더 스퀘어해진다. 공을 올려 치면 공에 걸리는 백스핀이 줄어들어 더 똑바로 멀리 공을 보낼 수 있다.

이 풋워크를 처음부터 바로 샷을 하며 적용하기는 어렵다. 아직 신경과 근육이 이 동작에 익숙하지 않을 뿐더러 샷은 순식간에 이뤄지기에 초보자가 그 사이에 새로운 동작을 추가하는 것은 쉽지 않다. 처음에는 속도를 낮춰 정확한 순서와 흐름을 읽을 수 있도록 집중하자.

체중이동을 훈련하는 최고의 방법은 풋워크다. 드라이버 맞춤형 풋워크로 균형 잡기와 체중이동을 익혀보자.

셋업 – 양 발바닥 한가운데 또는 앞꿈치에 체중을 50:50으로 두고 선다.

백스윙 – 척추 회전축을 최대한 유지하며 몸통을 꼬아 백스윙을 한다. 이때 체중은 오른발에 70~80% 싣는다.

다운스윙 – 골반 회전이 시작되면 왼발 뒤꿈치와 오른발 앞꿈치에 많은 체중이 실린다. 이 두 군데에 90~100%를 나눠 실어준다고 생각하면 된다. 오른 앞꿈치에 많은 힘을 싣지만 전반적으로 체중은 왼발로 이동하고 있다.

폴로스루 – 체중의 90%가 왼발에 실린다.

엑스 드릴

양손을 교차해 가슴 앞에서 X자를 만들고 어깨에 얹자. 그리고 앞선 4단계 자세를 순서대로 연습한다. 이 동작이 익숙해지면 맨손으로 클럽 없이 그립을 잡고 4단계 동작을 해본다. 처음부터 클럽을 사용하면 발바닥에 집중하지 못해 풋워크가 흐트러질 수 있다. 공을 친다고 상상하며 다시 발바닥의 움직임에 집중한다. 여기에 익숙해져야 클럽을 잡고 공을 칠 수 있다.

공과 클럽을 셋업하고 풋워크에 집중해보자. 처음에는 공이 잘 안 맞아도 괜찮다. 다운스윙 때 오른발 앞꿈치와 왼발 뒤꿈치에 동시에 힘을 실어주는 것, 그리고 폴로스루 때 체중을 왼발에 실으면서 마무리하는 동작에 신경 쓰며 연습하자.

풋워크 체크리스트

- ☐ 양손 교차하기
- ☐ 가슴 앞에 X자 만들기
- ☐ 어깨에 얹기
- ☐ 발바닥 움직임 집중하기

잠깐? TIP!

드라이버와 우드 티샷의 차이점

티샷에서 사용하는 클럽은 드라이버만이 아니다. 정확성이 필요할 때에는 우드로 티샷하는 경우도 많다. 따라서 많은 아마추어가 드라이버를 사용할 때 체중이동을 익히고 나면 우드에서도 같은 방법이 적용되는지 궁금해한다. 3번 우드로 티샷을 할 때 티에 공을 올려놓고 치니까 드라이버와 마찬가지로 업 블로 어택이 일어나도록 행백을 해줘야 하느냐는 것이다.

골프에 정답은 없다. 다만 노하우가 있을 뿐이다. 여러 고수가 사용하고 있는 노하우라면 한 번쯤 시도해볼 만하다. 나의 경우 3번 우드에서 티를 꽂고 치더라도 업 블로로 치지 않는다. 보통 파3에서 티오프(Tee Off)를 할 때 아이언이나 우드, 하이브리드를 사용하는데 티를 아주 낮게 꽂는다. 공이 땅에 있는 것처럼 하되, 완벽한 라이에 예쁘게 놓여 있도록 재현하기 위해서다. 이때 우드는 아이언 스윙에 더 가깝다고 생각하면 된다.

드라이버는 공이 티 높이에 꽂혀 있어 업 블로 어택이 필요했다. 큰 헤드와 긴 클럽을 릴리스하고 업 블로를 만들 수 있도록 체중이동에 시간적 여유를 만들어주기 위해 행백을 하는 것이다. 다시 말해 드라이버를 제외한 나머지 클럽에서는 일부러 행백과 업 블로를 만들 필요가 없다. 우드는 땅에서 치는 클럽 중 채가 가장 길고 헤드도 크기 때문에 공의 위치도 드라이버와 유사하지만 행백을 구사하지 않아도 된다는 점에서 다르다.

우드 역시 아이언과 같은 스윙을 적용한다. 다만 클럽이 길어서 아크가 크고 스윙 궤도에서 최저점이 있는 아크 구간이 아이언 아크보다 완만하다. 그래서 찍혀 맞는 느낌보다는 쓸어 치는 느낌이 강하다. 아마추어 골퍼들이 우드를 어렵게 느끼는 것도 이 때문이다. 드라이버도 아이언도 아닌, 그 사이에서 감을 잡기가 초보에게는 쉬운 일이 아니다.

나만의 노하우를 말하자면 앞바람이 있거나 방향성이 중요할 때, 또는 드로를 반드시 걸어야 할 때는 평소보다 1~2mm 정도 티를 더 높게 꽂는 것이다. 평소 티 높이가 우드 페이스에 있는 맨 아래 첫 번째나 두 번째 그루브까지 온다면 여기서 한두 칸 더 높게 꽂는다. 이렇게 높게 꽂았을 때 3번 우드로 아이언과 같은 스윙을 하면 공이 찍혀 맞으면서 하늘로 높이 뜨는 스카이볼(Sky Ball)이 나올 수 있다. 드라이버에서처럼 행백하는 느낌을 만들며 아주 조금 업 블로로 친다. 그러면 백스핀이 적게 걸리고, 앞바람이 불어도 영향을 덜 받는다. 또한 공이 떨어진 다음에도 앞으로 더 많이 굴러갈 수 있으니 비거리도 좀 더 확보할 수 있다.

스윙에는 한 가지 방법만 있는 게 아니다. 옵션이 여러 가지라면 상황에 따라 사용할 수 있는 카드가 많다. 그러니 틈틈이 색다른 샷을 연습하자. 연습은 생략한 채 이론만 가지고 실전에서 곧바로 시도하는 것은 무모하다. 라운드에서는 실내 연습장에서 생각지 못한 변수가 많이 생긴다. 대개는 디테일을 생각할 여유가 없을 것이다. 그럴 땐 오래 고민하지 말고 나에게 가장 익숙한 스윙을 하는 것이 현명하다.

굿바이 슬라이스

뒤꿈치
오른발 뒤꿈치를 임팩트 때까지 고정하면 자연스럽게 행백이 만들어진다.

오른발
임팩트 때까지 오른발을 땅에 붙이면 완전히 다른 임팩트 타점과 손맛, 방향성을 경험한다.

드라이버 포스트 임팩트 측면

골프 레슨 유튜브 채널을 시작하고 가장 먼저 올린 콘텐츠가 바로 드라이버 슬라이스 관련 영상이다. 그중에서도 '굿바이 슬라이스' 레슨은 나의 채널에서 조회 수 1위를 유지하고 있다. 그만큼 많은 아마추어가 드라이버 슬라이스로 고생하고 있고, 에이미화한 팁으로 효과를 보고 있다는 방증이다.

TRAINING 2

올바른 골반 회전

드라이버 비거리를 위해 골반 회전을 만들어야 한다는 것은 이제 아마추어도 많이 아는 사실이다. 하지만 골반을 잘못된 방법으로 회전하면 슬라이스가 악화된다. 프로들은 골반 회전 때 알아서 하체로 버텨주고 행백을 만드는데 아마추어는 정반대였다. 하체가 단단하게 받쳐주지 못한 상태에서 드라이버를 멀리 치기 위해 골반을 회전하다 보니, 밸런스가 무너져 피니시조차 잡지 못하고 손에는 힘이 더 들어갔다. 행백을 만들지 못하고 아이언에서와 같은 체중이동을 하면서 스카이볼과 오른쪽으로 밀리는 미스샷이 심해졌다.

오랜 관찰과 고민 끝에 아마추어들의 슬라이스 원인을 파악했다. 왼발로 너무 일찍 체중을 옮겨버리는 것, 그리고 행백을 만들지 못하는 것, 이 두 가지를 빨리 바로잡아야 했다. 그래서 만들어낸 드릴이 오른발을 잡는 것이다. 다운스윙을 하면서 클럽헤드가 공을 때릴 때까지 오른발 뒤꿈치를 바닥에 붙여두는 것이다.

골반 회전과 왼발로의 체중이동만 강조해온 통상적인 팁에 익숙해진 분들은 '갑자기 오른발?'이라며 낯설어했다. 처음에는 내가 직접 골퍼 뒤에 쪼그리고 앉아 오른발을 잡아주며 오른발이 제대로 지탱할 수 있도록 도왔다. 그러자 대부분의 골퍼가 빠르게는 30분 안에, 늦어도 몇 주 안에 완전히 다른 임팩트 타점과 손맛, 방향성과 비거리를 경험했고, 드라이버샷도 더 똑바로 멀리 나가게 됐다.

밸런스와 행백

비밀은 밸런스와 행백에 있다. 체중이 한 번에 왼쪽으로 쏠리면 어택 앵글이 가팔라지고 릴리스를 올바로 할 수 없게 된다. 그러면 클럽페이스가 지나치게 열려서 맞게 된다. 하지만 오른발 뒤꿈치를 임팩트 때까지 고정하면 자연스럽게 행백이 만들어져 넓어진 스윙 궤도에 맞게 시간적 여유가 생긴다.

오른발을 고정하고 공을 쳐도 간혹 클럽페이스가 여전히 열려 맞는 경우가 있다. 그간 지나치게 열린 클럽페이스에 너무 익숙해진 경우다. 이때는 포스트 임팩트 포지션과 릴리스 방법 팁이 효과를 낸다. 포스트 임팩트는 임팩트에서 약 1m 떨어진 지점이다. 여기서 클럽페이스는 타깃에서 45도 정도 오른쪽을 가리키도록 한다. 그러면 클럽헤드를 릴리스하는 적당한 타이밍을 찾을 수 있다.

아마추어들의 슬라이스 원인

1
왼발로 너무 일찍 체중을 옮겨버리는 것

2
행백을 만들지 못하는 것

↓

에이미의 훈련법
다운스윙을 하면서 클럽헤드가 공을 때릴 때까지 오른발 뒤꿈치를 바닥에 붙여두는 것!

📍 영상으로 확인!

드라이버 레슨 -
굿바이 슬라이스

한 방에 '훅' 고쳐드립니다!

SECTION ② Driver/Wood | TRAINING

스피드
익숙하지 않은 동작이기 때문에 처음부터 풀스윙을 하지 말고 50% 정도로 아주 천천히 공을 맞히며 새로운 동작 자체에 집중하자.

아웃투인 궤도 연습
안쪽으로 끌고 들어가는 궤도가 익숙하겠지만, 바깥쪽으로 도는 '아웃투인' 궤도를 만든다. 이때 손만으로 다운스윙 궤도를 만들지 말고 적당한 골반 회전과 함께 궤도를 만든다.

잭 니클라우스 드릴 셋업 정면

미스샷, 장비 점검부터

───────── 왼쪽으로 빠지는 훅도 아마추어의 티샷에서 종종 나오는 미스샷이다. 우선 장비부터 점검해보자. 만약 드라이버 샤프트가 자신의 힘에 비해 너무 약하다면 왼쪽으로 심하게 휘는 훅 미스가 나오게 된다. 대부분 프로는 항상 장비 피팅을 받고, 자신에게 맞는 스펙을 사용한다. 반면 아마추어는 새로운 모델과 브랜드를 더 중요하게 생각하는 경향이 많다. 최근에는 그래도 피팅 서비스가 많이 확산돼 아마추어도 장비 피팅의 필요성과 효과를 많이 느끼고 있는 듯하다.

───────── 또 하나, 드라이버 중에는 클럽페이스를 오프셋으로 디자인한 클럽이 있다. 슬라이스를 줄이기 위해 페이스를 조금 닫은 디자인이다. 필자는 평소 드로 구질이 나오고 미스샷으로 훅이 나온다. 그래서 오프셋 드라이버는 가급적 피하려 한다. 그렇지 않아도 드로 걸리는 티샷이 더 왼쪽으로 휘고, 훅 미스샷도 한층 잦아지기 때문이다.

그립 · 스탠스 · 셋업 점검

───────── 장비 다음으로는 그립, 스탠스, 티 높이, 얼라인먼트, 셋업을 점검해보자. 그립에서 양손 검지와 엄지가 이루는 V자가 오른쪽 어깨보다 더 오른쪽을 가리키는 스트롱 그립을 했을 때 훅 미스샷이 많이 나온다. 오른쪽으로 너무 돌아간 그립 때문에 스윙 도중, 그리고 임팩트 때 클럽페이스가 닫히는 것이다.

───────── 슬라이스와 마찬가지로 훅도 골반 회전을 잘못했을 때 나온다. 골반 회전을 과하게 하면 궤도 자체가 엎어 들어가는 형태로 틀어지고, 체중이동도 아이언처럼 한 번에 왼발로 옮겨진다. '그러면 아래로 내려찍는 다운 블로가 나올 텐데 왜 훅이?'라고 생각할 것이다. 맞다. 문제는 우리 몸의 반사신경이다. 슬라이스가 날 것을 예감하고 자기도 모르게 열린 페이스를 과하게 덮어버리는 경우가 많다. 그러면 페이스 각도가 너무 짧은 구간에서 지나치게 바뀌면서 공에 훅 스핀이 걸리게 된다.

───────── 통상 아마추어는 공을 맞히기 전후 동작이 공에 어떻게 영향을 미치는지 의문을 갖는다. 하지만 클럽페이스의 움직임은 공을 맞기 전이나 그 뒤에 나오더라도 임팩트에 큰 영향을 준다. 클럽페이스의 작은 각도 변화로도 공의 움직임은 크게 반응하기 때문이다.

───────── 궤도 역시 마찬가지다. 페이스가 너무 열려서 들어가면 우리 몸은 이 각도를 만회하고 싶어 한다. 우리 몸의 반사신경은 생각 이상으로 뛰어나다. 그래서 다운스윙이 들어갈 때 나도 모르게 손에 힘이 들어가 클럽헤드를 인사이드 궤도로 떨구고, 스피드를 낮추면서 페이스를 올바른 구간에서 릴리스하려고 노력한다. 그러면 정상 궤도를 이탈해 과하게 안쪽으로 파고 들어가게 된다. 여기에다 클럽헤드 스피드가 떨어지면서 클럽페이스가 지나치게 덮여 결국 훅 미스를 만들어낸다. 훅으로 고생하는 골퍼

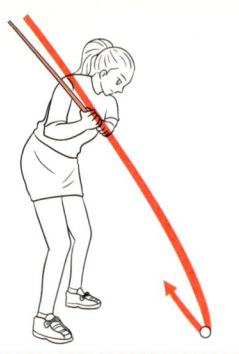

다운스윙 때 클럽 헤드가 몸 바깥쪽에서 내려와 볼을 임팩트하는 아웃-투-인 스윙 궤도

다운스윙 때 오른쪽 히프를 왼쪽보다 낮춘 상태에서 그립의 끝이 볼을 향해 이동하는 인-투-아웃 스윙 궤도

라면 우선 장비와 셋업을 꼼꼼히 점검해보자. 그래도 훅 미스가 계속된다면 다음 두 가지 연습이 큰 도움을 줄 것이다.

아웃투인 궤도 연습 - 잭 니클라우스가 언급한 대로 오른쪽 손바닥이 하늘을 보는 느낌의 릴리스 만들기

―――――――― 처음엔 공 없이 빈 스윙을 해보자. 드라이버로 셋업한 뒤 백스윙 톱에서 멈춘다. 이런 경우 안쪽으로 끌고 들어가는 궤도가 익숙하겠지만 바깥쪽으로 도는 '아웃투인' 궤도를 만든다. 이때 손만으로 다운스윙 궤도를 만들지 말고 적당한 골반 회전과 함께 궤도를 만든다.

―――――――― 이때 인사이드로 들어오면 오른손이 안쪽으로 회전하는 내전(內轉, pronation)을 심하게 하며 클럽페이스를 덮어 임팩트에 들어가는 것이 익숙할 것이다. 하지만 아웃투인 궤도를 만들면서 똑같이 덮는 릴리스를 한다면 공은 왼쪽으로 시작해서 훅이 날 것이다. 그래서 아웃투인 궤도를 만들 땐 임팩트 구간에서 클럽페이스를 최대한 열어주는 느낌으로, 손바닥이 하늘을 보는 느낌을 함께하는 것이 효과적이다.

―――――――― 빈 스윙이 익숙해지면 공을 두고 연습한다. 익숙하지 않은 동작이기 때문에 처음부터 풀스윙을 하지 말고 50% 정도로 아주 천천히 공을 맞히며 새로운 동작 자체에 집중하자. 이때 공에 페이드(Fade)를 거는 느낌을 떠올리면 아웃투인 궤도와 릴리스를 자제하는 폴로스루가 더 잘 만들어질 것이다.

―――――――― 아웃투인 궤도를 만들려고 하면 두 가지가 좋아진다. 우선 지나친 골반 회전을 지제하게 된다. 골반이 너무 일찍 회전해서 손이 클럽헤드를 안으로 떨구면서 훅이 나오는 경우가 많은데, 아웃투인 궤도를 만들기 위해 원래보다 골반 회전을 적게 하는 걸 느낄 수 있을 것이다. 그리고 다운스윙 때 클럽헤드가 몸 뒤로 인사이드 궤도로 들어가는 것을 막아준다. 느낌상 궤도만 잡는 것 같지만 실제로는 골반 회전에도 큰 도움이 된다.

잭 니클라우스 드릴

———————— 두 번째 연습 방법은 잭 니클라우스의 유명한 팁이다. 잭 니클라우스는 이렇게 하면 훅을 한 방에 잡을 수 있다고 했다. 필자가 드로 구질을 갖고 있고 훅 미스샷이 나오기 때문에 더 열심히 익힌 팁이다.

———————— 다운스윙을 할 때 보통 오른손이 내전을 만든다. 이를 자제해 손바닥이 타깃을 향하도록 밀어주면서 손바닥이 끝까지 하늘을 보게 하는 것이다. 이 느낌으로 임팩트 구간을 만들면 클럽페이스가 릴리스되지 않고 타깃 쪽으로 밀고 나가는 모양새가 된다.

———————— 그리고 오른 손바닥이 하늘을 보면 클럽페이스도 하늘을 보게 된다. 공을 치고 나서 한참 뒤에도 최대한 클럽페이스가 릴리스되지 않고 타깃 쪽으로 밀어주는 느낌이 든다. 릴리스하지 않고 페이스가 돌지 않도록 최대한 잡아주는 동작을 홀드오프(hold off)라고 한다.

———————— 연습은 간단하다. 우선 오른쪽 손바닥만으로 연습해보자. 다운스윙 때 내전시키지 말고 타깃을 보도록 밀어준다. 포스트 임팩트 때 최대한 내전하지 않고 하늘을 보도록 신경 쓴다.

———————— 이 동작이 익숙해지면 클럽을 잡고 스윙을 연습해보자. 그립을 잡으면 손바닥이 웅크리게 되므로 더 집중해야 한다. 손바닥을 폈다면 어느 방향을 향할지 생각하며 스윙을 연습한다. 임팩트 때 페이스가 돌지 않도록 손바닥과 클럽페이스를 타깃 쪽으로 밀어준다. 폴로스루 때도 손바닥과 클럽페이스를 최대한 돌리지 않고 하늘을 향하도록 만든다.

———————— 공을 칠 때는 이 느낌에 집중하고 공이 맞는지는 신경 쓰지 말자. 공 앞에서 다시 손바닥이 덮어 들어가는 느낌이 오거나 훅이 나기 시작하면 맨손 연습과 공 없이 클럽만 잡고 홀드오프를 반복한다. 그러면 풀스윙에 자연스럽게 녹아들 수 있다.

아마추어들의 훅 미스샷 원인

1
스트롱 그립

2
과한 골반 회전

아웃투인 궤도로 스윙하면 좋은 점

1
지나친 골반 회전을 자제하게 된다.

2
클럽헤드가 몸 뒤 인사이드 궤도로 들어가는 것을 막아준다.

영상으로 확인!

한방에 훅 고쳐드립니다

3번 우드, 스윙의 비밀

손의 위치
드라이버와 비슷하다. 이때 드라이버에서 익힌 팔뚝 정렬을 꼭 체크하자.

스탠스
드라이버보다 5cm 정도 좁게 선다.

공의 위치
3번 우드를 잡았을 때 공 위치는 드라이버와 비슷하다. 왼발 뒤꿈치 안쪽에서 공 반 개에서 한 개 정도 오른쪽에 둔다.

3번 우드 셋업 정면

드라이버만큼 채가 길고 헤드도 큰데 티를 꽂지 않고 쳐야 하는 클럽. 바로 우드다. 그런 이유로 많은 아마추어가 우드를 가장 어려운 클럽으로 꼽는다. 90대, 80대 타수를 치지만 3번 우드에는 좀처럼 손이 가지 않는다는 이가 적지 않다. 클럽이 긴데 티를 꽂지 않다 보니 타점을 맞히기 어렵고, 스윙 리듬과 컨트롤이 뛰어나야 하기 때문일 것이다.

TRAINING 4

드라이버만큼 긴 우드

———————— 우드는 아이언이나 하이브리드에 비해 아주 길다. 거의 드라이버와 비슷한 길이다. 3번 우드 기준으로는 통상 드라이버와 5cm가량 차이가 난다. 3번 우드를 잡았을 때 공 위치는 드라이버와 비슷하다. 왼발 뒤꿈치 안쪽에서 공 반 개에서 한 개 간격 만큼 오른쪽에 둔다. 그리고 스탠스는 드라이버보다 5cm 정도 좁게 선다. 드라이버보다는 체중이동을 더 빨리 해야 하기 때문에 스탠스를 지나치게 넓게 서면 체중이동에 방해가 될 수 있다.

———————— 손의 위치는 드라이버와 비슷하다. 이때 드라이버에서 익힌 팔뚝 정렬을 꼭 체크하자. 대부분 팔뚝이 열린 채 셋업하는데, 이러면 오른쪽 골반이 우측으로 삐져나온 채 셋업이 이뤄진다. 상체와 골반이 열려 있는 상태로 스윙하면, 스윙 궤도는 '아웃투인'으로 삐뚤어지고 오른쪽이나 왼쪽으로 미스샷이 나온다.

———————— 이때 또한 몸이 반사작용으로 손힘을 이용해 클럽페이스 릴리스를 조절하며 페이스 각도를 바꾸게 된다. 잘못된 궤도 때문에 손힘을 사용하기 시작하는 것이다. 그러면 당연히 클럽페이스가 임팩트 때 일정하게 들어가지 못한다. 우드 스윙에서 손을 사용하면 공을 아예 못 맞힐 수도 있다.

———————— 긴 클럽일수록 손에 힘을 빼고 몸 회전을 이용해 클럽을 휘둘러야 한다. 3번 우드는 아이언처럼 다운 블로로 찍어 치는 스윙이 아니다. 그러므로 휘두르는 부분이 더 중요하다.

———————— 그렇다고 드라이버처럼 업 블로 어택 앵글로 치는 샷도 아니다. 3번 우드는 공이 땅에 있기 때문에 드라이버처럼 행백을 하고 업 블로로 들어가면 뒤땅을 심하게 치거나 톱볼이 나올 수 있다. 아이언과 드라이버 스윙에서 손힘을 빼는 법을 열심히 익혔지만, 낯선 클럽인 우드를 만나면 스윙 템포가 꼬이면서 나도 모르게 다시 손에 힘이 들어가고 악순환이 일어나는 것도 그런 이유에서다.

———————— 3번 우드는 스윙이 크다. 그만큼 궤도 최저점의 아크가 완만하다. 따라서 쓸어 치는 느낌이 필요하고, 이를 위해서는 더더욱 클럽을 휘두르는 테크닉이 필요하다. 이번 기회를 통해 손힘을 확실히 빼는 연습을 하면 모든 클럽에 도움이 될 것이다. 우드를 잘 치기 위해 에이미화된 드릴을 소개한다.

3번 우드 백스윙 정면　　　　　　　　　　　　　　　3번 우드 피니시 정면

▍ 3번 우드 리듬: 백스윙 때 1-2-3, 다운스윙 때 1-2-3

긴 채를 칠 때는 템포가 중요하다. 아이언 스윙처럼 빠른 템포를 적용하면 긴 채가 백스윙 톱에서 세팅을 제대로 끝내지 못한 채 다운스윙을 시작한다. 긴 클럽을 재빨리 내려야 하기에 손힘으로 급하게 당기게 된다. 이러면 다시 스윙이 망가지는 악순환이 반복된다. 릴리스 타이밍을 잡지 못한 채 클럽페이스가 열려서 임팩트를 하고 심한 슬라이스 또는 생크샷까지 나온다. 스윙이 전체적으로 엉켜버리는 것이다.

볼링할 때를 생각해보자. 볼링에서는 백스윙을 하고, 손힘이 아니라 볼이 땅으로 떨어지는 중력과 스윙 크기, 그리고 몸의 회전을 통해 폴로스루가 이뤄진다. 이 요소들을 무시하고 손힘으로 억지로 공을 던지면 공이 떨어지는 지점도 일정하지 않고 공이 삐뚤게 나간다. 볼 스피드와 힘도 엉망으로 꼬인다.

골프의 스윙 템포 역시 같은 맥락이다. 백스윙 때 땅에서 위로 올라간 클럽헤드는 다운스윙 때 다시 땅으로 내려온다. 운동 방향이 정반대가 되는 셈이다. 백스윙 과정에서 생긴 운동에너지로 인해 계속해서 움직이고 있는 클럽헤드로 갑자기 다운스윙을 하려면 템포가 엉키는 것은 이 때문이다. 그래서 백스윙 톱에서 잠시 멈춰 서는 '일시 정지'가 필요하다. 클럽의 움직임에 잠시 일시정지를 하면 방향을 잘 바꿀 수 있게 되고 다운스윙 때 손을 사용하지 않고 몸이 리드할 수 있는 시간이 확보된다.

앞에서 7번 아이언은 스윙 템포를 1-2로 카운트했고, 롱아이언은 백스윙 톱에서 1-2 카운트를 했으며, 폴로스루에서는 다운스윙 시작 시 1, 끊김 없이 공을 지나가며 피니시 자세에서 2 카운트를 만든다. 3번 우드는 롱아이언보다 더 과장되게 느린 느낌을 만들어야 한다. 그래야 긴 채에 맞게 몸 회전이 올바르게 만들어지고, 깔끔한 백스윙 마무리에서 다운스윙으로 이어지는 과정에서도 스윙이 엉키지 않는다. 또 이를 통해 다운스윙 때 클럽헤드 스피드가 높아져 더 똑바로, 멀리 칠 수 있다.

3번 우드 템포는 백스윙 때 1-2-3, 다운스윙 때 1-2-3를 카운트한다. 이때 '3'는 백스윙 톱에서, 그리고 피니시를 잡을 때 나

**클럽 별
스윙 템포 카운트**

• **7번 아이언** – 스윙 템포를
1-2로 카운트

• **롱아이언** – 백스윙 톱에서
1-2 카운트, 다운스윙도
느리게 1-2 카운트

• **3번 우드** – 백스윙 때
1-2-3, 다운스윙 때
1-2-3를 카운트

→ '3'는 백스윙 톱에서,
그리고 피니시를 잡을 때
나오는 것이 포인트!

→ 백스윙 톱에서 3,
피니시에서 3에 맞추며
이 두 숫자에 집중!

오는 것이 포인트다. 전반적으로 동작이 느려지고 템포에 여유가 생긴다. 백스윙 톱에서 3, 피니시에서 3에 맞추며 이 두 숫자에 집중하자.

몸통 회전이 느려야 클럽헤드 스피드가 빨라진다

3번 우드로 스윙할 땐 클럽헤드 스피드가 빠르다. 미국프로골프(PGA) 투어 선수들의 평균 클럽헤드 스피드는 3번 우드가 172km, 7번 아이언은 144km이다. 미국여자프로골프(LPGA) 투어 선수들의 평균 클럽헤드 스피드는 3번 우드가 144km, 7번 아이언이 122km이다.

클럽헤드가 빨라져야 하는데 회전은 더 느리게 해야 한다는 게 처음에는 낯설게 느껴질 것이다. 이유는 바로 동작 크기에 있다. 클럽이 길고 무거워지면서 스윙이 커진다. 클럽헤드는 무거운 상태에서 더 긴 궤도를 이동하니 스피드가 더 붙는 셈이다. 이때 몸도 덩달아 빨리 움직이면 안 된다. 몸 회전을 빠르게 만들면 오히려 템포가 엉키면서 다운스윙을 손으로 당기기 때문이다.

클럽헤드 스피드를 빠르게 만들려면 몸 회전이 제대로 돼야 한다. 회전 동작이 커졌기 때문에 몸 회전은 오히려 더 천천히 이뤄져야 커진 동작들을 다 마무리할 수 있다. 몸의 크게 회전함으로써 클럽을 휘두르고, 찍어 치기보다 쓸어 치는 느낌을 주면 된다. 1-2-3, 1-2-3 카운트가 익숙해지면 쓸어 치는 느낌을 익히는 것을 추천한다.

낙엽을 비질하듯 쓸어 치세요

3번 우드를 쓸어 쳐야 하는 이유는 스윙 궤도 최저점 구간의 아크가 완만하기 때문이다. 우드에 비해 채 길이가 짧은 아이언은 스윙 궤도의 아크가 가파르기 때문에 찍어 쳤다. 하지만 우드는 최저점 부분이 보다 더 평평하기 때문에 쓸어 치는 느낌을 가져야 한다. 클럽 헤드가 공을 맞고 나서도 낮게 계속 보내주는 모양새다. 공 앞 한 뼘 정도 지점에 티를 꽂거나 동전, 낙엽 등을 두자. 공을 치고 이것까지 함께 쳐내는 게 목표다. 공과 한 뼘 앞 사물까지 함께 맞히려면 임팩트 뒤에도 클럽헤드를 땅에서 낮게 유지해야 한다. 이때 자칫 사물이 튕겨나가면서 안전사고가 날 수 있으니 가벼운 티나 낙엽 정도가 적당하다.

사실 3번 우드는 한 번 안 맞기 시작하면 정말 막막해진다. 입스라고 부를 정도로 공을 맞히는 감각을 되찾기 어렵다. 나도 3번 우드 입스를 겪었다. 그 전까지는 3번 우드를 꺼리고 어려워하는 아마추어를 이해하기 어려웠다. 3번 우드를 잘 치는 골퍼 중 하나였기에 '손을 안 쓰고 몸을 천천히 회전하면 바로 쓸어 칠 수 있을 텐데?'라고까지 생각했다. 나에게 3번 우드의 템포는 너무나 사연스럽게 몸에 배어 있었기 때문이다. 골퍼마다 자기에게 가장 익숙하고 일정한 기본 템포가 있는데, 내겐 3번 우드가 바로 그 템포였다. 하지만 실제로 입스를 겪어보니 그 마음을 격하게 공감할 수 있었다. 헛스윙이 몇 번 나오면서 멘털이 완전히 무너졌다. 입스가 오면 몸이 더 굳고 회전이 어려워진다. 셋업부터 얼어버리니 손에 힘이 들어갈 수밖에 없었다. 입스를 깨기 위해 여러 방법을 시도했다. 우선 공을 티에 꽂고 치기 시작했다. 공을 좀 더 쉽게 맞힐 수 있는 환경을 만들기 위해서다. 일단 공이 일정하게 잘 맞기 시작하면 얼어붙었던 멘털이 조금 풀리는 데 도움이 됐다. 티에 공을 놓고 치니 백스윙이 끝나기도 전에 손힘으로 다운스윙을 시작하며 리듬이 꼬인다는 걸 알게 됐다. 그래서 3번 우드를 잡고 작은 똑딱이를 시작했다. 칩샷처럼 작은 스윙으로 일단 스위트스폿에 맞히는 연습이다. 이러다 보니 손에 힘이 많이 들어가 있고 몸이 회전하지 않는다는 것을 알게 됐다. 똑딱이 중에도 가끔 손이 당기는 바람에 빗맞는 샷이 나왔다.

똑딱이 스윙이 익숙해지고 드디어 어깨와 몸이 회전하는 느낌이 오기 시작했다. 손을 덜 사용한다는 자신감이 생긴 뒤 60% 정도의 느린 스피드로 풀스윙을 했다. 느린 풀스윙에서는 백스윙 톱 포지션을 정확하게 만드는 것, 그리고 손힘을 빼고 회전의 힘을 이용해 피니시를 만드는 데 집중했다. 슬로 풀스윙에서 손힘이 들어가면 다운스윙 도중에 스윙이 끊어지기 때문에 손힘 사용 여부를 쉽게 알아챌 수 있다. 슬로 풀스윙을 하면 하체 밸런스도 점검할 수 있었다. 스윙이 차분해지니 하체가 단단히 잘 잡고 있었다. 피니시 때도 흔들리지 않았다. 어느 정도 백스윙 톱과 피니시가 잡히면서 풀 스피드 풀스윙을 했다. 속도를 높이자 다시 손으로 급하게 다운스윙을 하는 모습이 발견됐다. 몸 회전을 기본부터 잡아주자 이질적 요소를 금세 알아차릴 수 있게 된 것이다. 특히 왼손으로 지나치게 당기는 것이 느껴져서 그립도 다시 한번 점검했다.

급한 마음과 템포를 조절하는 것은 쉽지 않다. 이와 같은 긴 훈련을 거쳐 3번 우드 입스에서 벗어났다. 이를 계기로 아마추어의 마음을 깊이 이해했고, 내가 경험한 스트레스를 겪지 않도록 더 쉬운 방법을 개발하려고 노력하게 됐다. 이론을 이해하고 자신의 잘못된 동작을 인지하며, 어떤 느낌이 옳고 그른지 안다면 충분한 연습으로 입스도 이겨낼 수 있다. 멘털은 머릿속 문제지만 때론 질 좋은 연습을 많이 해서 극복할 수 있는 부분이기도 하다.

공 위치가 까다롭다면 5번 우드

3번 우드는 보통 아주 좋은 라이에서만 친다. 공이 조금이라도 까다로운 라이에 있다면 3번 대신 5번 우드를 친다. 로프트가 적고 길이가 길기 때문에 공이 조금이라도 앉아 있거나 공 뒤의 라이가 완벽에 가깝지 않으면 정타를 만들기 쉽지 않다. 라이가 까다로운 경우도 그렇지만, 3번 우드를 못 치는 이들은 대개 5번 우드를 대신 사용한다. 5번 우드는 3번 우드보다 길이가 반 인치 정도 짧고, 페이스 로프트도 3도가량 더 누워 있는 18도다. 이 정도면 더 손쉽게 칠 수 있고, 라이가 좋지 않더라도 잘 맞힐

3번 우드 입스에서 벗어나기 위한 에이미의 노력, 여러분도 따라 해보세요!

1
공을 티에 꽂고 치기 시작
공을 좀 더 쉽게 맞힐 수 있는 환경이어서 얼어붙었던 멘털이 풀리는 데 도움이 됐다.

2
3번 우드를 잡고 작은 똑딱이 시작
손에 힘이 많이 들어가 있고 몸이 회전하지 않는다는 것을 알았다.

3
60% 정도의 느린 스피드로 풀스윙
손힘 사용 여부를 쉽게 알아채고 하체 밸런스도 점검할 수 있었다.

4
백스윙 톱과 피니시가 잡히면서 풀 스피드 풀스윙
속도를 높이자 다시 급하게 다운스윙하는 모습을 발견했다.

→ 몸 회전을 기본부터 잡아주자 이질적 요소를 금세 알아차릴 수 있었다. 특히 왼손으로 지나치게 당기는 것이 느껴져서 그립도 다시 한번 점검했다.

수 있다. 로프트(Loft)가 더 누워 있게 되면 헤드의 리딩에지(Leading Edge)가 날렵하게 만들어지고, 공의 올바른 지점을 쉽게 가격할 수 있다. 리딩에지는 클럽페이스의 가장 밑에 있는 부분인데, 공으로 들어가는 가장 첫 번째 부분이다. 이것이 날렵한 5번 우드는 3번 우드를 잘 못 치거나, 라이나 경사가 까다로울 때, 또는 페어웨이가 아닌 첫 번째 컷 러프에 있다든지 하는 경우에 사용하는 것이 현명하다. 5번 우드는 3번 우드와 길이가 크게 차이 나지 않을 수 있지만, 최저점의 아크가 그만큼 가팔라지고 치기 수월해진다.

————————— 5번 우드는 3번 우드에 비해 9m에서 22m 정도 비거리에서 차이가 날 수 있다. 또한 구질이 높아서 바람의 영향을 더 받을 수 있고, 그린 위에 떨어졌을 때 높은 구질 덕분에 공이 3번 우드에 비해 더 잘 멈출 수 있다. 반대로 파5에서 세컨드샷을 5번 우드로 하면 공이 페어웨이에 떨어졌을 때 구질이 높고 백스핀이 더 많이 걸려 공이 굴러나가지 않는다. 아이언과 롱아이언을 배우고 나면 보통 하이브리드, 5번 우드를 배우고 이후 3번 우드를 배운다. 채의 길이를 점차 몸에 익히기 위해서다. 3번 우드를 잘 친다면 5번 우드나 하이브리드도 잘 칠 수 있다. 하지만 3번 우드가 잘 맞지 않는다면 5번 우드와 하이브리드를 먼저 익히는 것이 좋다. 5번 우드를 어느 정도 익히면 3번 우드도 익힐 수 있다.

————————— 종종 러프에 공이 들어가면 3번 우드 대신 5번 우드를 사용하기도 한다. 하지만 페어웨이 우드는 클럽헤드 솔(Sole)이 두껍게 디자인되어 있어 깊은 잔디에 적합한 클럽은 아니다. 깊은 잔디 때문에 두꺼운 헤드 바닥이 큰 저항을 받아 임팩트 때 헤드가 틀어질 수 있다. 또한 잔디 때문에 최저점을 제대로 찍지 못해 톱볼을 내면서 러프에서 탈출하기 어려운 경우도 많다. 이처럼 깊은 러프에서는 하이브리드나 7번 아이언이 좋은 선택이 될 것이다.

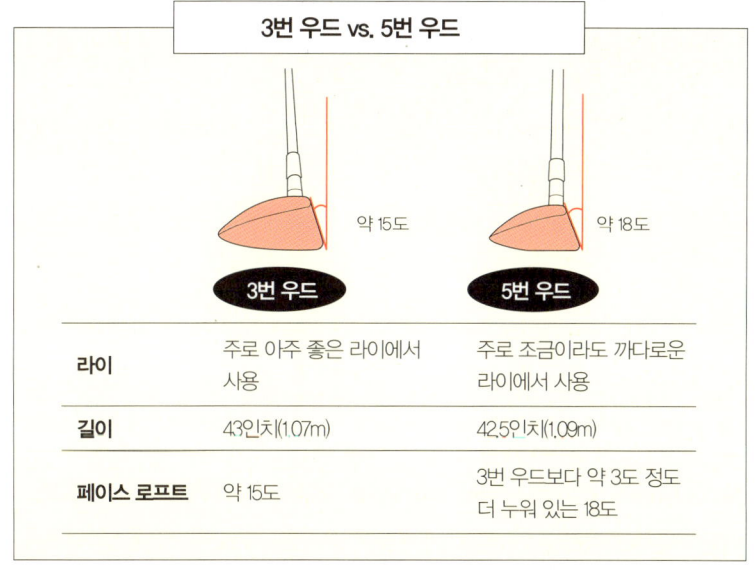

3번 우드 궁금증 Q&A

트러블샷은 하이브리드로 막자

손의 위치
손의 위치는 그립 끝이 배꼽에서 2~3cm 정도 왼쪽을 가리키도록 잡자.

스탠스
7번 아이언보다 스탠스는 약 3~5cm 넓게 선다.

공의 위치
볼 포지션은 7번 아이언보다 공 한두 개 정도 왼쪽으로 옮겨놓는다.

하이브리드 백스윙 정면

깊은 러프에 빠졌을 때 우드보다는 하이브리드나 7번 아이언을 선택하는 것이 좋다. 하이브리드는 이름 그대로 우드와 아이언의 장점을 합친 클럽이다. 헤드가 우드처럼 생겼지만 솔 부분은 우드보다 얇다. 그래서 잔디가 깊어도 우드보다 더 좋은 콘택트를 만들 수 있고, 롱아이언보다는 헤드가 묵직하기 때문에 러프에서 탈출하기에 더 유리하다. 처음 하이브리드가 만들어졌을 때 한 브랜드에서 이 클럽에 '레스큐(Rescue)'라는 이름을 붙였다. 긴 러프에서 탈출할 수 있도록 구조해주는 클럽이라는 뜻에서다. 잔디가 정말 깊고 두꺼울 경우에는 7번 아이언을 사용해야 할 수 있다. 다만 이것은 최악의 경우다.

우드 배우기 전 필수 클럽

하이브리드는 우드를 배우기 전 꼭 익혀야 할 클럽이다. 하이브리드를 완전히 익힌 상태에서 우드로 넘어가는 것이 좋다. 하이브리드는 롱아이언을 어려워하는 초보자에게도 좋은 대안으로 활용되고 있다. 요즘엔 프로들도 하이브리드를 많이 사용한다. 롱아이언보다는 쉽게 칠 수 있고 탄도가 높아 공이 그린에 떨어졌을 때 멀리 달아나지 않는다. 백스핀이 많이 걸리기 때문에 그린을 공략하는 클럽으로 매우 좋은 선택이다. 또 하이브리드는 우드보다 치기 쉽고 라이가 좋지 않을 때에도 공을 맞히기 용이해 유용한 클럽이다. 우선 하이브리드의 셋업과 스윙을 알아보고, 러프 등 트러블 상황 시 대처 방법을 살펴보자.

하이브리드

하이브리드 셋업

롱아이언과 비슷하다. 7번 아이언보다 스탠스는 약 3~5cm 넓게 선다. 볼 포지션은 7번 아이언보다 공 한두 개 정도 왼쪽으로 옮겨놓는다. 셋업은 채의 길이가 긴 만큼 상체를 조금 세운다. 손의 위치는 그립 끝이 배꼽에서 2~3cm 정도 왼쪽을 가리키도록 잡는다.

클럽이 길기 때문에 몸 회전 동작도 커진다. 몸을 충분히 회전해야 클럽을 휘두를 수 있기 때문이다. 스윙 템포는 롱아이언과 마찬가지로 백스윙 톱에서 잠시 멈추는 1-2 카운트를 적용한다. 실제로 칠 때는 그렇게까지 오래 멈춰 있지 않지만, 처음 익힐 때는 몸 회전을 정확히 하기 위해 과장된 느낌으로 1-2 카운트를 해주는 것이다. 그리고 다운스윙도 더 느리게 천천히 회전해보자.

깊은 러프에서 하이브리드 사용법

스탠스는 조금 좁게 잡는다. 7번 아이언처럼 어깨너비로 선다. 클럽헤드가 공에 더 가파르게 들어가야 하기 때문에 좁게 서는 것이 좋다.

깊은 러프에서 공을 빼내기 위해서는 어택 앵글을 가파르게 만들어줘야 한다. 그 때문에 볼 포지션 역시 7번 아이언과 마찬가지로 가운데에 둔다. 이때 잔디가 너무 길거나 두꺼우면 조금 더 오른쪽에 둬도 된다.

몸의 중심을 2~3% 정도 왼발 앞꿈치에 넣는다. 그리고 백스윙 내내 이 힘을 왼발에 두고 견고하게 유지한다. 이렇게 앞꿈치에 힘을 싣고 백스윙을 하면 다운스윙 궤도가 더 가팔라지고 어택 앵글이 깔끔하게 나온다. 공 뒤에 긴 잔디가 많을 경우 가파른 어택 앵글이 도움이 된다. 공과 클럽페이스 사이에 있는 잔디의 영향을 덜 받고 타점이 좋아지기 때문이다.

그립은 2~5cm 정도 더 짧게 잡는다. 클럽을 짧게 잡으면 헤드 컨트롤이 좋아져서 좋은 타점을 만드는 데 도움이 된다. 다만 채의 길이가 짧아지는 만큼 비거리 손실이 날 수 있다는 점은 기억하자.

하이브리드 칩샷 테크닉

하이브리드는 백스핀이 많이 걸리기 때문에 그린을 공략하기도 좋은 클럽이다. 풀스윙뿐 아니라 곧바로 홀을 노리는 칩샷에도 활용할 수 있다. 칩샷은 공이 디보트(Divot)에 들어가 있거나 에지(Edge) 바로 옆 러프에 들어가 있어서 웨지(Wedge)로 칩샷을 하기 까다롭다. 또 페어웨이에서 오르막 칩샷을 해야 할 경우에 유용한 전략이다. 하이브리드로 퍼팅처럼 굴려서 그린에 올리는 것이 더 정확할 수 있기 때문이다.

공이 디보트에 들어가 있으면 퍼터보다는 로프트가 누워 있어서 리딩에지가 날렵한 하이브리드가 더 유리하다. 디보트 안에 낮게 앉아 있는 공 밑으로 더 잘 들어갈 수 있고, 타점을 쉽게 맞출 수 있기 때문이다. 공이 출발할 때 디보트에 걸리는 것도 방지할 수 있다. 하이브리드의 로프트 덕에 공이 점프를 하며 시작한다.

공이 에지 바로 옆 러프에 들어가 있을 때 퍼터로 치는 경우가 있다. '텍사스 웨지'라는 스킬인데, 초보자에게는 추천하지 않는다. 공이 처음 출발하는 부분에서 어떻게 나갈지 모르기 때문이다. 깊은 잔디에서 공을 굴리는 것은 도박이다. 하지만 하이브리드의 누워 있는 페이스 로프트를 이용해 치면 공을 20cm 정도는 띄울 수 있다. 그러면 공이 깊은 러프를 거뜬히 넘기고 그다음부터는 퍼팅처럼 잘 굴러간다.

페어웨이가 잘 깎여 있고 가파른 오르막 라이에 특히 앞핀으로 꽂혀 있다면 상당히 까다로운 상황이다. 공의 착지 지점을 정확히 맞히지 않으면 그린보다 짧게 떨어지거나 핀을 지나갈 수도 있다. 이런 그린은 홀 뒷부분이 가파른 내리막인 경우가 많다.

이때 퍼팅을 하면 좋지만 에지 부분이 약 2m 이상이라면 문제가 될 수 있다. 긴 에지 잔디에서는 스피드를 가늠하기 어려워 거리 조절에 실패할 가능성이 크다. 칩샷을 해서 망치느니만 못한 상황이 되는 것이다.

앞에서 설명했듯이 하이브리드는 페이스 각도가 누워 있기 때문에 공의 첫 시작이 뜬다. 그리고 꽤 힘있게 굴러간다. 그러므로 에지의 잔디 저항을 띄워서 피할 수 있고, 떨어진 후에도 힘있게 굴러가기 때문에 에지가 길더라도 승산이 있다. 그리고 보통 칩샷보다는 착지 지점을 정확하게 맞히지 않아도 된다는 점에서 초보 골퍼에게 최고의 선택이 될 수 있다. 트러블에 빠졌다면 꼭 하이브리드를 기억하자.

하이브리드 셋업

하이브리드 백스윙

하이브리드 임팩트

하이브리드 피니시

① **스탠스** ─── 양쪽 엄지발가락 사이에 주먹 하나가 들어갈 정도로 좁게 선다.
② **오픈스탠스** ─── 약 5도 정도 타깃보다 왼쪽으로 서서 잡아준다.
③ **그립** ─── 퍼팅 그립으로 잡아도 좋다. 손목을 사용하지 않는 데 큰 도움이 될 수 있다. 개인적으로는 아이언 그립을 선호한다.
③ **무게중심** ─── 왼발에 60% 정도 두고 백스윙 때에도 이를 유지한다.
④ **볼 포지션** ─── 스탠스 중앙, 또는 공 하나 정도 오른쪽에 둔다.
⑤ **셋업과 스윙** ─── 셋업은 치핑 셋업이지만 스윙은 퍼팅 스트로크를 적용한다.

주의!
골반은 전혀 사용하지 않도록 하자. 하이브리드는 웨지 로프트에 비해 많이 서 있기 때문에 조금만 쳐도 많이 굴러나간다. 반드시 아주 작은 스윙을 만들어줘야 한다.

➕ **하이브리드 체크 포인트 60%의 비밀**

☐ 하이브리드 스탠스의 무게중심은 왼발에 60% 정도 두고 백스윙 때도 이를 유지한다.

오른팔 훈련법

다운스윙은 굿샷의 핵심이다. 백스윙을 잘했더라도 몸의 높이를 일정하게 유지하면서 다운스윙하는 것은 어렵다. 에이미 조의 오른팔 회전 훈련으로 안정적이고 강력한 다운스윙을 만들어보자.

채가 길어지면 스윙이 커지는 것은 이제 이해했을 텐데, 문제는 몸에 적용하고 실천하기는 여전히 쉽지 않다는 것이다. 통상 백스윙은 꽤 느리게 진행되기 때문에 백스윙을 할 때 큰 회전과 넓은 아크를 만드는 것에는 금세 적응한다. 문제는 다운스윙이다. 짧은 시간에 만들어지는 데다 몸의 반사신경으로 이루어져 몸을 컨트롤하는 것이 쉽지 않다.
그래서 흔히 페어웨이 우드 스윙에서 범하는 오류가 백스윙 때는 천천히 크게 잘 돌고 다운스윙은 7번 아이언처럼 가파른 아크로 빠르게 회전하며 치는 것이다. 이러면 타점이 맞지 않아 톱볼이나 뒤땅이 나올 수 있고, 엉킨 다운스윙을 만회하기 위해 손으로 긴 클럽을 당겨서 내려오게 된다. 우드를 칠 때 만들어줘야 하는 충분한 몸의 회전이 중간에 끊기게 되는 것이다. 올바른 릴리스가 이루어지지 않아 궤도가 망가지고 클럽페이스는 삐뚤게 들어간다. 클럽 헤드 스피드가 급격히 떨어져 비거리는 물론 미스샷도 크게 난다.
폴로스루에서 양팔이 구부려진다면 잘못된 다운스윙을 했다고 생각하면 된다. 골반도 어깨도 회전을 끝까지 하지 못한 상태에서 손을 마무리하면서 양팔이 구부러지는 것이다.
다운스윙을 에이미화해서 쉽게 고쳐보자. 포인트는 오른쪽 어깨 회전이다. 오른쪽 어깨를 끊김 없이 끝까지 회전해주면 몸이 다운스윙 도중 끊어지지 않고 손으로 당겨 치는 동작도 없어진다. 또한 오른쪽 어깨가 끝까지 잘 회전하면 앞서 강조한 쓸어 치는 동작도 더 쉽게 만들 수 있다.

에이미 조의 오른팔 훈련법

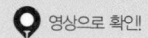

드라이버 슬라이스
극약처방,
오른팔 훈련법!

왼손은 오른쪽 주머니를 잡고 오른팔은 어깨높이에서 옆으로 편 채 셋업 자세를 취한다. 몸통에 코일을 만들며 백스윙한다. 다운스윙 때 왼손으로 오른쪽 주머니를 당겨준다. 이때 오른팔이 오른쪽 어깨 회전을 보여준다. 공을 지나 포스트 임팩트에서 타깃 오른쪽 45도 정도를 가리키게 한다. 손은 임팩트 구간에서는 정면이 아니라 공을 가리키고 있어야 한다. 정면을 가리킨다면 상체가 일어났다는 뜻이다. 이 경우 헛스윙, 섕크, 톱볼이 발생할 수 있다. 오른손을 사용해 어깨 회전을 익혔다면 이제 클럽을 잡고 적용해보자. 처음에는 50% 정도 속도로 스윙을 만들며 공을 맞힌다. 공 맞히는 것을 신경 쓰지 않기 위해 티에 올려놓고 치자. 오른쪽 어깨에서 손을 뻗었다고 상상하면서 이렇게 뻗은 손이 타깃 오른쪽 45도를 가리키도록 회전한다. 공은 클럽헤드가 지나가는 구간에 있기 때문에 일부러 맞힐 필요가 없다. 오른쪽 어깨를 올바르게 회전하며 공을 맞힌다면 쓸어 치는 것은 물론 큰 다운스윙을 만드는 데도 도움이 된다. 이 동작은 모든 긴 클럽에 유용하다. 3번 우드뿐 아니라 5번 우드, 하이브리드, 롱아이언이 잘 안 될 때도 이 방법으로 연습한다.

1
왼손은 오른쪽 주머니를 잡고 오른팔은 어깨높이에서 옆으로 편 채 셋업 자세를 취한다.

2
몸동에 코일을 만들며 백스윙한다.

3
다운스윙 구간에서 왼손으로 오른쪽 주머니를 당긴다. 임팩트 구간에서 손은 공 방향을 가리킨다.

081

SECTION ③ Pitching/Chipping

Let's get Aimeefied — 에이미 따라잡기
피칭/치핑

에이미's Training Note

🏌 오늘의 자세	쇼트 게임
⛳ 포인트	공이 놓여 있는 환경에 따라 다른 종류의 클럽 사용하기!

> " 머리로는 알겠는데 몸이 말을 안 들어요.

> " 어떤 클럽을 사용해야 하는지 모르겠어요.

> " 칩샷 셋업 자세가 궁금해요.

100타를 깨고 싶어하는 골린이들의 스코어를 가장 많이 잡아먹는 적, 바로 쇼트 게임이다. 이제 드라이버나 아이언 풀스윙은 레슨도 받고, 레슨 영상도 시청하고 주변의 고수들에게 팁을 전수받아 이론은 어느 정도 알고 있을 것이다. 아직 몸이 말을 듣지 않는 것이지 머리로는 이해하고 있기에 공을 어떻게든 비슷하게 맞힐 수는 있다.

문제는 쇼트 게임이다. 이 레벨의 골퍼들에게 쇼트 게임은 너무나 높은 벽처럼 느껴질 것이다. 우선 쇼트 게임에는 풀스윙에서와는 다른 여러 종류의 테크닉이 있다. 공이 놓여 있는 환경에 따라 다른 종류의 클럽을 사용한다. 또한 벙커, 러프, 짧은 잔디, 맨땅 등 골린이들에게 낯선 환경이 많다. 결국 쇼트 게임을 잘하려면 경험이 많이 쌓여야 하는데, 초보 골퍼는 대부분 필드 경험이 많지 않다. 당연히 어렵고 낯설 수밖에 없다. 100타를 깨기 위해서는 홀마다 보기(Bogey)나 더블보기까지 나오는 것을 목표로 해야 한다. 그러려면 치핑을 반드시 잡아야 한다. 그린 주변에서 클럽페이스를 제대로 맞히지 못해 톱볼, 뒤땅이 나오며 그린 양 끝을 오가는 일명 '냉탕 온탕'을 넘나들다 보면 스코어가 불어나는 것은 순식간이기 때문이다.

칩샷은 사실 셋업만 제대로 잡아도 90%는 확보된다. 여기에 클럽헤드를 떨어뜨리는 느낌을 이해하고 반복해서 훈련한다면 칩샷을 업그레이드할 수 있다. 당장 싱글 골퍼처럼 공을 핀 옆에 자유자재로 붙이는 것은 어렵겠지만 냉탕, 온탕은 피할 수 있다. 또한 공을 어느 정도 일정하게 그린에 올릴 수 있으면 큰 산은 넘게 된다. 이번 챕터에서는 칩샷의 기본자세와 클럽페이스 스위트스폿을 맞히는 비법을 익혀보자.

기초부터 다지는 칩샷

양 팔꿈치
등 중앙에 샤프트를 대고 양 팔꿈치로 샤프트를 잡아 고정한다.

왼팔
왼팔을 사용해 백스윙 시 왼쪽 등을 회전한다.

왼발
왼발에 중심을 60% 유지한다.

칩샷 등 드릴 백스윙 정면

TRAINING 1

"웨지를 잡으면 톱볼과 뒤땅이 자주 나와요." 많은 초보 골퍼가 이렇게 하소연한다. 이럴 때 필자가 당부하는 것은 두 가지다. 칩샷은 쉬운 클럽으로 시작하고, 셋업을 정확하게 잡아줘야 한다.

처음 칩샷을 배우는 골퍼들에겐 페이스 각도가 너무 눕지 않은 클럽을 권한다. 페이스 각도가 너무 누워 있으면 공을 잘 치더라도 자칫 클럽헤드가 공 밑으로 쓱 지나갈 수 있다. 그러면 캐리(Carry)가 매우 짧아지고 거리 조절이 어려워진다. 칩샷을 처음 배운다면 각도가 가장 서 있는 피칭웨지로 시작할 것을 추천한다. 피칭웨지는 클럽의 솔(바닥) 부분이 웨지 중에서 가장 평평해 바운스(Bounce) 앵글이 가지각색인 다른 웨지 클럽보다 칩샷을 쉽게 익힐 수 있다.

■ 칩샷의 기초

가장 먼저 배울 칩샷은 아주 심플한 테크닉인데, 퍼팅 스트로크와 비슷하다. 약 14m 거리를 보낼 때, 피칭웨지로 쳐서 공을 3분의 1 정도인 약 5m 지점에 떨구고 나머지 약 9m는 굴러가는 샷이다. 이 정도 거리는 크게 스윙하지 않아도 되므로 손목을 사용하지 않는다. 손목을 사용하지 않도록 노력해야 하는 초보자가 처음 칩샷을 익히기에 적당한 거리다.

칩샷 셋업 측면

칩샷 백스윙 측면

칩샷 피니시 측면

① **스탠스** ─── 양발 엄지발가락 사이에 주먹 하나가 들어갈 정도로 아주 좁게 선다. 이렇게 좁게 서야 칩샷 때 불필요한 좌우 움직임을 줄일 수 있다. 스윙이 커질수록 균형을 잡기 위해 스탠스가 넓어진다. 지금처럼 약 5m 정도를 치는 칩샷은 아주 좁게 서야 한다. 키가 큰 PGA 투어 선수들도 이렇게 좁게 서는 것을 흔히 볼 수 있다.

② **오픈스탠스** ─── 오픈이란 타깃의 왼쪽 방향으로 향하는 것을 뜻한다. 지금 익히는 칩샷에서는 토 라인부터 어깨 라인까지 전체적으로 타깃에서 5도 정도 왼쪽으로 선다. 풀스윙을 할 때 골반 회전을 강하게 해 최대한 멀리, 똑바로 보내는 것이 목표였다면 칩샷에서는 방향과 거리를 잘 조절해야 한다. 따라서 골반 회전이 아주 작다. 오픈스탠스를 함으로써 다운스윙을 할 때 골반 회전이 작아도 몸이 깔끔하게 마무리되도록 도와준다. 몸이 정면으로 스퀘어하게 서 있는데 골반 회전을 작게 하면 전체 회전량이 지나치게 적

어진다. 칩샷은 백스윙의 회전이 아주 작기 때문에 꼬여 있는 힘이 약하고, 코일이 풀리는 힘도 아주 작다. 이 상태에서 스탠스까지 정면을 향하고 있다면 회전량이 더 적어진다. 그러면 몸의 회전이 충분한 힘을 만들어내지 못해 손만 지나가게 되고 페이스가 풀스윙에서처럼 릴리스되며 페이스가 덮여 들어간다. 이러면 공이 왼쪽으로 밀리는 미스샷이 나온다.

③ **체중** ——— 스탠스에서 체중은 왼발 앞꿈치에 60% 정도 싣는다. 이 중심을 백스윙 내내 유지한다. 다운스윙 때 왼쪽으로 체중이동을 하면서 피니시 때는 왼발에 약 80~90%가 실린다.

칩샷은 풀스윙처럼 골반을 많이 돌리는 샷이 아니다. 풀스윙에서처럼 백스윙 때 오른발로 중심이동을 하면 다운스윙 때 왼쪽으로 체중이동을 올바로 하지 못하고 중심이 오른쪽에 머무르게 된다. 그러면 클럽이 공 뒤에서 최저점을 찍으며 뒤땅이나 톱볼이 나온다. 발바닥에 무게중심이 잘못 실리면서 클럽헤드가 공으로 들어오는 어택 앵글이 달라지기 때문이다. 오른쪽으로 체중이동을 하고 다운스윙 때 채가 다 돌아오지 못해 비껴 맞는 것은 칩샷에서 흔히 저지르는 실수다. 대부분의 쇼트 게임 테크닉에서는 백스윙 때 오른쪽으로 체중이동을 하지 않는다는 점을 기억하자.

왼쪽에 체중의 60%를 싣고 백스윙에서도 이를 유지하면서, 다운스윙 때 나머지 체중이동을 왼쪽으로 해주면 어택 앵글이 가팔라진다. 칩샷에서는 공을 날카롭게 내려 찍어서 원하는 곳으로 보내는 것이 핵심이다. 라이나 잔디 등 변수가 많은 환경에서 칩샷을 하는데, 가파른 앵글이 나와야 이런 변수에 구애하지 않고 공을 띄울 수 있고, 백스핀이 일정하게 걸려 칩샷이 떨어진 후에도 공이 굴러가는 거리가 일정해 거리 조절이 쉬워진다.

칩샷 오픈페이스

④ **공** ——— 공은 스탠스 가운데 혹은 가운데에서 공 반 개 정도 왼쪽에 둔다. 이렇게 설명하면 대부분의 골퍼는 "스탠스 오른쪽에 두는 것 아니냐"라며 놀란다. 대부분 오른쪽에 둔다고 배우기 때문이다. 1989년 골프를 시작할 당시 칩샷은 공을 오른쪽에 두고 치라고 클래식 스타일로 배웠다. 하지만 최근 많이 하는 모던 스타일에서는 조금 왼쪽에 두는 경향이 있다.

칩샷에서는 체중을 왼발에 60% 두고 시작해 백스윙 때도 이 중심을 유지하며, 다운스윙 땐 왼쪽으로 체중이동을 한다. 이때 눈을 감고 스윙을 만들며 헤드를 툭툭 떨어뜨려보자. 그러면 클럽헤드가 최저점을 반복하며 찍는 부분이 바로 스탠스 가운데, 또는 가운데에서 조금 왼쪽이라는 걸 알 수 있다. 왼쪽 다리에 중심을 실으면 나오는 결과다. 스탠스 너비나 체중 분배에 따라 최저점은 조금 달라질 수 있다.

볼 포지션은 자동으로 나오는 최저점에 두는 것이 현명하다. 긴장해서 몸 컨트롤이 떨어지더라도 중력과 운동에너지로 인해 웨지 헤드가 떨어지는 곳에 공이 있다면 타점을 맞힐 확률이 높아지기 때문이다.

일부러 오른발 쪽에 놓는다면 신경 써서 공을 맞히기 위해 최저점을 조절해야 한다. 다운스윙 때도 체중이 자칫 오른쪽으로 넘어가지 않도록 더 신경 써야 하고, 페이스가 자칫 잘못 열려 들어가지 않도록 주의해야 한다. 초보자들은 변수를 최대한 줄여 가장 편하고 반복하기 쉬운 테크닉을 익히자.

⑤ **그립** ────── 그립은 짧게 잡을 정도로 내려 잡는다. 짧게 잡으면 클럽헤드 컨트롤이 좋아진다. 그립을 짧게 잡으면 공에 가까이 서야 한다. 칩샷에서는 퍼팅의 안정된 스트로크 같은 스윙을 만들어야 하기 때문이다. 겨드랑이가 몸에서 너무 멀어지면 안정적인 스트로크를 만들기 어려워지는 만큼 공 가까이에 선다.

⑥ **스윙** ────── 스윙은 앞서 말했듯이 퍼팅 스트로크처럼 어깨의 움직임에 집중한다. 칩샷에서 가장 흔히 저지르는 실수가 손만 사용하는 스윙이다. 풀스윙에 비해 스윙 폭이 작다 보니 몸을 제대로 사용하지 못하고 손만 사용해서 작은 스윙을 만들려고 하는 것이다. 이러면 스윙의 일관성이 떨어지고 아크나 클럽헤드의 최저점도 들쑥날쑥해진다. 일정한 타점을 만들지 못하고 톱볼, 뒤땅이 나오는 이유도 그래서다.

또한 작은 스윙을 만들 때 몸의 꼬임, 코일이 느껴지지 않기 때문에 회전을 잘못하는 경우가 많다. 하체를 단단하게 받치지 않은 채 골반을 지나치게 돌리는 것이 대표적이다. 흔히 골반이 빠진다고 표현한다. 이러면 팔과 몸이 따로 움직여 일관성 있는 스윙을 만들어내지 못한다. 몸과 팔이 따로 놀아 손에 힘이 들어가고, 공을 정타로 맞히기 위해 불필요한 동작을 하게 된다.

■ **손이 아니라 등으로 스윙**

────────── 이제 기본적인 칩샷의 원칙이 몸에 익숙해지도록 훈련해보자. 하체를 고정해 골반의 지나친 회전을 잡아주고, 손 사용을 줄이기 위해 두 팔과 어깨가 이루는 삼각형을 최대한 지키면서 등을 이용해 어깨 움직임을 만들어주는 것이 핵심이다.

칩샷 등 드릴 셋업 정면   칩샷 등 드릴 백스윙 정면   칩샷 등 드릴 피니시 정면

────────── 등 중앙에 샤프트를 대고 양 팔꿈치를 샤프트에 걸어 고정한다. 샤프트가 등을 단단하게 누르고 있는 것을 느낄 수 있을 것이다. 왼팔을 사용해 백스윙 때 왼쪽 등을 회전한다. 스윙 크기에 따라 달라지지만 5m 정도 캐리하는 칩샷은 10~20도만 돌려주면 된다. 이때 왼발에 체중의 60%를 둔 셋업의 무게중심을 그대로 유지한다.

────────── 다운스윙 때에는 오른팔을 이용해 타깃 쪽으로 밀어서 회전한다. 이때 골반은 거의 2~3배 돌려야 한다. 체중은 앞서 언급한 대

로 왼쪽에 80~90% 실리도록 이동한다. 이때 체중이동을 오른쪽 등으로 밀고 나가면서 회전하는 것이 이상적이다. 오른쪽 등을 회전할 때는 제자리에서 도는 것이 아니라 타깃 쪽으로 밀면서 회전하는 것이 좋다. 백스윙 땐 등이 원을 그리고, 다운스윙 때는 등이 타원을 그리는 셈이다.

─────────── 이 느낌이 익숙해지면 웨지를 잡고 공을 쳐보자. 그립을 잡고 앞에서 설명한 셋업을 취하자. 손으로 스윙을 만들지 않는다는 사실을 기억하자. 손은 클럽을 잡는 역할, 그리고 양팔과 어깨가 이루는 삼각형을 유지하는 역할이다.

이때 등에는 더 이상 샤프트가 닿아 있지 않지만 아까처럼 샤프트가 단단하게 누르고 있다고 상상하며 왼쪽 등을 돌려주자. 다운스윙에서는 오른쪽 등을 밀어준다.

─────────── 이제 스윙이 익숙해졌으면 공을 일관성 있게 스위트스폿에 맞춰보자. 퍼팅과 거의 같다고 생각해도 좋다. 페이스를 셋업한 그대로 백스윙을 하고, 그대로 폴로스루해주면 셋업했던 그대로 공을 맞힐 수 있다. 다만 퍼팅보다 스윙이 커지고 자신도 모르게 공을 맞혀야 한다는 강박에 손으로 공을 때리려고 하면 꼬이게 된다. 에이미화된 쉬운 방법으로 스위트스폿을 맞히도록 연습한다.

칩샷 배꼽 드릴 셋업 정면   칩샷 배꼽 드릴 백스윙 정면   칩샷 배꼽 드릴 피니시 정면

─────────── 칩샷 셋업을 취한다. 그리고 웨지를 더 짧게 잡고 그립 끝을 배꼽에 붙인다. 그 상태에서 칩샷 스윙을 한다. 이 상태에서는 웨지가 등 회전과 조화를 이루며 움직이기 때문에 더 일정한 콘택트를 만들 수 있다. 손이 아니라 등을 사용해서 클럽헤드가 항상 제자리로 돌아오는 느낌을 익히자.

─────────── 이 느낌으로 칩샷을 해본다. 원래대로 웨지를 그립한다. 실제 그립 끝이 떨어져 있지만 여전히 배꼽에 닿아 있다고 상상하자. 그리고 그립이 최대한 배꼽에서 떨어지지 않도록 유지하며 칩샷을 한다. 클럽헤드가 셋업한 처음 자리로 돌아오며 스위트스폿을 맞힐 것이다.

칩샷 미스 그립·체중이동 점검해보세요

이렇게 연습해도 타점이 일정하지 않다면 그립 힘을 점검해야 한다. 그립을 너무 세게 잡고 있으면 클럽헤드가 떨궈지지 못하고 붕 떠서 공을 지나게 돼 톱볼이 나온다. 이런 샷이 몇 번 나오면 톱볼을 피하려고 손으로 내려치게 되어 뒤땅이 나온다.

잊지 말자. 그립 힘은 바나나를 쥐듯 약 20% 정도만, 클럽을 놓치지는 않되 헤드 무게의 묵직함이 어느 정도 느껴져야 한다. 그래야 스윙할 때 좀 더 쉽게 헤드 무게를 사용해 떨어뜨릴 수 있다.

칩샷을 할 때 모든 것이 좋은데 살짝 비껴 맞는다면 백스윙에서 체중이동을 점검할 것. 칩샷에서는 셋업에서 왼발에 체중의 60%를 두고 그대로 백스윙한다. 이때 체중이 5%라도 오른쪽으로 이동하면 안 맞을 수 있다. 워낙 미세한 차이라 프로들도 느끼지 못할 정도다.

백스윙 때 오른발에 체중이 조금이라도 실리는지 확인하는 쉬운 방법이 있다. 셋업을 한 뒤 오른발 뒤꿈치를 약 1cm 정도 뗀다. 오른발을 까치발로 유지한 채 칩샷을 한다. 백스윙 때 오른발 앞꿈치에 많은 힘이 실린다면 오른쪽에 체중이 옮겨간 것이다.

치핑 뒤꿈치 까치발 드릴

오른발 뒤꿈치를 살짝 든 채로 등을 사용해 칩샷을 하자. 백스윙 때 오른발 앞꿈치에 힘이 실리지 않도록 주의하면서 샷을 하면 잘못된 체중이동으로 인한 미스샷을 줄일 수 있다.

칩샷은 가장 기본적이고 쉬운 테크닉이다. 투어 선수들이 가장 많이 사용하는 샷이기도 하다. 가장 기본적이면서도 일정한 결과를 얻을 수 있는 안전한 방법이기 때문이다. 이 샷을 기본으로 여러 요소를 변주하면 웬만한 칩샷은 모두 커버가 가능하다. 웨지를 바꾸거나 볼 포지션을 옮기면 캐리 거리를 바꿀 수도 있다.

지금까지 이런 쉬운 칩샷 레슨은 없었다

웨지 하나로 러닝, 백스핀 칩샷을 동시에

클럽페이스 각도
공을 스탠스 오른쪽에 둘 때는 클럽페이스 각도나 클럽헤드 스피드에 영향을 미칠 수 있으므로 페이스 날이 박히지 않도록 신경 써야 한다.

왼발
칩샷에서는 왼쪽 발에 체중을 60% 실은 상태에서 백스윙한다.

공의 위치
오르막이 있다면 볼 포지션을 기준값에서 공 1~2개 간격만큼 오른쪽에 두면 된다.

러닝 백스윙 정면

앞서 잠깐 소개했듯이 하나의 웨지로 여러 종류의 칩샷을 만들 수 있다. 기초 칩샷을 피칭웨지로 시작했으니 이번에도 피칭웨지로 다양한 샷을 만들어보자. 평지에서 볼 포지션을 스탠스의 가운데 또는 가운데에서 공 반 개나 한 개 간격만큼 왼쪽에 놓고 피칭웨지로 하는 칩샷을 기본값으로 두자. 이 칩샷에서는 총 거리에서 3분의 1 정도 떨어뜨려주면 나머지 3분의 2를 굴러간다고 생각하면 좋다. 총 14m의 캐리를 만들고자 한다면 공이 약 5m 지점에 떨어져 9m가량 굴러가는 것이다. 사용하는 웨지의 각도나 종류, 샤프트, 골프공 종류에 따라 차이가 있겠지만 이 정도가 평균이라고 생각하면 된다. 여기서 볼 포지션을 바꿔보자. 공 위치가 바뀌면 다운스윙 테크닉이 달라지기 때문에 다양한 칩샷으로 변주될 수 있다.

러닝 셋업 정면

■ 공을 오른쪽에 두면 '러닝 칩샷'

오르막에 있다면 공이 좀 더 힘있게 굴러가야 한다. 그린이 느린 경우에도 공이 더 굴러야 한다. 이럴 때는 볼 포지션을 기준값에서 공 1~2개 간격만큼 오른쪽에 두면 된다. 그러면 같은 피칭웨지를 쓰더라도 클럽페이스가 더 가파른 각도로 맞게 된다. 9번 아이언을 사용하는 것과 비슷한 효과가 나는 셈이다. 그러면 공이 낮게 뜨고 떨어진 후에 더 많이 굴러가게 된다.

공을 스탠스 오른쪽에 둘 때는 몇 가지 주의 사항이 있다. 일단 각도가 더 선 만큼 클럽페이스 날 부분이 더 날카로워진다. 그 때문에 땅을 가격했을 때 클럽헤드가 작게나마 땅을 파고 들어가 박힐 가능성이 있다. 클럽페이스 각도나 클럽헤드 스피드에 영향을 미칠 수 있기 때문에 페이스 날이 박히지 않도록 신경 써야 한다. 헤드 날 부분이 땅에 걸리는 걸 막기 위해서는 임팩트 때 손이 클럽헤드보다 앞에서 클럽헤드를 끌고 가는 느낌을 끝까지 지켜줘야 한다. 손이 멈추면 페이스 날이 땅에 더 쉽게 걸릴 수 있기 때문이다. 이런 다운스윙을 '핸드퍼스트(Hand First)'라고 부른다.

공의 위치가 바뀌면 체중이동도 달라진다. 칩샷에서는 왼쪽 발에 체중을 60% 실은 상태에서 백스윙을 하고, 다운스윙 때 왼쪽으로 더 이동해 피니시 때는 왼발에 체중의 80~100% 넣어주는 것이 이상적이다. 하지만 스탠스 오른쪽에 있는 공을 맞히기 위해 다운스윙할 때 오른발에 체중을 싣는 실수를 할 수 있다. 공이 오른쪽에 있다 보니 날카로운 날을 최대한 핸드퍼스트로 끌고 들어가는 것보다는 오른쪽으로 몸을 움직여 공을 맞히는 것이 편할 수 있기 때문이다. 자신이 다운스윙 때 오른발에 체중을 싣는지 확인해보려면 앞서 익힌 까치발 연습법을 활용하자. 피니시에서 홀드하며 발바닥의 체중을 점검하는 것도 좋은 방법이다.

임팩트 때 클럽페이스 각도도 유의해야 한다. 공이 오른쪽에 있으면 페이스가 열려 맞기 쉽다 보니 오른쪽으로 휘는 미스가 잦을 것이다. 이를 막기 위해 셋업 때 클럽페이스를 1~2도 닫아준다. 또 핸드퍼스트로 다운스윙을 끌고 나갈 때 클럽페이스가 열리지 않도록 신경 써야 한다.

이렇게 스탠스 오른쪽에 공을 놓고 칩샷을 하면 원래 떨어뜨리는 지점보다 조금 짧게 떨어지고 굴러가는 거리가 더 길어진다. 이런 샷을 '러닝샷'이라고 한다. 공이 좀 더 굴러가길 원한다면 공 위치를 보통보다 오른쪽에 두고 체중이동, 다운스윙, 셋업과 다운스윙 때 페이스 각도에 주의하자.

올바른 러닝 칩샷 스퀘어페이스   잘못된 러닝 칩샷 오픈페이스

백스핀 칩샷은 공을 왼쪽으로

공이 3분의 1 지점보다 좀 더 날아가고, 3분의 2보다는 덜 굴러가는 샷, 즉 백스핀 칩샷을 만들어보자. 공의 위치를 러닝 샷과 반대로 왼발 쪽으로 옮기면 된다. 기본값 칩샷에서 스탠스 중앙 또는 거기서 공 반 개나 1개 간격만큼 왼쪽에 뒀다면 이번에는 거기서 공 1~2개 정도 더 왼쪽으로 옮기는 것이다.

볼 포지션이 왼쪽으로 옮겨지면 셋업에서 밸런스가 흔들릴 수 있다. 기본 칩샷 셋업에서 왼발에 60% 정도 힘을 실어줬다면, 이번에는 65~70% 정도 왼발에 실어준다.

공 위치가 왼쪽으로 옮겨갔기 때문에 임팩트가 더 왼쪽에서 이뤄져야 한다. 하지만 왼쪽으로 미처 다 가지 못한 상태에서 공을 맞으면 톱볼이 나오게 된다. 또한 이 톱볼을 만회하기 위해 급하게 체중이동을 하려다 자칫 손으로 몸을 당길 수도 있다. 그러면 대개 클럽헤드가 최저점을 찍지 못하고 공중에 떠서 공을 가격하면서 더 심한 톱볼 미스가 나오게 된다.

좀 더 안정적인 밸런스와 손쉬운 체중이동을 위해 왼발에 5~10% 정도 힘을 더 싣자. 그러면 다운스윙의 최저점이 왼쪽으로 옮겨오기 때문에 타점을 맞히기 쉽다. 밸런스를 더 높이기 위해 스탠스도 약 5~7cm 정도 넓히자. 이 포지션에서는 특히 손힘을 더 빼야 한다. 임팩트 때 클럽헤드를 잘 떨어뜨려야 하기 때문이다. 왼쪽에 공이 있을 때는 헤드가 잘 떨궈져서 클럽헤드 바닥 부분인 솔(sole)이 땅에 바운스돼야 한다.

러닝샷과 닮은 듯 다른 백스핀 칩샷 포인트

	러닝	백스핀
스탠스	양발 사이에 주먹 하나가 들어갈 정도로 아주 좁게 선다.	러닝샷보다 약 5~7cm 정도 넓힌다.
체중	왼발에 60% 정도 싣는다.	왼발에 65~70% 정도 싣는다.
공 포지션	중앙에서 1~2개 오른쪽에 둔다.	중앙에서 1~2개 더 왼쪽으로 옮긴다.

칩샷 바운스

솔이 땅을 맞고 바운스해야 클럽페이스가 공의 올바른 지점에 잘 맞고, 또 클럽헤드 릴리스를 컨트롤하기 쉽다. 하지만 손에 힘이 들어가 있으면 클럽헤드가 최저점을 찍지 못하고 뜬 상태로 임팩트가 이뤄진다. 여기에 공마저 더 왼쪽에 있어 더 심한 톱볼 미스가 나게 된다.

자신의 그립 힘이 너무 세지 않은지, 손힘은 잘 빠져 있는지 확인하고 싶다면 오른손 엄지와 검지로 클럽 그립의 끝부분을 잡고 가슴 높이까지 올려준다. 클럽헤드는 바닥을 향하도록 한다. 이때 왼손으로 클럽을 좌우로 흔들자. 클럽이 헤드 무게와 운동에너지를 이용해 시계추처럼 움직일 것이다. 이때 오른손 엄지와 검지에 느껴지는 묵직한 헤드 무게를 기억해두자. 이 느낌을 기억하며 칩샷을 하도록 그립을 잡는다. 똑같이 오른손 엄지와 검지에 힘을 줘도 좋다. 왼쪽과 오른쪽 등을 이용해 스윙하는 것을 시계추 움직임이라고 생각하며 감각에 집중해보자. 이때 클럽헤드의 묵직함이 느껴지지 않는다면 그립을 너무 세게 잡고 있는 것이다.

칩샷 릴리스의 비밀 '홀드오프'

칩샷의 릴리스는 풀스윙 때와 조금 다르다. 칩샷은

풀스윙처럼 무조건 멀리 똑바로 치는 샷이 아니다. 정확한 지점에 보내는 것이 핵심이다. 그러므로 칩샷은 클럽헤드 토 부분을 풀스윙 때처럼 릴리스하면 안 된다. 최대한 페이스가 타깃을 보고 있도록, 피니시 때 클럽페이스가 끝까지 돌아가지 않도록 잡아줘야 한다. 이를 홀드오프(Hold Off)라고 한다.

러닝 피니시 정면

칩샷은 풀스피드 스윙이 아니다. 풀스윙 때처럼 토를 릴리스해 페이스가 돌아가 있고 토 부분이 타깃을 45도 정도 오른쪽을 가리키고 있다면 칩샷은 왼쪽으로 당겨질 것이다. 그리고 훅 스핀이 걸려서 왼쪽으로 날아가고, 떨어진 후에는 더 왼쪽으로 많이 굴러간다. 거리 조절, 방향 조절 모두 실패하게 되는 것이다.

홀드오프는 샷 타입에 따라 달라진다. 러닝 칩샷을 만들 때에는 핸드퍼스트가 되는 상태에서 클럽페이스가 돌지 않도록 홀드오프해주는 것이다. 이때 클럽페이스는 최대한 타깃을 보고 있는 것이 좋다.

칩샷 스쿠핑

반대로 백스핀을 걸어주는 샷을 할 때에는 '스쿠핑(Scooping)' 홀드오프를 해야 한다. 스쿠핑은 오른손을 이용해 스푼으로 아이스크림을 뜨는 모양이라 붙은 이름이다. 오른손을 덮지 않도록 손바닥이 하늘을 보는 것이 핵심이다. 그러면 클럽페이스가 돌지 않고 페이스를 타깃 쪽으로, 스윙이 커지면 하늘을 보는 것을 유지하며 홀드오프할 수 있다. 홀드오프가 볼의 스핀, 거리 조절, 방향 조절의 핵심인 셈이다.

이 릴리스는 바운스와 날 부분을 컨트롤하기 위해서도 중요하다. 핸드퍼스트나 스쿠핑을 올바르게 해준다면 바운스를 잘 이용할 수 있고 백스핀양도 일정하게 만들 수 있다. 임팩트 때 페이스 로프트도 일정하게 만들 수 있다.

공이 왼쪽으로 옮겨지면 임팩트 때 페이스 로프트가 더 누운 상태로 맞게 된다. 48도 웨지를 사용하고 있다면 약 49~50도 웨지처럼 작용할 수 있다. 그러면 공이 살짝 더 뜨고 백스핀도 조금 더 걸린다. 그만큼 샷은 짧게 나가고 덜 구른다. 전반적으로 거리가 짧아지는 만큼 스윙은 더 크게 해야 한다. 페이스 로프트가 1~2도 정도 차이 나면 지금처럼 짧은 거리의 칩샷은 약 2~3m 더 크게 스윙한다고 생각하면 적절할 것이다.

체중이 왼쪽에 더 실리고, 스윙이 더 커진다면 다운스윙도 완전히 달라진다. 자칫하면 손이 뒤처지는 몸을 당길 수 있기 때문에 몸을 더 잘 이동해야 한다. 오른쪽 등이 쭉 밀고나가는 느낌의 다운스윙을 기억하자.

칩샷 문 닫힘   칩샷 문 열림

골린이에게는 낯선 느낌일 수 있다. 내 몸을 문(門)이라고 상상해보자. 몸의 왼쪽 편이 벽에 붙어 있는 부분이고 오른손은 손잡이라고 가정한다. 문을 열어보자. 오른쪽 몸 전체가 열렸다가 닫힌다. 이 문을 셋업 앵글로 바꿔보자. 오른발이 떨어지지 않게 문을 열어준다면(백스윙) 다운스윙 때 오른쪽 등이 밀고 들어가는 느낌이 연상될 것이다. 이때 위쪽 다리는 벽처럼 밸런스를 지탱해주게 된다. 즉 오른쪽 등이 밀어줄 때 오른쪽 몸이 전체적으로 다 같이 밀어준다는 느낌, 전체적으로 다 같이 돌아간다는 느낌이 맞는 것이다.

이때 머리가 몸과 함께 돌아갈 수도 있다. 풀스윙 때 귀에 못이 박히도록 들었던 "머리는 들지 말고 공을 끝까지 쳐다보고 친다"는 팁과 정반대 동작이다. 칩샷에만 유일하게 허락된 동작으로, 여자 골프의 전설 안니카 소렌스탐의 시그너처 스윙이기도 하다.

칩샷에서는 머리를 끝까지 잡아두고 치려고 하면 오히려 클럽헤드 토 부분이 풀스윙처럼 릴리스돼 왼쪽 미스가 나올 수 있다. 몸이 채 이동하지 못해 톱볼이 나오기도 한다.

 영상으로 확인!

러닝 & 백스핀
칩샷

SECTION ③ | Pitching/Chipping | TRAINING

웨지 종류에 따른 샷 연습법

클립보드
클립보드를 땅에 두고 바운스 부분을 팅겨보자.

보드와 바운스의 차이
날이 보드에 맞았을 때와 바운스가 보드에 맞았을 때의 느낌이 확연하게 다를 것이다.

칩샷 클립보드 드릴 셋업 정면

웨지 종류에 따른 칩샷은 볼 포지션 변경보다 더 응용하기가 쉽다. 우선 9번 아이언을 보자. 똑같은 기술로 9번 아이언으로 칩샷을 하면 공이 낮게 날아가고, 더 힘있게 구르기 때문에 공이 떨어지고 난 후 더 많이 굴러간다. 약 14m 거리의 칩샷을 한다고 생각해보자. 피칭웨지로 3분의 1을 보내고 나머지 3분의 2가 굴러갔다면 9번 아이언은 4분의 1 정도가 날아가고 4분의 3이 굴러간다고 이해하면 된다. 약 14m 칩샷에서는 약 4m 지점에 떨어뜨려 주면 된다.

아마추어는 간혹 숏아이언으로 칩샷을 하게 되면 공의 탄도가 웨지보다 꽤 낮아지기 때문에 더 세게 쳐야 한다고 오해하기도 한다. 숏아이언 샷은 날아간 거리의 3배를 굴러간다. 그러면 칩샷에서는 홀을 훌쩍 지나가는 셈이다. 숏아이언으로 칩샷을 하더라도 오로지 스윙 크기와 헤드가 떨어지는 힘만 사용해서 공을 맞혀야 한다.

TRAINING 3

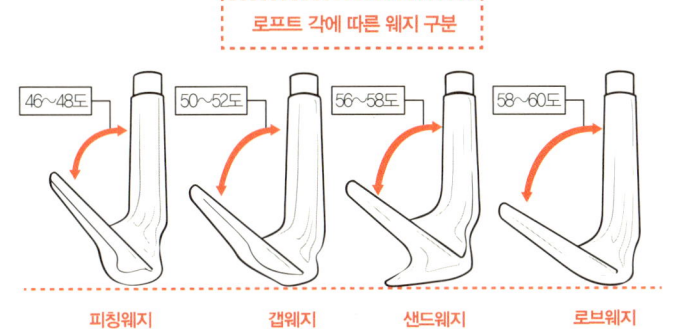

로프트 각에 따른 웨지 구분

피칭웨지 / 갭웨지 / 샌드웨지 / 로브웨지

> **칩샷에 추천하는 웨지 TOP 4**
>
> **피칭웨지(Pitching Wedge)**
> '피치 샷'용으로 만든 웨지
>
> **갭웨지(Gap Wedge)**
> 피칭웨지와 샌드웨지의 간격을 메워주는 웨지
>
> **샌드웨지(Sand Wedge)**
> 벙커에서 볼을 잘 꺼낼 수 있도록 넓은 '플랜지(날개)'를 두어 디자인한 클럽
>
> **로브웨지(Lob Wedge)**
> 그린 주변에서 볼을 높이 띄우는 데 사용하는 웨지

통상 칩샷은 피칭웨지로 시작해 갭웨지(어프로치 웨지), 샌드웨지, 로브웨지 순으로 사용하는 클럽을 늘려간다. 샌드웨지는 페이스 로프트가 피칭웨지에 비해 많이 누워 있다. 공이 더 쉽게 뜨고 덜 구르기 때문에 컨트롤하는 데 훨씬 유리하다. 다만 피칭웨지에 비해 다소 까다로워 대부분의 초보 골퍼가 어렵게 느낀다. 샌드웨지 밑바닥인 솔(sole), 또는 바운스라 불리는 부분이 피칭웨지보다 튀어나와 있기 때문이다. 그래서 벙커에서 사용하기에는 좋지만 페어웨이에서 사용하기가 쉽지 않다. 특히 단단하고 짧게 깎아놓은 잔디에서라면 더 어렵다. 튀어나온 바운스 부분이 땅에서 튕기면서 헤드의 날 부분으로 톱볼을 만들 수 있다.

대부분의 샌드웨지는 약 10~14도의 바운스 각도를 지니고 있다. 바운스 각도는 웨지를 지면에 놓았을 때 리딩에지와 지면이 이루는 각이다. 자신이 보유하고 있는 샌드웨지의 바운스 각도는 꼭 파악해두어야 한다.

바운스 사용법을 익혀보자. 바운스 각도가 10~14도인 샌드웨지를 기준으로 할 때, 웨지헤드 밑부분을 보면 확연히 튀어나온 것을 볼 수 있다. 공을 맞힐 때 이 부분이 거의 동시에 땅을 맞혀야 한다. 클럽 페이스의 날 부분이 먼저 땅에 맞는 게 아니라면 뒤땅은 걱정하지 않아도 된

097

다. 날 부분이 땅에 맞으면 깊게 파고 들어가서 공이 아주 짧게 나가는 미스 샷이 나온다. 반면 바운스가 땅에 맞으면 클럽페이스의 스위트스폿이 공을 때리면서 가벼운 소리와 손맛과 함께 정말 좋은 칩샷을 하게 된다.

칩샷 클립보드 드릴 셋업 정면

칩샷 클립보드 드릴 백스윙 정면

칩샷 클립보드 드릴 피니시 정면

클립보드를 이용한 바운스 연습법

클립보드를 땅에 두고 바운스 부분을 튕겨보자. 처음엔 아주 낯선 느낌일 것이다. 그래도 날이 보드에 맞았을 때와 바운스가 보드에 맞았을 때의 느낌이 확연하게 다를 것이다. 이 느낌을 기억하며 반복해서 연습하자. 그러면 칩샷을 할 때 과감하게 바운스를 땅에 가격할 수 있게 된다.

바운스는 땅이 심하게 젖은 상태가 아니라면 날이 땅에 찍혀서 박히는 것처럼 파고들지 않는다. 땅을 가격했을 때 헤드가 쉽게 튕겨 나오고 폴로스루를 올바르게 할 수 있도록 디자인돼 있기 때문이다. 바운스가 어느 정도 익숙해지면 홀드오프 두 종류를 만들 수 있도록 연습해보자. 러닝 칩샷엔 핸드퍼스트, 백스핀 칩샷에는 스쿠핑을 넣고 홀드오프를 한다.

먼저 스쿠핑을 느끼기 위해 그립 끝부분을 배꼽에 붙인다. 팔은 쭉 펴서 그립이 아닌 샤프트를 잡는다. 그대로 칩샷 스윙을 하면서 되도록 배꼽에서 그립이 떨어지지 않게 한다. 릴리스가 덮이지 않고 타깃을 바라본 후 하늘을 보는 것, 바로 스쿠핑을 해보자. 손목이 접히는 느낌도 날 것이다. 이때 왼손의 등과 오른손의 바닥 모두 하늘을 향하는 것이 맞다. 이제 원래대로 클럽을 잡고 스윙을 한다. 배꼽과 그립이 붙어 있다고 생각하며 칩샷 스윙을 만든다.

이제 러닝 칩샷에 적용하는 핸드퍼스트를 연습해보자. 앞서 스쿠핑 연습과 마찬가지로 손으로 샤프트 부분을 잡고 그립 끝은 왼쪽 골반뼈 옆에 둔다. 이 앵글을 유지한 채로 홀드오프 연습을 하자. 날 부분을 보드에 맞추는 느낌으로 손을 끌고 나간다. 손은 배꼽에서 멀어지는 느낌이 나고, 그립 끝 역시 왼쪽 골반뼈에서 멀어지는 느낌이 날 것이다. 이 동작을 반복해서 익숙해지면 원래대로 그립을 잡고 보드 위에서 홀드 오프 연습을 하자.

──────────── 이제 두 가지 모두 공을 치며 익히자. 먼저 스쿠핑은 바운스가 땅에 맞고 거의 동시에 클럽페이스가 공을 때린다는 생각으로 과감하게 바운스를 땅에 떨어뜨린다. 손이 아니라 오른쪽 등을 이용한 체중이동으로 클럽헤드에 운동에너지를 만들어줘야 한다. 손힘을 빼고 오른쪽 등이 잘 밀어주는 것이 핵심이다.

──────────── 핸드퍼스트도 공을 맞히며 해보자. 그립 끝부분이 골반뼈를 지나 배꼽 쪽으로 오면 안 된다는 사실을 기억하면서 손과 그립 끝이 배꼽에서 멀어지도록 헤드와 함께 밀어준다. 때리는 느낌보다 푸시하는 느낌이 강할 것이다.

칩샷 피니시 정면

러닝 칩샷 피니시 측면

프로와 아마추어, 어떻게 다를까

SECTION ③ | Pitching/Chipping | TRAINING

그립
그립을 짧게 거의 샤프트까지 잡는다.

체중
셋업 때 체중을 왼발에 60~70% 정도 실어주고 백스윙 때도 그대로 유지한다.

스탠스
스탠스는 아주 넓게 잡는다. 플롭샷은 클럽페이스가 많이 열린 상태에서 치기 때문에 비거리가 아주 짧다.

공의 위치
볼 포지션은 스탠스 중앙보다는 왼쪽에 둔다.

플롭샷 셋업 정면

프로와 아마추어의 칩샷 스타일은 꽤 여러 면에서 다르다. 우선 프로들은 웨지 바닥에 있는 바운스를 자유자재로 활용한다. 그린 주변에서 라이와 필요한 샷에 따라 실수 없이 척척 칩샷을 핀에 붙이는 비결이다. 두 번째는 손과 몸의 사용이다. 아마추어들은 칩샷 스윙이 작아지면서 대부분 손을 사용한다. 그 때문에 공의 타점이 불규칙해 토핑(Topping), 뒤땅 실수가 잦다. 반면 투어 선수들은 작은 샷이라도 손보다 몸을 사용한다. 플롭샷처럼 손을 많이 사용해야 하는 경우에도 다운스윙을 할 때 몸이 멈추지 않는다. 몸이 멈춰 버리면 손만 사용하게 되고, 엄청난 미스샷이 발생하는 것을 알기 때문이다.

TRAINING 4

프로의 연습 1순위, 칩샷

2021년 PGA 투어 CJ Cup은 코로나19로 인해 한국이 아니라 미국 라스베이거스에서 열렸다. 초청을 받아 현장에 갔는데, 내가 머문 행사장은 치핑 그린 바로 옆이었다. 하루 종일 투어 선수들의 칩샷을 구경할 수 있는 멋진 기회였다.

프로들의 연습 패턴은 뚜렷했다. 일단 연습량이 압도적이었고 샷의 비율도 흥미로웠다. 다들 일반 칩샷 테크닉으로 연습을 시작했다. 기본 테크닉으로 거리를 달리해서 쳤다. 그러고는 각종 백스핀 샷을 연습한 뒤 플롭샷, 벙커샷을 연습하는 모습을 볼 수 있었다. 조금씩 차이는 있었지만 일반 칩샷, 백스핀 칩샷, 플롭샷, 벙커샷 순으로 약 30:30:30:10 비율로 연습하는 패턴이 흥미로웠다.

사실 시합장에서 선수들이 가장 많은 시간을 할애하는 건 그린 주위의 칩샷이다. 코스마다 잔디도 다르고, 땅 종류도 다르며, 지역마다 그린 주변 환경도 다르다. 가장 먼저 적응해야 하는 것이 칩샷이니 대회 중에도 많은 연습 시간을 투자하는 건 당연하다.

반면 아마추어들은 쇼트 게임 연습량이 절대적으로 적다. 주로 풀스윙 연습에 집중한다. 환경이 열악한 탓도 있지만 연습할 공간이 있다 하더라도 연습 필요성을 크게 느끼지 못한다. 하지만 칩샷은 섬세한 터치와 컨트롤이 필요하고 연습량으로만 만들 수 있다. 미국에서도 쇼트 게임을 연습할 수 있는 골프장은 많지 않다. 그러니 한국에는 더 적을 것이라는 생각이 든다. 그럼에도 칩샷 연습은 꼭 필요하고, 연습량만큼 좋아진다는 점을 꼭 기억해주면 좋겠다.

칩샷 백스윙 측면

칩샷 셋업 측면

칩샷 피니시 측면

▪ 프로의 샷, 플롭샷

플롭샷 임팩트 측면

플롭샷 포스트 임팩트 측면

플롭샷 피니시 측면

프로들이 구사하는 칩샷의 대표적 이미지는 플롭샷이다. 플롭샷이란 백스핀을 크게 주어 공을 최대한 띄우고, 가능한 한 그린에 떨어지자마자 바로 설 수 있도록 해주는 샷이다. 약 27m 이내에서만 사용한다. 로브샷이라고도 부르는 데서도 알 수 있듯 로브웨지를 사용한다.

플롭샷은 보통 쇼트 사이드 상황에서 사용한다. 그린 에지에서 홀까지 그린의 공간이 적을 때 이를 쇼트 사이드라고 한다. 그린 사이드 벙커를 넘겨서 핀을 공략해야 하는 경우가 대표적이다.

아마추어들이 TV로 경기를 볼 때 프로들은 항상 플롭샷을 하는 것처럼 보이겠지만 실제로는 그렇지 않다. 프로들이 칩샷을 할 때 아마추어 골퍼보다 백스핀이 더 많이 걸리는 것은 사실이지만 프로는 가능한 한 플롭샷을 피하려고 한다. 성공 확률이 일반 칩샷에 비해 많이 떨어지기 때문이다. 스코어 한 타 한 타로 순위가 결정되는 프로 세계에서는 한두 번의 칩샷 실수는 너무나 치명적이다.

플롭샷을 대신해 사용할 수 있는 백스핀 샷의 종류는 생각보다 훨씬 다양하다. 예를 들어 핀에서 약 13m 떨어져 있는 상황을 생각해보자. 공은 러프 안에 있고, 라이는 나쁘지 않다. 공이 떨어지고 많이 달아나지 않을 라이다. 그린 에지에서 홀까지 거리는 8~9m로 넉넉하다. 이때 할 수 있는 칩샷 옵션은 샌드나 로브웨지로 플롭샷, 백스핀을 조금 더 넣어주는 칩샷, 보통 칩샷, 우드나 하이브리드로 하는 칩샷, 퍼팅으로 하는 텍사스 칩샷 다섯 가지가 될 것이다.

나라면 이 중 보통 칩샷을 선택할 것이다. 가장 안전하게 홀에 붙일 수 있는 샷이기 때문이다. 우드나 하이브리드로 하는 칩샷, 퍼팅으로 하는 텍사스 칩샷을 하기엔 러프가 너무 길고 그린의 여유가 넉넉지 않아 자칫 러프에 걸려 낭패를 보거나 너무 길어서 홀을 지나쳐버릴 수 있다. 프로들 역시 일반 칩샷이 가능한 상황이라면 플롭샷을 최대한 피하는 것을 많이 볼 수 있다.

100타 깨기가 목표인 골퍼에게 플롭샷은 필수는 아니다. 하지만 실력이 좋아지면서 익혀야 하므로 지금부터 알아두면 좋다. 난감한 쇼트 사이드 상황에 처했을 때 시도라도 해볼 수 있을 것이다. 플롭샷

연습 비율	30	:	30	:	30	:	10
	프로들의 일반 칩샷		백스핀 칩샷		플롭샷		벙커샷

에는 주로 로브웨지를 사용하지만, 초보들에게는 굳이 필요하지 않은 클럽이다. 샌드웨지로 테크닉을 익혀도 충분하니 로브웨지는 100타를 깬 뒤에 구입하는 것도 방법이다.

플롭샷은 높게 뜨고 빠르게 서는 장점이 있지만 미스샷이 쉽게 나오는 단점이 있다. 가장 흔히 볼 수 있는 플롭 미스샷은 스컬샷, 즉 홈런볼 또는 심한 토핑이다. 지나치게 열린 클럽페이스가 공 뒤에 제대로 떨어지지 못하고 날 부분이 공을 가격하면서 심한 토핑이 나오는 것이다. 낮은 구질로 거리는 꽤 많이 나오며 그린을 넘어간다. 반대로 뒤땅이 나오는 경우도 있다. 홈런 샷을 피하려고 클럽헤드를 손으로 내리쳤다가 나오는 것이다. 이런 미스샷을 줄이기 위해서는 일단 셋업을 제대로 잡아야 한다.

> **플롭샷의 클럽페이스**
> Point Lesson
>
> 많은 스핀양을 원하면 2시, 미스샷 위험을 피하고 싶다면 1시로 열 것

에이미 프로 Tip

플롭샷, 도전해보세요!

플롭샷 셋업

① **그립** —— 그립을 짧게 잡는다. 거의 샤프트까지 잡는다.

② **체중** —— 셋업 때 체중을 왼발에 60~70% 정도 실어주고 백스윙 때도 그대로 유지한다. 체중이 왼발에 실리면 다운스윙 때 클럽헤드가 가파른 어택 앵글을 만들면서 깔끔한 볼 콘택트를 만든다.

③ **스탠스** —— 스탠스는 아주 넓게 잡는다. 플롭샷은 클럽페이스가 많이 열린 상태에서 치기 때문에 비거리가 아주 짧다. 이 때문에 거의 풀스윙을 해야 겨우 18~27m 정도 나갈 수 있다. 풀스윙, 그리고 빠른 스피드를 내야 하는 샷이므로 하체가 흔들리지 않도록 스탠스를 넓고 단단하고 낮게 잡아줘야 한다.

④ **공의 위치** —— 볼 포지션은 스탠스 중앙보다는 왼쪽에 둔다. 스핀을 많이 주려면 스탠스 왼쪽에 공을 두자. 이 경우 실수할 확률이 높다는 점도 기억하자. 스핀양을 조금 양보하더라도 안전한 샷을 원한다면 왼발 뒤꿈치 안쪽과 스탠스 중앙 사이에 공을 두자. 플롭샷을 하되 더 왼발 쪽에 공을 두는 것보다는 스핀양과 위험성이 적다.

⑤ **클럽페이스** —— 일반 칩샷은 클럽페이스를 스퀘어로 셋업한다. 하지만 플롭샷은 많이 열어둔다. 이것도 볼 포지션과 마찬가지로 많은 스핀양을 원하면 2시 정도로 연다. 다만 토핑이나 뒤땅의 위험성이 있고, 거리 조절이 쉽지 않다는 점은 감수해야 한다. 반대로 적당한 스핀양을 원하고 심한 미스샷 위험은 피하고 싶다면 1시 정도로 연다.

플롭샷을 할 때 클럽페이스를 열면 클럽헤드 바닥인 솔 부분이 돌아가고, 클럽헤드의 날 부분이 클럽페이스가 스퀘어할 때보다 땅에서 더 높게 뜬다. 이 때문에 바운스 면적이 얕아진다. 바운스는 웨지로 땅을 힘껏 내리쳐도 클럽헤드를 속도감 있게 팔로스루할 수 있도록 도와주는 역할을 한다. 하지만 클럽페이스를 과하게 열면 바운스 각도가 얕아진다. 그래서 폴로스루 때 클럽헤드 스피드가 떨어질 수 있고, 페이스 자체가 공 밑으로 쑥 지나가면서 뒤땅 또는 너무 짧게 가는 미스가 나올 수 있다. 또한 날이 더 뜨게 되면서 바운스를 잘 사용하지 않을 경우 날로 공을 가격하는 토핑샷이 나올 수 있다. 원래 바운스 역할을 다하지 못할 수 있으므로 샷이 좀 더 까다로워진다.

클럽페이스가 열리면 거리가 짧아지므로 스윙이 커져야 거리를 좀 더 확보할 수 있다. 약 18~27m를 보내고 싶다면 거의 풀스윙을 만들어줘야 한다. 스윙 크기는 스윙 스피드와 직결된다. 많은 백스핀을 만들고 싶다면 스윙을 빠르게 해야 하고, 그러면 더 짧게 나간다. 빠른 스피드로 스윙할 때 스윙을 더욱 크게 한다는 것을 기억하자. 반면에 빠른 스피드로 스윙하면 클럽페이스 컨트롤이 그만큼 떨어지고 거리 조절이 쉽지 않다. 자칫하면 그린 앞에 있는 벙커나 러프를 채 넘기지 못하고 트러블에 빠지는 실수가 나오기도 한다. 거리 조절을 더 잘하고 싶다면 백스핀을 조금 포기하는 것도 현명한 방법이다.

스윙 메커니즘은 스윙 크기와 상관없이 무조건 일반 칩샷과 같이 몸으로 스윙을 만들어야 한다. 다만 미들아이언이나 롱아이언에 비해 웨지는 클럽의 길이가 짧기 때문에 상하체 분리가 많이 나지 않는다. 그래서 웨지는 스윙이 커져도 하체와 상체가 함께 회전한다는 느낌이 나는 것이 맞다.

오르막 내리막 두렵지 않다

그립
그립을 짧게 잡으면 클럽헤드를 컨트롤하기가 수월하므로 쇼트 게임을 할 때에는 특히 짧게 잡는 것이 유리하다.

체중
체중은 왼발에 60~70% 정도 싣는다. 경사가 심할수록 체중을 왼발에 더 많이 실어야 한다.

공의 위치
스탠스 중앙 또는 중앙에서 왼쪽으로 둔다.

스탠스
양발 엄지 사이에 주먹 하나가 들어갈 정도로 잡아준다. 경사가 심하다면 더 좁게 서도 좋다.

왼발이 높은 칩샷 셋업 정면

연습장과 달리 필드는 경사진 곳이 많다. 평평한 라이는 한 군데도 없다고 해도 과언이 아니다. 초보들이 필드에 나가서 공을 아예 맞추지도 못하는 이유는 경사 때문이기도 하다. 쇼트 게임에서도 예외는 아니다. 스윙이 작은데 큰 경사가 어려움이 될까 의아하게 여길 수도 있지만, 오히려 더 치명적일 수 있다. 칩샷은 풀스윙에 비해 스윙이 작고, 스윙 스피드나 골반 스피드가 훨씬 느리다. 그래서 스윙 도중 실수가 나와도 만회하지 못하는 경우가 많다. 경사 칩샷 역시 셋업이 90%를 차지한다. 셋업만 올바르게 잡아도 트러블 라이의 샷을 모두 잘 칠 수 있다. 미스샷이 나오더라도 셋업이 좋다면 큰 실수는 피할 수 있다.

TRAINING 5

왼발이 높은 오르막, 그립은 느슨하게

우선 오르막 라이의 칩샷부터 살펴보자. 왼발 위치가 높을 경우, 칩샷을 할 때 어깨를 경사에 매칭해야 하는지, 스탠스와 볼 포지션은 어떻게 해야 하는지 많은 사람이 당황한다. 해법은 아주 간단하다. 약 14m 거리의 일반 칩샷과 같은 거리라고 가정할 경우, 셋업의 모든 것이 일반 칩샷과 거의 같다.

왼발이 높은 칩샷 셋업 측면

왼발이 높은 칩샷 백스윙 측면

왼발이 높은 칩샷 피니시 측면

① **스탠스** ─── 스탠스는 좁게 선다. 양발 엄지 사이에 주먹 하나가 들어갈 정도로 잡아준다. 경사가 심하다면 더 좁게 서도 좋다. 왼발이 높을 경우 백스윙 때 체중이 조금이라도 오른쪽으로 이동하면 다운스윙 시 클럽헤드가 공으로 채 돌아오지 못하게 되므로 뒤땅 또는 톱볼이 발생한다. 백스윙 때 체중이 오른쪽으로 넘어가지 않도록 하기 위해서는 스탠스를 좁게 서야 한다.

② **그립** ─── 그립은 짧게 잡는다. 그립을 짧게 잡으면 클럽헤드를 컨트롤하기가 수월하므로 쇼트 게임을 할 때에는 특히 짧게 잡는 것이 유리하다.

③ **체중** ─── 체중은 왼발에 60~70% 정도 싣는다. 경사가 심할수록 체중을 왼발에 더 많이 실어야 한다. 가파른 경사 때문에 백스윙 때 중력이 오른쪽으로 끌어당기거나 실수로 체중이 오른쪽으로 이동하는 걸 막기 위해서다.

④ **공의 위치** ─── 볼 포지션은 스탠스 중앙 또는 중앙에서 왼쪽으로 둔다. 셋업 때 왼쪽에 체중을 더 두면 다운스윙에서 클럽헤드가 떨어지는 최저점이 바로 스탠스 중

앙 또는 조금 왼쪽이기 때문이다. 헤드가 자연스럽게 떨어지는 지점에 클럽을 셋업해야 일정하게 정타로 맞을 확률이 높다.

⑤ **백스윙** ──────── 오르막 경사 때문에 공은 조금 더 높이 뜰 수 있고 그만큼 짧게 나간다. 그래서 왼발이 높은 경우 백스윙을 더 크게 해주면 좋다. 2~3m 정도 더 해준다고 생각하자.

⑥ **어깨** ──────── 이때 경사와 어깨를 평행으로 맞춰야 하는지 묻는 사람이 많다. 여러 의견이 있지만 프로들은 굳이 맞추지 않는다. 왼발이 높은 상황에서 경사와 어깨를 나란히 하면 셋업이 기울어 백스윙 때 오른쪽으로 체중이 밀릴 수 있기 때문이다. 그러면 클럽헤드가 공으로 돌아오는 지점이 일정하지 못하고, 손으로 몸을 당겨 돌아오려는 실수도 하기 시작한다. 다들 알다시피 손으로 몸을 당겨서 다운스윙을 하기 시작하면 포스트 임팩트 포지션에서 양팔과 어깨가 만드는 삼각형이 심하게 찌그러진다. 페이스 날로 맞는 토핑이나 공 뒤에 먼저 맞는 뒤땅이 나오는 것도 이런 이유에서다. 그러므로 왼발이 높은 칩샷을 할 때는 어깨를 땅의 경사와 평행으로 맞추지 않는다.

다만 예외는 있다. 아주 심한 오르막일 경우 친 공이 경사를 넘기지 못할 수 있다. 이때는 어깨를 지면과 평행으로 맞춰준다. 그러면 공이 날아가는 각도가 훨씬 높기 때문에 아주 심한 오르막도 거뜬히 넘길 수 있다.

⑦ **오르막 라이** ──────── 마지막으로 오르막 라이에서는 임팩트와 폴로스루를 주의해야 한다. 오르막 라이 때문에 잔디가 가끔 역결일 수도 있고, 그렇지 않다고 해도 임팩트 때 클럽의 날 부분이 땅을 가격하며 찍고 나서 쉽게 빠져나오지 못하기도 한다. 이럴 때 그립을 과하게 꽉 잡으면 잘 맞히더라도 공이 튀어나가며 예상보다 더 멀리 날아가버린다. 또 클럽을 땅에 박지 않으려고 억지로 피니시를 만든다면 손힘을 사용하게 되고, 클럽헤드가 임팩트 때 잘 떨어지지 못하고 퍼올리는 샷을 만들어 토핑이나 뒤땅이 나온다. 오르막 라이에서는 세 가지를 기억하자. ① 일반 칩샷처럼 무조건 몸을 사용해 체중을 왼쪽으로 싣고 공을 친다. ② 그립을 보통보다 살살 잡는다. 보통 그립 힘이 약 20%라면 오르막에선 10~15% 정도의 힘이라고 생각하면 좋다. ③ 피니시는 공에서 끝난다고 생각하자. 잔디 역결이나 경사가 심하지 않다면 클럽헤드는 자연적으로 피니시가 나올 것이다. 하지만 잔디 역결이나 오르막이 심할 경우 클럽이 피니시 없이 임팩트 구간에서 멈추어도 괜찮다.

공이 발보다 높은 오르막 대응법

──────── 똑같은 오르막이라도 왼발이 아니라 공이 발보다 높은 경우에는 다른 테크닉이 적용된다. 공 위치가 발보다 높은 경우 공이 왼쪽으로 휠 확률이 높다. 그래서 반드시 홀드오프를 해줘야 한다.

① **그립** ──────── 그립은 샤프트 시작 직전까지 최대한 짧게 잡자. 공 위치가 발보다 꽤 높다면 스탠스를 좁게 서고, 무릎을 최대한 적게 구부린다. 이는 공과 발의 경사 차이를 최대한 줄이기 위해서다. 하지만 경사가 심하지 않을 경우 넓게 서는 것이 하체를 안정적으로 만드는 데 더 도움이 된다. 경사의 정도에 따라 잘 판단하자.

공이 높은 칩샷 셋업 정면　　　　공이 높은 칩샷 백스윙 정면　　　　공이 높은 칩샷 피니시 정면

② 볼 포지션 ──── 스탠스 중앙 또는 오른쪽에 둔다. 발보다 높은 위치에 있는 공은 맞히기 쉽지 않기 때문에 오른쪽에 두고 최대한 몸을 적게 사용한다. 또 다운스윙 구간 중 일찍 공을 맞힐 수 있도록 셋업을 해주면 가장 깔끔하게 타점이 나온다.

③ 중심 ──── 일반 칩샷처럼 왼발에 55~60% 정도 놓고 백스윙 때도 이 힘을 유지한다. 특히 공을 맞히기 까다롭기 때문에 왼발에 체중을 유지하면 훨씬 더 일정한 최저점을 만들게 되고 심하게 공 뒤를 맞히는 뒤땅 실수는 피할 수 있다.

④ 공이 발보다 높은 경우 ──── 공이 왼쪽으로 휠 수 있기 때문에 에임(Aim)을 타깃보다 오른쪽으로 잡아준다. 경사에 따라 다르지만 1~2m 정도가 적당하다.

⑤ 경사 ──── 릴리스 대신 홀드오프를 해주는 것이 핵심이다. 공 위치가 발보다 높은 경사에서는 자칫하면 공이 왼쪽으로 휠 수 있다. 그래서 일반 칩샷을 할 때처럼 클럽페이스가 하늘을 보게 릴리스하면 안 된다. 러닝 칩샷에서처럼 핸드퍼스트 홀드오프로 릴리스해야 한다. 공이 왼쪽으로 갈 확률을 아예 없애버리는 것이다. 경사 때문에 페이스가 자연스럽게 왼쪽으로 휠 가능성이 높아지기 때문이다. 이때 중앙 또는 오른쪽에 둔 볼 포지션이 핸드퍼스트 홀드오프를 더 잘할 수 있게 도와준다.

왼발이 낮은 내리막에선 넓은 스탠스

왼발이 낮은 칩샷 셋업 정면　　　　왼발이 낮은 칩샷 백스윙 정면　　　　왼발이 낮은 칩샷 피니시 정면

──── 내리막 라이 역시 마찬가지로 왼발이 낮은 경우와 공이 발보다 낮은 경우의 샷 방법이 달라진다. 왼발이 낮은 내리막에서의 칩샷은 가장 까다롭다. 토핑 미스가 가장 흔하게 나온다. 하지만 내가 가장 좋아하는 샷이기도 하다. 셋업만 잘하면 해볼 만하고, 모두 어려워하는 상황이

라 더 돋보일 수 있기 때문이다.

① **그립** ——— 다른 칩샷과 같이 짧게 잡자.

② **스탠스** ——— 넓게 선다. 왼발 위치가 낮은 내리막에서는 밸런스가 매우 중요하다. 또한 경사의 방향 덕분에 백스윙 때 오른쪽으로 체중이 잘못 들어가는 일이 거의 없다. 스탠스를 넓게 서서 안정감을 확보한다.

③ **오픈스탠스** ——— 5~10도 정도 열어주는 오픈스탠스를 취하자. 이때 발만 돌리지 말고 몸 전체가 같은 방향을 향해 있어야 한다. 중심도 60~70% 정도 왼발에 싣고 백스윙 내내 유지한다.

④ **볼 포지션** ——— 경사가 가파를수록 오른쪽으로 놓는다. 예를 들어 약 5%로 많이 가파르지 않다면 볼 포지션을 중앙에서 볼 하나만큼 오른쪽에 놓자.

⑤ **어깨** ——— 특별히 어깨를 땅과 평행으로 맞춘다. 이렇게 해야 왼발에 체중을 쉽게 싣고 유지할 수 있다. 왼발이 낮은 내리막은 공 뒤의 땅이 높다. 어깨를 땅과 수평으로 맞춤으로써 어택 앵글이 땅과 비례해 가팔라지고 뒤땅이나 토핑 미스를 줄일 수 있다.

⑥ **왼발** ——— 왼발 위치가 낮은 내리막에서는 웨지의 클럽페이스 각도가 더 서게 된다. 예를 들어 58도 로브웨지로 쳤을 때 내리막 경사 때문에 페이스 각도가 54도 웨지 정도로 설 수 있다는 것이다. 그러면 공이 그만큼 낮게 뜨고, 공이 떨어진 후엔 멀리 굴러간다. 여기에다 내리막 경사도 감안해 떨어질 지점을 골라야 한다. 이런 경우에 나는 58도 로브웨지로 보통 3분의 2 정도를 떨어뜨리고 나머지 3분의 1을 굴러가게 한다. 하지만 왼발이 낮은 내리막에선, 경우마다 다르겠지만 평균적으로 보면 1/4~1/5 정도를 떨어뜨리고 나머지를 굴러나가도록 계산한다.

——— 그리고 이 샷에서는 특히 몸으로 치는 것이 중요하다. 칩샷을 할 때 팔이 아니라 몸을 쓰라고 하면 이해하기가 쉽지 않다. 내리막 라이고 캐리를 크게 하지 않아도 될 때 쉽게 사용할 수 있는 드릴이 있다. 바로 퍼팅 스트로크처럼 하는 것이다. 셋업을 취하면 양팔이 삼각형을 이룬다. 이 삼각형을 최대한 유지한 상태로 칩샷을 한다. 칩샷 길이가 길어지면 스윙이 커지기 때문에 하프스윙 지점 이후 삼각형 모양이 변할 수밖에 없다. 그래서 이 드릴은 작은 스윙에 적용하는 것이 좋다. 삼각형을 유지한 채 백스윙, 다운스윙을 만들 때 한 가지 주의해야 할 점은 이 삼각형을 팔 힘으로 흔드는 것이 아니라는 것이다. 어깨, 등, 복근으로 삼각형을 움직여준다. 이때 골반이나 머리가 흔들려서는 안 된다.

▋ 공이 발보다 아래에 있는 내리막

——— 마지막으로 공 위치가 발보다 낮은 내리막에서 칠 때에 대해 알아보자. 여기서는 토핑이 자주 나온다. 공이 발보다 낮은 위치에 있기 때문에 칩샷 내내 낮은 자세를 유지하기 힘들기 때문이다. 자세가 조금이라도 높아진다면 공의 윗부분을 맞히게 된다.

공이 낮은 칩샷 셋업 측면

공이 낮은 칩샷 백스윙 측면

공이 낮은 칩샷 피니시 측면

① **그립** ─── 경사가 심할수록 풀스윙 그립에 가깝게 잡는다. 실수로 셋업 앵글이 조금 일어나더라도 심한 토핑은 피할 수 있다.

② **넓은 스탠스** ─── 스탠스는 넓게 잡아야 낮은 자세를 더 잘 유지할 수 있다. 체중은 왼발에 60% 정도 넣고, 백스윙 때 이를 유지하는 것은 다른 샷들과 같다. 체중을 왼발에 싣는 것은 거의 모든 쇼트 게임에 적용된다고 기억하면 좋다.

③ **오픈스탠스** ─── 체중을 왼발에 싣는 것과 몸을 오픈해서 셋업을 취하는 것은 골반 회전을 적게 쓰는 칩샷이나 피칭샷에서 정타를 맞추는 데 아주 큰 역할을 한다.

④ **볼 포지션** ─── 스탠스 중앙 또는 중앙보다 오른쪽에 놓는 것이 공을 맞히기 수월하다.

⑤ **무릎** ─── 아무래도 공 위치가 발보다 낮기 때문에 셋업을 잡을 때 무릎이 더 많이 구부려진다. 이때 상체도 같이 숙여주면 스윙하는 동안 밸런스 잡기가 수월하다. 이 낮은 자세는 스윙 내내 유지하도록 하자.

⑥ **공** ─── 이때 경사 때문에 공이 오른쪽으로 미스가 날 수 있다. 그래서 셋업을 할 때 오픈스탠스에 더해 에이밍도 타깃보다 왼쪽으로 잡아주자. 오른쪽으로 나갈 공을 계산해서 에이밍을 바꿔주는 것이다.

⑦ **경사** ─── 임팩트 때 클럽헤드의 힐 부분이 땅에 맞을 수 있다는 점을 기억하자. 힐이 땅에 맞으면 클럽페이스가 틀어질 수 있지만 당황할 필요는 없다. 그립을 좀 더 잡아주며 조절할 수도 있다.

─── 경사가 어느 쪽으로 기울어 있든 항상 셋업 때 체중을 왼발에 싣고 백스윙 때 이를 유지하는 것, 그리고 오픈스탠스를 잡는 것은 지키도록 하자. 나머지 디테일을 완벽하게 기억하지 못하더라도 이 두 가지만 지켜도 훨씬 좋은 칩샷을 만들 수 있다.

피칭이란?
웨지로 만드는 샷 중 칩샷은 그린 주위에서 하는 아주 짧은 샷이다. 피칭을 약 27~36m 에서부터 시작한다고 한다. 이 정도 되면, 웨지와 샷에 따라 다르지만 하프스윙 정도도 만들게 되기 때문이다.

하프스윙
피칭을 하프스윙 정도로 하게 되면 칩샷과 매우 비슷하다. 다만 스탠스와 볼 포지션은 달라질 수 있다. 피칭은 스윙 사이즈로는 칩샷과 풀스윙의 중간 정도라고 할 수 있다.

스탠스
스탠스도 칩샷보다는 넓게, 하지만 풀스윙 스탠스보다는 좁게 해야 한다. 양발 엄지 사이에 주먹 2개가 들어가는 정도다. 스탠스가 넓어졌기 때문에 체중이 왼발에 약 55% 정도만 들어가는 것이 좋다.

볼
볼 포지션도 중앙에서 볼 반 개 만큼 왼쪽으로, 칩샷보다는 중앙에서 덜 벗어난다.

위기를 탈출하는 토 칩샷

SECTION ③ | Pitching/Chipping | TRAINING

그립
샤프트가 거의 직각처럼 잡히면 그립을 잡을 때 조금 불편할 수 있다. 그립을 짧게 잡고 아주 가까이 선다.

체중
체중은 왼발에 약 60% 정도 싣고 백스윙 때까지 유지한다. 어택 앵글이 가팔라야 한다면 볼을 스탠스 오른쪽에 두고 체중을 왼쪽에 조금 더 실어주자.

토(Toe)&공
토 부분에 공을 셋업한다. 맞힐 곳에 미리 셋업을 잡는다.

트러블 칩샷 셋업 정면

칩샷에서 투어 프로가 아마추어와 가장 많이 다른 점은 트러블 상황 대처법이다. 그린 주변은 아무래도 야외이다 보니 돌발 변수가 무수히 많다. 앞 팀의 골퍼가 만든 디보트에 공이 걸린다든지, 땅이 완벽하게 고르지 않은데 하필 움푹 파인 곳에 공이 앉아 있다든지, 그린 에지와 긴 러프가 만나는 경계선에 공이 걸리는 등 트러블 상황은 무궁무진하다.

TRAINING 6

프로들은 이런 상황에서 만회하는 능력과 노하우가 풍부하다. 예를 들면 프로들은 칩샷에서 땅이 젖어서 채가 박힐지, 아니면 땅이 단단하고 잔디가 짧아서 클럽헤드가 튕길지 정확하게 판단한다. 잔디 결만 봐도 어떤 종류의 잔디인지, 채가 이 잔디에선 어떻게 반응을 할지도 안다. 아마추어들이 전혀 알 수 없는 영역이다. 그만큼 경험도, 연습량도 극히 적기 때문이다.

트러블 칩샷 셋업 측면   트러블 칩샷 백스윙 측면   트러블 칩샷 피니시 측면

프로의 트러블 탈출 노하우, 토 칩샷

아마추어들이 프로 수준으로 실력을 업그레이드하긴 어렵다. 그래도 트러블 상황에서 칩샷을 잘할 수 있는 무기 하나쯤 갖고 있으면 아주 유용하다.

앞에서 말한 디보트 안, 움푹 파인 곳, 러프와 그린 에지 경계선에 공이 놓여 있을 때 한 가지 칩샷 테크닉으로 멋지게 탈출할 수 있다면 믿겠는가? 바로 토 칩샷이다. 클럽페이스에서 스위트스폿 바깥쪽 부분을 토, 샤프트가 있는 안쪽을 힐(Heel)이라고 부른다. 토 부분에 공을 맞히면 일단 클럽이 공으로 들어가는 면적이 작아진다. 그래서 쉽게 공을 콘택트할 수 없는 경우 아주 유용하게 사용할 수 있다.

생각해보자. 공이 디보트에 들어가 있는데 그 넓은 솔 부분으로 공을 맞힌다면 디보트 윗부분에 헤드가 걸려 토핑이 나올 것이다. 하지만 뾰족한 토 부분으로 다운스윙을 한다면 토가 아주 쉽게 공 밑부분까지 들어가 맞힐 수 있고 깔끔한 콘택트를 만들어낼 수 있다. 이런 트러블 상황에서는 공으로 들어가는 면적이 매우 중요하다.

또 토 부분은 스위트스폿이 아니기에 공을 맞혔을 때 힘을 받기 힘들다. 그래서 공이 스위트스폿에 맞았을 때보다 약하게 날아가고, 땅에 떨어졌을 때도 세게 구르지 않고 조금만 굴러나간다. 이런 트러블 상황에서 공이 컨트롤 없이 달아나지 않는다면 그보다 더 좋은 샷이 어디 있겠는가?

토 칩샷 역시 셋업이 중요하다. 토 부분에 공을 셋업한다. 맞힐 부분에 미리 셋업을 잡는 것이다. 이렇게 하면 샤프트가 거의 직각처럼 잡히고 그립을 잡을 때 조금 불편할 수 있다. 그립을 짧게 잡고 아주 가까이 선다. 스탠스는 아주 좁게, 체중은 왼발에 약 60% 정도 싣고 백스윙 때까지 유지한다. 어택 앵글이 가팔라야 한다면 볼을 스탠스 오른쪽에 두고 체중을 왼쪽에 조금 더 실어주자.

토 칩샷도 내리막 칩샷과 마찬가지로 퍼팅 스트로크처럼 양팔로 만든 삼각형을 사용해서 친다. 하지만 아무래도 토 부분에 맞추기 때문에 공이 그루브를 타지 못하고 백스핀이 걸리지 않는다는 단점이 있다. 하지만 트러블 상황에서는 백스핀이 없어도 감수하고 토 칩샷을 골라서 랜딩 스폿을 상황에 따라 잘 골라 치는 것이 중요하다. 단, 백스핀이 없기 때문에 공이 떨어진 후 구르기 시작하면 사이드스핀이 생기지 않고 아주 정석으로 굴러갈 것이다.

클럽페이스 컨트롤 따라 하기

프로들의 두 번째 칩샷 노하우는 자유자재로 클럽페이스를 컨트롤하는 것이다. 앞에서 플롭샷의 리스크가 크다고 설명했다. 그렇다면 프로들은 어떤 백스핀 샷을 할까. 바로 클럽페이스 각도를 바꾸는 것이다.

이 부분은 당연히 웨지를 바꾸거나 볼 포지션을 옮기는 것보다 훨씬 난도가 높고 많은 연습이 필요하다. 그래도 플롭샷에 비해서는 리스크가 훨씬 낮다. 그리고 플롭샷보다 적은 연습으로도 빨리 효과를 볼 수 있다. 샷의 일정한 정도가 높기 때문이다.

깃발에서 공까지 14m 정도 남은 상황을 생각해보자. 다만 공에서 에지 끝까지 약 9m, 그린 에지에서 홀까지는 약 5m인 상황이다. 그렇다면 적어도 3분의 2를 보내고 공이 많이 구르지 않도록 해야 한다. 내 경우에는 58도 로브웨지로 칩샷을 할 때 약 3분의 2 지점에 공을 떨어뜨리고, 나머지 3분의 1 정도가 굴러나가는 것으로 계산한다.

아마추어들은 보통 2분의 1을 랜딩 지점으로 정하고 친다. 자신이 샌드웨지로 칩샷을 할 때 어느 정도 랜드를 하고 얼마만큼 굴러가는지 연습을 통해서 알아보는 것이 좋다. 기준이 있으면 필드에서도 쉽게 적용할 수 있기 때문이다.

2분의 1 정도 보내는 것이 익숙하다 가정하고 기본 칩샷을 하는 것처럼 셋업해보자. 이때 클럽페이스를 스퀘어하게 두지 않고 조금만 열어주자. 약 12시 30분에서 1시 사이로 열자. 그러면 클럽페이스에 로프트 각도를 더하게 된다. 58도였던 웨지가 지금은 60도 정도 되는 셈이다. 그러면 더 많이 뜨고, 백스핀이 생겨 공이 착지 후에 더 잘 서게 된다.

이 경우 '58도 웨지 말고 60도 웨지를 가지고 다니면 되지 않으냐'고 할 수 있다. 그것은 개인의 선택이다. 나는 개인적으로 60도보다 58도를 선호한다. 58도로 웬만한 플롭샷은 다 가능하기 때문이다. 또 14개로 맞춰야 하는 클럽 구성상 웨지 수를 줄이다 보니 이렇게 셋업된 측면도 있다.

다만 US여자오픈에 출전할 때는 특별히 60도를 사용한다. 그러려면 최소 2개월은 60도 웨지를 강도 높게 훈련해야 한다. US여자오픈에서 웨지를 바꾸는 이유는 바로 그린 컨디션 때문이다. 그린이 빠르고 단단해서 여간해선 공이 잘 서지 않기 때문에 60도 웨지가 필수품이다.

58도 페이스를 열어서 60도 정도로 눕혀주면 공이 높게 뜨고 짧게 나가기 때문에 스윙을 보통보다 크게 해줘야 한다. 그러면 스탠스가 조금 넓어져야 한다. 커진 스윙의 하체 밸런스를 잘 잡아주기 위해서다. 또 페이스를 열면 그립을 주의해야 한다. 그립을 잡고 손을 앞으로 밀며 페이스를 여는 것이 아니다. 이렇게 하면 스윙을 하면서 손이 뉴트럴 포지션으로 돌아왔을 때 도로 58도 각도가 된다.

> **+ 완벽한 토 칩샷을 위한 셋업 CHECK POINT!**
>
> ☐ 공은 토 부분에 셋업한다.
> ☐ 그립은 짧게 잡고 아주 가까이 선다.
> ☐ 스탠스는 아주 좁게 선다.
> ☐ 체중은 왼발에 60% 정도 싣고 백스윙 때까지 유지한다.

스피닝 칩샷 셋업 정면   스피닝 칩샷 백스윙 정면   스피닝 칩샷 피니시 정면

12시 30분에서 1시로 페이스를 열어놓고 그립을 잡아야 한다. 그래야 뉴트럴그립일 때도 페이스가 60도 정도로 열리게 된다. 이렇게 셋업을 해줘야 스윙을 할 때 항상 클럽페이스가 60도를 유지하고 미스샷을 방지할 수 있다. 이때 틀어진 페이스 때문에 그루브가 대각선을 이루면서 공에 백스핀과 사이드스핀이 걸릴 수 있다. 그래서 공이 떨어진 후 오른쪽으로 튕겨나갈 수 있다는 점을 감안해야 한다.

아마추어와 프로의 차이는 매우 크다. 아마추어 레벨에서는 트러블샷과 백스핀을 조절하는 샷만 익혀도 아주 유용하게 사용할 수 있을 것이다.

영상으로 확인!

바운스를 활용해 프로처럼 치핑하기

멘털 케어 노하우

골프는 멘털 게임이라는 말이 있다. 멘털이 그만큼 큰 비중을 차지하기 때문이다. 멘털 게임은 어떻게 연습을 하고 준비하느냐가 많은 영향을 미친다. 골프는 워낙 예민한 게임이라 모든 사람을 혼란스럽게 만들기도 하지만, 몇 가지 노하우를 터득하면 멘털 게임을 준비하는 과정이 훨씬 수월해지기도 한다.

자신감은 연습에서 나온다

중학교 때 뉴질랜드 국가대표로 뽑혔다. 국가대표가 되고 가장 먼저 새 장비와 함께 전담 스윙 코치, 멘털 코치, 영양사, 골프 트레이너가 배치됐다. 정신과 의사와의 상담에 거부감이 적지 않던 시절이었지만, 열세 살 때부터 골프 트레이닝의 일부분으로 멘털 코치와 함께했다. 그리고 멘털에 도움이 되는 책도 열심히 읽었다. 그런데 항상 해결되지 않는 숙제가 있었다. 책에서도, 코치도 "나는 잘할 수 있다"라고 믿으라고 했다. 슬럼프가 왔을 때는 이 조언이 잘 이해되지 않았다.

선수 생활을 하면서 시합에서 이기면 자신감이 생겼고, 연달아 우승도 가능했다. 한번 톱에 오르자 많은 사람이 알아봤고 내 실력도 올라갔다. 상승의 선순환이 이어진 것이다. 반면 슬럼프 기간에는 우승은커녕 예선 통과도 어려웠다. 어디서도 자신감을 가질 근거가 없었다. 이런 패턴을 반복하며 멘털 코치와 상담을 이어갔지만 당시에는 도움이 안 된다고 생각했다.

선수 생활을 경험하고 나니 큰 깨달음이 생겼다. 어느 정도 자신감과 자존감은 필요하지만 그것은 연습량에서 나온다는 사실이다. 하늘을 우러러 한 점 부끄러움 없이 모든 것을 쏟아부어 연습하고 샷을 갈고닦았을 때는 항상 자신감이 넘쳐났다. 하지만 연습에 집중하지 못하거나 스스로에 대한 믿음 없이 연습량만 쌓았을 때는 영락없이 자신감이 떨어졌다. 무의식 중에도 내가 알차게 실력을 갈고닦지 않는다는 것을 느꼈고, 이는 실력에서도 여실히 드러났다. 나는 어릴 때부터 퍼팅에 자신 있었다. 데이브 펠츠 퍼팅 주니어 월드 대회에서 만 18세 이하 남녀를 통틀어 전체 우승을 한 적도 있다. 그것도 열세 살 때 고등학생들과 겨뤄 따낸 우승이었다. 퍼팅은 항상 잘했다. 퍼팅은 타고나는 것이라는 말이 납득이 갈 정도로 어릴 때부터 잘했지만, 사실 퍼팅 연습을 정말 많이 했다. 그런데 프로가 된 뒤 퍼팅 기록이 좋지 않은 해가 있었다. 주변에서 "요즘 퍼팅 연습을 소홀히 한다"라는 지적도 들었다.

그해 오프 시즌에는 석달 동안 매일 아침 8시부터 12시까지 퍼팅만 집중적으로 연습했다. 이듬해 미국 여자 2부 투어에서 한 주도 놓치지 않고 퍼팅 부문 1위를 차지했다. 연습량이 많으니 퍼팅만 하면 자신감이 넘쳤다. 공의 롤이 정말 좋았고 내가 자유자재로 컨트롤할 수 있었다. 그때 느낀 자신감은 지금도 생생하다.

선수를 은퇴하고 아마추어를 가르치면서 "입스가 왔다", "슬럼프가 왔다"라고 하는 분들을 종종 봤다. '그 정도 연습량이면 그 정도 실수는 당연한데'라는 생각이 들기도 했지만 꾹 참았다. 아마추어에게 프로의 연습량을 들이대며 비교하는 것은 합리적이지 않다. 그럼에도 연습량에서 자신감도 실력도 나온다는 것은 불변의 진리다.

연습의 질도 중요하다. 프리샷 루틴에서 소개한 것처럼 연습할 때에도 한 샷 한 샷, 마치 메이저 대회의 마지막 홀 샷인 것처럼 연습해보자. 샷마다 프리샷 루틴을 지키면서 긴장감을 더해 연습하면 실전에서 굉장한 도움이 된다는 것을 체감할 수 있다.

나쁜 기억은 지우개로 지우세요

연습량과 더불어 중요한 것이 '머릿속 지우개'다. 잭 니클라우스가 강연 도중 자신은 18번 홀에서 한 번도 3퍼트를 한 적이 없다고 했다. 이 말은 거짓으로 드러났다. 하지만 이 거짓말은 선수들이 멘털 케어를 위해 항상 좋은 기억만 남기고 나쁜 기억은 지운다는 사실을 보여준다. 나 역시 성격이 매우 꼼꼼하고 완벽주의 성향이 있어서 잘못된 부분에 대한 집착이 심했다. 이런 성향은 부정적 기억을 더 기억하며 골퍼에게 치명적 단점으로 작용했다. 연습을 더 열심히 하거나 스스로를 채찍질할 때는 필요하지만 자신감을 갖고 우승해야 하는 퍼포먼스를 내는 데에는 악영향을 미친다.

선수 생활을 하며 잘못한 샷과 부정적 생각을 반성한 후 무조건 머릿속에서 지우는 훈련을 반복했다. 좋은 일만 기억하고 나머지는 잊는 긍정적 성격이 이 훈련 덕분에 생겼다. 골프는 개인 스포츠지만 이런 마인드가 실력에도 중요하게 작용하기 때문에 많은 골프 선수가 비슷한 멘털 훈련을 한다. 엄청난 연습량과 믿음을 가지고 하는 연습, 그리고 머릿속 지우개가 멘털 게임의 핵심이다.

심한 토핑을 치면 놀란 가슴을 애써 진정시키고 다음 샷에 임한다. 운 좋게 그다음 샷이 나쁘지 않다면 진정하고 홀을 마무리한다. 그러나 혹시라도 두세 번 연달아 토핑 실수가 나온다면 부끄러운 상황과 최악의 스코어 앞에서 멘털이 심하게 흔들린다.

아마추어는 대부분 본업이 따로 있기 때문에 직업으로 골프를 치는 프로만큼 연습하는 것은 사실상 불가능하다. 그렇기에 아마추어는 자신이 할 수 있는 연습량과 범위를 파악해야 한다. 그 범주 안에서는 실수도 받아들이며 골프를 치는 것도 필요하다.

프로든 아마추어든 골퍼라면 모두 잘하고 싶어 한다. 하지만 잘하고 싶은 마음에 현실을 직시하지 못하고 높은 목표만 좇으면 스트레스만 받고 골프를 더 이상 즐겁게 칠 수 없게 된다. 멘털 게임에서는 최대한 현실적이고 긍정적인 자세를 갖는 것이 중요하다.

에이미 조의 멘털 훈련법

1. 레슨을 받는다. 바로 코치에게 찾아간다.
2. 테크닉을 잡은 후에는 부정적 생각을 할 겨를 없이 좋은 테크닉이 몸에 익도록 연습량으로 승부한다.
3. 어느 정도 익숙해지면 코스에 나가 실전과 흡사한 긴장감을 만들고 새로운 테크닉을 사용할 수 있도록 훈련한다.
4. 나쁜 기억을 연습으로 극복해 머릿속에서 지운다. 아주 뿌듯하고 자신감 넘치는 모습으로 코스로 돌아온다.
5. 코스에서 좋은 성과를 이루면 멘털 게임이 극복된다.

SECTION ④ Bunker Shot

Let's get Aimeefied — 에이미 따라잡기
벙커샷

에이미's Training Note

🏌 오늘의 자세	벙커샷	
⛳ 포인트	벙커샷은 '뒤땅'을 쳐야 굿 샷!	

> " 벙커가 너무 무서워요.

> " 공을 모래에서 퍼내는 방법 먼저 연습할까요?

> " 벙커샷의 스윙법은 뭔가 다른가요?

아마추어가 어느 부분에서 벙커샷을 어렵게 느끼는지 알고 있다. 나 역시 익숙해지기 전까지는 벙커샷이 제일 어려웠다. 고백하자면 나는 주니어 때 벙커샷을 못했다. 그러던 어느 날 아버지가 해주신 "클럽헤드를 공 뒤에 그냥 떨어뜨리면 돼"라는 조언이 트리거가 돼 마법처럼 벙커샷을 받아들였다. 내가 경험한 것을 '에이미화'해 벙커샷을 마스터할 수 있는 연습법을 알려주고자 한다.

간단히 생각하자. '백돌이'의 최우선 목표는 벙커에서 벗어나는 것. 바로 '탈출'이다. 정확한 거리를 보내 홀 옆에 붙이느냐 마느냐는 공을 모래에서 떠낼 줄 알고 난 다음에 생각할 문제다.

탈출을 위해선 딱 두 가지만 기억하면 된다. 첫 번째, 공 뒤 3~5cm의 공간을 노려라. 두 번째, 벙커샷도 아이언샷처럼 몸통을 이용해 스윙해라.

일반적으로 아이언샷은 헤드가 공을 먼저 때린 뒤 잔디에 닿아야 '굿 샷'이다. 벙커샷은 '뒤땅'을 쳐야 좋은 샷이다. 공 뒤 약 3~5cm 정도의 공간을 때려야 한다. 이는 아마추어가 가장 많이 헷갈려하는 부분이다. 헤드가 모래와 먼저 닿은 뒤 모래가 뜨는 힘이 공에 전달된다. 그 힘으로 공도 앞으로 날아가게 되는 것이다.

또 벙커샷이 드라이버나 아이언처럼 똑같은 '스윙'이라는 사실을 잊지 말아야 한다. 구력이 짧을수록 벙커에 들어가면 긴장해서 몸이 경직되고 팔을 많이 쓴다. 드라이버를 칠 때 팔 힘으로만 장타를 낼 수 없듯, 벙커샷도 팔로만 치면 좋은 결과를 얻을 수 없다. 몸통을 이용한 스윙으로 헤드 무게를 충분히 느끼면서 클럽을 떨어뜨려야 한다. 그래야 큰 힘을 들이지 않고도 무거운 모래 저항을 견디고 공에 힘을 실어줄 수 있다.

벙커샷 셋업

SECTION ④ | Bunker Shot | SET-UP

얼라인먼트
어깨부터 발끝까지 연결되는 얼라인먼트 역시 11시 방향으로 살짝 열려 있어야 한다.

무릎
무릎을 굽혀 전체적으로 낮은 자세를 유지해야 한다.

스탠스
스탠스를 더 넓게 선 다음 양발끝을 11시와 1시 방향으로 왔다 갔다 하면서 모래 속에 발을 묻는다.

체중
왼발에 체중을 55~60% 정도 싣는다.

벙커샷 셋업 정면

한번 빠지면 탈출하기가 개미지옥보다 어렵다는 벙커. 아마추어라면 벙커에 공이 빠지는 순간 불안에 휩싸여 멘털이 흔들리기 쉽다. 볼이 벙커에서 빠져나오지 못하면 언플레이어블 볼을 선언한 뒤 벌타를 받을 수도 있기 때문이다. 에이미화된 셋업으로 벙커 탈출을 기원해보자.

스탠스는 칩샷처럼 '오픈스탠스'

중계방송에 나오는 프로 선수들의 벙커샷을 유심히 봤다면 일종의 '공식'을 발견했을 것이다. 대부분 프로 선수는 칩샷에서와 달리, 스탠스를 더 넓게 선 다음 양발끝을 11시와 1시 방향으로 왔다 갔다 하면서 모래 속에 발을 묻는다. 스탠스는 칩샷할 때보다 발 하나 정도 간격으로 넓게 서면 된다. 어깨너비보다 조금 더 넓은, 하이브리드를 칠 때와 비슷한 간격이다. 모래 속에 발을 묻는 이유는 두 발을 고정하기 위해서다. 스탠스가 넓을수록 밸런스를 잡기 힘들기 때문에 꼭 필요한 작업이다.

또 무릎을 굽혀 전체적으로 낮은 자세를 유지해야 한다. 무릎을 굽히는 동작은 잡아놓은 밸런스를 고정하는 역할을 한다. 스윙하는 과정에서 다리가 아프다고 무릎을 펴면 미스샷이 날 확률이 높다. 연습 스윙을 할 때 다리가 불편하거나 일어서는 느낌이 든다면 자세를 고쳐 잡아야 한다.

스탠스는 칩샷처럼 오픈스탠스로 서야 한다. 대개 오픈스탠스를 '왼발을 열어 오른발보다 살짝 뒤에 두는 것'으로 아는 경우가 많은데, 이는 반은 맞고 반은 틀리다. 왼발을 5~10도 정도 오픈한 뒤 어깨부터 발끝까지 연결되는 얼라인먼트 역시 11시 방향으로 살짝 열려 있어야 한다. 볼과 목표점을 잇는 가상의 직선인 '비구선'이 오픈되어야 한다는 뜻이다. 체중은 왼발에 55~60% 정도 싣는다. 칩샷처럼 왼발에 있는 체중을 유지하며 백스윙을 한다. 왼발에 체중이 실린 채 백스윙을 하면 다운스윙 때 클럽 헤드가 가파르게 내려오게 되고 어택 앵글도 낮아지며 일정한 타점을 만들 수 있다.

백스윙에도 왼발의 체중을 유지할 것

벙커샷의 체중이동은 칩샷과 동일하다. 칩샷과 마찬가지로 백스윙할 때 체중을 오른발에 두면 미스샷이 나기 십상이다. 벙커샷에선 '히프 턴'이 충분히 이뤄질 시간과 다운스윙 때 중심 이동할 시간이 부족할 수 있다. 이 경우 팔에 나머지 체중이동을 만들려는 반사작용이 일어날 가능성이 높다. 결국 토핑샷이나 뒤땅을 치게 된다. 올바른 벙커샷을 위해선 백스윙 때도 왼발에 실린 55~60%의 체중을 유지해야 한다. 특히 모래가 깊

> ### 오픈스탠스의 정석
>
> 왼발을 약 10도 오픈한 뒤 어깨부터 발끝까지 연결되는 얼라인먼트를 11시 방향으로 살짝 연다. 볼과 목표점을 잇는 가상의 직선인 비구선을 오픈하는 것이다. 무릎은 굽혀 전체적으로 낮은 자세를 유지한다.

그린사이드 벙커에서 알아야 할 키포인트

벙커 셋업 정면　　　　　　　　　　　　　　　　　　　　　　벙커 백스윙 정면

을수록 체중을 유지하는 것이 더욱 중요하다.

──────── 체중이 왼발에 쏠려 있기 때문에 클럽헤드가 떨어지는 지점도 스탠스 중앙보다 왼쪽이다. 벙커샷을 할 때 스탠스 가운데에서 공 한두 개 간격 정도를 왼발 쪽에 둬야 하는 이유도 그래서다. 클럽헤드가 떨어지는 지점을 계산한 뒤 볼 포지션을 잡아주면 미스샷이 나더라도 실수 범위를 줄이고 나쁘지 않은 결과를 얻을 수 있을 것이다.

──────── 그립도 칩샷과 비슷하게 짧게 잡는다. 그립 고무 부분이 끝나는 지점까지 내려 잡을수록 무게가 가벼워지기 때문에 클럽헤드 컨트롤이 좋아진다. 벙커샷이 칩샷과 다른 점은 클럽페이스 각도다. 벙커샷을 할 땐 클럽페이스를 확실히 오픈해야 한다. 이는 클럽페이스의 날, 이른바 리딩에지가 모래에 먼저 들어가는 것을 방지하기 위해서다. 날이 먼저 모래에 들어가면 헤드가 모래 깊숙이 파묻혀 탈출하는 데 애를 먹는다. 모래 저항을 이겨내지 못해 결국 헤드 스피드가 줄어들면서 공에 충분히 힘을 전달하지 못한다. 대부분의 초보 골퍼가 벙커에서 탈출하는 것을 어려워하는 이유도 이처럼 대부분 날이 모래를 먼저 만나기 때문이다. 이는 각종 '악습관'으로 이어지기도 한다. 클럽헤드가 모래에 박히는 것을 방지하기 위해 폴로스루 동작에서 손힘을 이용해 퍼 올리려는 동작을 하거나 심한 토핑 미스를 발생시키기도 한다.

벙커 피니시 정면

▌ 클럽페이스의 정석

——————— 클럽페이스가 열리면 리딩에지 부분이 땅과 멀어진다. 리딩에지 대신 헤드 밑부분인 솔이 먼저 모래와 마주친다. 땅과 만나면 튕겨지도록 디자인한 곳이 솔이므로 클럽헤드는 모래에서 쉽게 탈출한다. 솔부터 모래에 닿는다면 모래 저항에도 스윙 스피드를 크게 잃지 않고 쉽게 팔로스루 동작까지 만들 수 있다.

——————— 다만 페이스를 오픈하고 셋업 자세를 취해도 클럽을 잘 떨어뜨리지 못하면 똑같이 미스샷이 발생할 가능성이 높다. 그래서 클럽헤드가 모래에 닿기도 전에 공을 맞히는 경우가 있는데, 이는 '홈런샷' 또는 '토핑샷'으로 이어진다.

——————— 클럽페이스도 제대로 된 방법으로 열어야 한다. 그립을 살짝 돌려 잡아 클럽헤드 리딩에지가 밖으로 향하게 하는 게 정석이다. 가장 많이 하는 실수가 평소처럼 그립을 잡은 뒤 왼쪽 손목을 9시 방향으로 내밀어 페이스를 여는 경우다. 이른바 '핸드퍼스트'를 하면 손목이 스윙 과정에서 다시 원래 위치로 돌아오려고 하기 때문에 결국 솔 대신 리딩에지로 모래를 칠 가능성이 높다.

프로 선수들의 벙커샷 공식

1
스탠스는 칩샷할 때보다 한 발 넓게 오픈스탠스로 선다.

2
체중은 왼발에 60% 정도 싣고, 백스윙 때도 이 자세를 유지한다.

3
클럽페이스는 그립을 돌려 잡아 클럽헤드 리딩에지가 밖으로 향하게 연다.

벙커 탈출을 위한 스윙법

SECTION ④ Bunker Shot | TRAINING

스윙
스윙을 완만하게 하면서 넓고 큰 'U'자를 그린다고 상상해야 한다.

손목
임팩트가 끝난 뒤에도 스윙 아크를 최대한 넓게 끌고 가려면 손목을 사용하지 않는 것이 중요하다.

보디 회전
큰 'U'자를 만들면 보디 회전도 완전히 가동할 수 있고, 손을 이용해 억지로 스윙을 가파르게 만드는 것을 방지하며, 솔을 제대로 이용해 모래를 가격하기도 수월해진다.

벙커 U 피니시 정면

벙커샷을 할 기회는 쉽게 찾아오지 않는다. 1라운드, 18홀을 돌면서 벙커에 공이 빠지는 경우는 평균 4~5회 정도다. 벙커가 많은 골프장이면 이보다 조금 더 늘어난다고 해도 벙커에 들어갈 기회(?)가 많지 않다. 이는 골프장의 운영과도 연관이 있다. 벙커가 많으면 골퍼들은 헤매고 경기 시간은 늘어난다. 골프장에서 급하게 모래를 빼고 잔디를 채운 '잔디 벙커'가 심심치 않게 보이는 이유다. 미국에서도 적절한 벙커 연습장이 있는 골프장을 찾기는 쉽지 않다.

─────── 이 같은 환경 속에서도 올바른 셋업 자세로 클럽헤드를 과감히 땅에 떨어뜨릴 줄 알아야 벙커에서 탈출할 수 있다. 또한 벙커에서 탈출해야 '백돌이'에서 벗어날 수 있다. 벙커에서의 거리 조절, 헤드 스피드 조절, 스핀양 조절은 나중의 문제다. 일단 100타를 깨기 위해선 기본 자세가 자연스럽게 나올 수 있도록 벙커샷 기회가 올 때마다 연습하는 것이 좋다. 연습할 기회가 없다면 이론 공부를 충실히 하고 실전에서 머릿속에 그렸던 것을 실습하면 된다.

벙커샷 속성 팁

─────── 적은 기회 속에서 벙커샷을 속성으로 익힐 수 있는 팁을 공유하려고 한다. 이른바 '기찻길' 연습법이다. 이는 기찻길 모양의 선을 두 줄 긋고 하기 때문에 붙여진 이름이다.

벙커에 들어가서 평행을 이루는 두 줄을 길게 긋는다. 클럽헤드나 얼라인먼트 스틱을 이용하면 된다. 이 두 줄은 타깃과 직각이 돼야 한다. 두 줄 사이의 공간은 지폐의 가로 길이 정도다.

─────── 평행선 사이에 공을 올려놓는다. 앞서 선을 길게 그렸기 때문에 공을 5개 혹은 그 이상 줄지어 놓을 수 있는 공간이 있을 것이다. 이 공들을 편하게 치면 된다. 그러면 자신의 클럽헤드가 떨어지는 지점의 평균값을 구할 수 있다. 앞서 말한 대로 공 뒤 3~5cm 지점에 클럽헤드가 떨어져야 이상적이다. 그어놓은 두 줄 중 뒤쪽의 줄 근처에 클럽헤드가 떨어졌다면 좋은 샷이다. 이 근처에 디보트가 있으면 된다. 그러나 컨트롤이 안 된 샷은 훨씬 더 뒤쪽 모래가 파여 있을 것이다. 그런 공은 모래 무게를 이겨내지 못하고 벙커 안에 머물러 있을 가능성이 크다. 너무 얇게 맞은 공은 땅을 확인하지 않아도 클럽헤드가 공에 맞는 둔탁한 느낌으로 알 수 있다. 연습할 때도 백스윙 때 체중이 오른발에 가지 않도록 주의하는 게 중요하다.

─────── 스윙 크기도 살펴야 한다. 아마추어 골퍼는 벙커 안에만 들어가면 스윙 크기가 작아진다. 벙커샷 스윙을 자신 있게 크게 하는 이유는 모래 저항 때문이다. 칩샷을 할 때와 비슷하게 백스윙을 가져갔다간 벙커 탈출에 실패하기 십상이다. 또 벙커샷을 할 땐 클럽페이스를 열어야 하기 때문에 페이스가 눕혀지면서 각도가 높아지고, 공은 그만큼 더 짧게 날아간다. 9~14m 벙커샷을 할 때 모래 저항과 페이스 각도를 고려하면 '풀스윙'을

TRAINING 1

'기찻길' 연습법

1
평행을 이루는 두 줄을 길게 그린다. 이 두 줄은 타깃과 직각이 돼야 한다. 두 줄 사이의 공간은 지폐의 가로 길이 정도다. 평행선 사이에 공을 5개 혹은 그 이상 줄 지어 놓는다. 이 공들을 편하게 부담 없이 치면 된다.

2
풀스윙을 한다. 클럽을 들어 올리면서 '보디 턴'을 극대화한 후 있는 힘껏 공 뒤 3~5cm 지점을 내리찍는다.

해야 벙커에서 벗어날 수 있다.

────── 물론 아마추어가 그린 주변 벙커에서 풀스윙을 한다는 것은 여간 어려운 일이 아니다. 클럽이 모래를 치지 않고 공부터 때리면 공이 반대편 벙커로 넘어가는 일도 허다하다. 실패 확률이 높아 '홈런샷'이 자주 나오니 '굳이?'라는 생각이 들기도 한다. 다시 한번 강조하지만 그럼에도 벙커 탈출을 위해선 풀스윙이 필수다. 이론을 이해하고 정타가 이뤄지는 걸 몇 번 경험하다 보면 더 과감히 풀스윙을 할 수 있을 것이다.

────── 다만 풀스윙을 한다고 해서 꼭 피니시 동작을 만들어야 하는 것은 아니다. 클럽헤드로 공 뒤의 모래를 먼저 치고 피니시 동작은 자연스럽게 나오도록 하면 된다. 또는 피니시 동작이 꼭 나오지 않아도 된다. 코일 힘을 사용해서 공 뒤쪽을 모래로 내려치는 힘이 더 중요한 포인트다. 스윙을 크게 하면서 클럽을 떨어뜨리는 과정이 필요하다는 것을 몸이 느끼면 그때부터 '홈런샷'은 나오지 않게 된다.

────── 클럽을 떨어뜨리려고 할 때 종종 손이 개입하기도 한다. 앞서 말했듯이 손을 이용한 스윙은 들이는 힘에 비해 느릴 뿐더러 제한적이다. 몸 전체의 힘을 사용해야 공에 힘을 전달할 수 있기 때문에 피니시뿐 아니라 백스윙도 '풀' 가동해야 한다. 클럽을 들어 올리면서 '보디 턴'을 극대화한 후 있는 힘껏 공 뒤 3~5cm 지점을 내리찍으면, 그 힘으로 모래가 전방으로 뿌려지고 공도 쉽게 벙커를 탈출하게 된다. 손을 사용할수록 일관성이 떨어지고 일정하지 않은 타점이 나온다.

────── 결국 '진짜 힘'은 보디 턴에서 나오는데, 하체를 단단히 고정할수록 코일링(Coiling)이 잘돼 스윙 스피드를 더 끌어 올릴 수 있다. 꼬였던 몸을 푸는 순간 두 손으로 잡고 있던 클럽은 자연스레 다운스윙으로 이어지고, 공을 맞히려고 하지 않아도 자동으로 클럽헤드가 공 뒤에 떨어진다. 손을 이용해 임의로 타점을 만들지 않기 때문에 일관성도 높아진다. 만약 기찻길 연습 시 디보트가 일정하게 나오지 않는다면 팔을 사용하고 있다고 의심해야 한다. 또는 왼발에 실린 힘을 지탱하지 못하고 오른쪽으로 체중 이동을 하고 있을 수도 있다.

────── 따로 알려줄 보너스 팁도 있다. 세계적인 쇼트 게임 마스터 데이브 펠츠의 쇼트 게임 스쿨에서 배운 팁인데, 헤드 밑바닥인 솔을 활용하는 방법이다. 칩샷 레슨 때 언급했던 '클립보드 연습'과 비슷한 방법이다. 당시 쇼트 게임 스쿨에서 가운데가 반원형으로 파여 있는 나무토막을 내리치는 연습을 했다. 클립보드와 흡사한 느낌으로 나무토막을 내리치면 클럽헤드 리딩에지가 아니라 솔 부분이 나무를 때리는 느낌이 손에 전달됐다. 나무의 모양 때문인지 클럽은 자동으로 튕겨져 공중으로 떠올랐다. 저항받는 느낌이 없어 폴로스루와 피니시 동작까지 연결하기도 쉬웠다. 데이브 펠츠는 이후 나무토막을 벙커의 모래 아래에도 묻고 연습하도록 시켰다. 나무

덕분인지 모래 저항을 거의 느낄 수 없었다.

────── 당시 나를 포함한 연습생들은 이 같은 연습 방법으로 벙커에서 과감하게 스윙해도 된다는 자신감을 얻었다. 그러나 나무토막을 치우면 어김없이 예전 버릇이 나왔고, 나를 포함한 연습생들의 클럽은 모래에 푹 박히기 일쑤였다.

벙커 U vs V

────── 나중에 연습 영상을 돌려보면서 숨겨진 진짜 의미를 깨달았다. 나무토막을 활용한 연습법의 가장 큰 장점은 제대로 된 U자 스윙을 하도록 도와준다는 것이다. 대부분의 연습생들은 공 뒤의 모래를 치라는 것만 염두에 둔 나머지 다운스윙을 가파르게 한다. U가 아니라 V자 형태의 스윙 궤도가 나오는 것이다. 이는 나의 스윙 코치였던 데이비드 레드베터(David Leadbetter)도 레슨 비디오에서 지적했던 부분이다. 스윙이 V자가 되는 순간, 아무리 솔을 사용하더라도 모래 속에 클럽헤드가 박히고 탈출이 어렵게 된다. 솔은 클럽헤드가 잔디나 모래 속으로 파고 들어가지 않도록 도와주는데, 이를 사용할 틈도 없게 되는 것이다. 또 스윙이 너무 가파른 나머지 몸이 회전할 시간이 부족해 손을 사용하는 실수도 나오게 된다.

────── 스윙을 완만하게 하면서 넓고 큰 U자를 그린다고 상상해야 한다. 큰 U자를 만들게 되면 보디 회전도 완전히 가동할 수 있고, 손을 이용해 억지로 스윙을 가파르게 만드는 것을 방지하며, 솔을 제대로 이용해 모래를 가격하는 것이 수월해진다. 또 스윙이 완만할수록 손목 코킹도 덜 하기 때문에 손의 개입을 더욱 줄여준다.

────── 클럽을 놓아주는 릴리즈 구간도 신경 써야 한다. 임팩트가 끝난 뒤에도 스윙 아크를 최대한 넓게 끌고 가려면 손목을 사용하지 않는 게 중요하다. 칩샷과 마찬가지로 벙커샷을 할 때도 오른손이 덮혀 들어가는 동작을 해선 안 된다. 대신 공을 떠내는 스쿠핑 동작이 필요하다. 공을 떠내기 위해 손목을 목표 방향으로 퍼 올리는 동작인 스쿠핑은 일반적인 스윙에서 '나쁜 버릇'이지만 벙커샷 릴리즈에선 클럽페이스가 돌아가지 않도록 막아주기 때문에 어느 정도 필요하다. 그러면 리딩에지가 아닌 솔을 최대한 활용할 수 있고 클럽이 모래에 박히는 불상사도 사전에 예방할 수 있다.

완벽한 벙커샷 위한 네 가지 포인트

1
올바른 셋업을 했는지 확인하고, 왼쪽에 있는 55~60%의 무게중심을 스윙 내내 유지

2
일정한 타점

3
과감하게 풀스윙

4
V자가 아니라 완만한 U자의 스윙 궤도

27m 이상의 벙커샷은 샌드웨지 대신 갭웨지로

SECTION ④ Bunker Shot | TRAINING

클럽헤드
37m 이상 남은 벙커샷이라면 숏아이언을 사용한다.

POINT
로프트 각이 낮은 클럽으로 풀스윙해 비거리를 늘린다.

그립
클럽이 길수록 컨트롤이 부담스럽기 때문에 그립은 짧게 쥔다.

벙커 U 백스윙 정면

TRAINING 2

벙커샷 탈출의 다음 단계는 거리 조절이다. 선수들에게 가장 쉬운 벙커샷 거리는 약 14m다. 샌드웨지를 잡고 클럽페이스를 활짝 연 뒤 풀스윙을 할 때 평균적으로 나가는 거리이기 때문이다. 다만 그린사이드 벙커가 크거나 그린에서 좀 더 멀리 떨어져 있을 땐 27m 이상의 벙커샷을 해야 하는 상황과 마주치기도 한다.

──────── 벙커샷 실력이 어느 정도 궤도에 오른 골퍼라면 거리를 내는 건 그리 어려운 일이 아니다. 클럽페이스를 평소보다 조금 적게 열고 스윙하면 로프트 각이 낮아져 자연스레 거리가 더 난다. 다만 충분히 연습하지 않은 골퍼는 그럴 경우 클럽페이스의 리딩에지가 먼저 모래로 향하게 되고 클럽이 모래에 박혀 탈출조차 힘든 상황이 발생한다. 또 이 같은 실수가 나오는 것을 몸이 알고 있어서 무의식중에 공 뒤의 모래를 너무 얇게 떠서 토핑샷 실수가 나온다. 그렇기 때문에 페이스를 닫아서 거리를 내는 건 상급자가 된 뒤에 하는 것을 추천한다.

──────── 백돌이가 안전하게 벙커샷 거리를 늘릴 수 있는 방법은 '클럽 교체'다. 샌드웨지가 아니라 로프트 각이 낮은 클럽을 들고 스윙하는 것이다. 나는 27m 이상의 벙커샷을 할 때 샌드웨지 대신 52도 갭웨지를 사용한다. 이 갭웨지는 샌드웨지보다 딱 한 클럽 길이가 크기 때문에 샌드웨지와 거의 비슷하다고 보면 된다. 큰 차이가 없기 때문에 샌드웨지를 사용할 때처럼 이질감이나 큰 불편함 없이 벙커샷을 할 수 있다. 치는 방법은 샌드웨지와 똑같다. 클럽을 충분히 열고 오픈스탠스로 선 뒤 풀스윙으로 공 뒤 3~5cm 구간을 가격하면 된다. 샌드웨지보다 로프트 각이 서 있기 때문에 비거리는 더 나간다.

▌ 모래 깊이를 알아야 클럽 선택할 수 있어

──────── 홀까지 37m 이상 남은 벙커샷을 마주하면 더 긴 클럽을 꺼내 들면 된다. 나는 피칭웨지부터 8번 아이언까지 사용한다. 피칭웨지부터는 조금 불편할 수 있다. 웨지와 아이언의 디자인이 달라서다. 나의 경우 아이언은 작은 헤드 디자인을 선호한다. 이 아이언은 남자 선수들이 쓰는 얇은 블레이드형 아이언보다는 조금 두꺼워 치기 수월하지만, 여전히 웨지와는 많이 다르게 생겼다. 웨지는 블레이드 아이언처럼 얇고 날카로운데, 아이언은 그렇지 못하기 때문에 똑같은 샷을 구사한다고 해도 미스샷이 나올 가능성이 있다. 아이언은 웨지와 비교할 때 바운스의 모양과 클럽헤드가 모래와 닿을 때의 느낌, 헤드 무게, 샤프트 무게가 제각각이다. 그렇기 때문에 더욱더 몸의 회전을 이용해 클럽헤드를 과감히 땅을 향해 떨어뜨리는 것에 집중하면서 다른 변수들을 사전에 없애야 한다. 클럽이 길수록 헤드 무게가 부담스러울 텐데, 이 경우 그립을 짧게 쥐는 방법도 있다.

──────── 또한 거리가 같은 37m 벙커샷이라 해도 8번 아이언을 쓸 때와 피칭웨지를 쓸 때가 있다. 두 클럽 차이지만 같은 거리를 보고 치

는 경우가 많다. 이는 모래 깊이 때문이다. 모래가 깊을수록 저항이 강해지고 공은 짧게 나간다. 모래가 얕으면 저항도 덜하다. 양발을 모래에 묻으면서 깊이를 파악한 뒤 클럽을 선택하면 된다. 모래가 깊으면 8번 아이언, 그렇지 않으면 9번이나 피칭웨지를 선택한다.

─────────── 벙커 깊이는 지역 또는 골프코스 레이팅, 관리 환경 등에 따라 갈린다. 고급 골프장일수록 잔디만큼이나 벙커에 큰돈을 투자한다. 벙커 관리비는 은근히 비싼데, 어떤 모래를 사용하느냐에 따라 가격이 크게 차이 난다. 벙커 모양이나 모래의 깊이도 가격과 연관되어 있다.

─────────── 내가 선수 생활할 때 오래 머문 미국 플로리다주는 비용보다 환경적인 측면에서 벙커 모래 입자가 달랐다. 플로리다주 골프장들은 벙커 모래 입자가 둥글기로 유명하다. 입자가 둥근 모래로 벙커를 만들면 모래 사이에 공간이 많아서 물이 쉽게 빠진다. 비가 자주 오고 습한 플로리다에 적격인 모래인 것이다. 그래서 플로리다 골프장 벙커는 날씨와 관계없이 항상 푹신하면서도 깊은 모래로 차 있다.

─────────── 이처럼 수많은 요인들이 벙커 환경에 영향을 미치기 때문에 모래의 질을 파악하는 게 중요하다. 클럽을 직접 휘두르며 연습 스윙으로 모래를 파악하는 것이 최고일 테지만, 벙커에서 연습 스윙은 골프 규칙에서 금지하고 있다. 세계 골프 규칙을 관장하는 미국골프협회(USGA)의 골프 규칙은 '다음 스트로크를 위한 정보를 얻으려고 모래의 상태를 테스트하기 위해 고의로 손·클럽·고무래·그 밖의 물체로 모래를 건드리는 행동'(12.2b)을 금지하고 있다. 이를 어기면 벌타를 받는다.

─────────── 클럽을 대지 않고 모래를 파악하는 방법이 있다. 벙커에 들어설 때 발의 감각을 이용하는 것이다. 입자가 둥근 모래는 발이 쑥 깊게 들어간다. 푹신한 느낌에 가깝다. 입자가 촘촘하고 사이에 공간이 없는 단단한 모래는 반대로 딱딱한 땅을 밟는 기분이 들 것이다. 단 몇 걸음으로 모래 상태를 파악해야 하기 때문에 벙커에 들어서기 전부터 집중하는 게 좋다. 자신의 홈 코스라면 이 같은 과정이 필요 없겠지만, 처음 가는 골프장이라면 프로 숍에 들러 골프장 담당 프로에게 벙커 모래에 대한 팁 등을 얻는 것도 방법이다.

─────────── 일반적으로 입자가 둥근 모래 벙커가 치기 어렵다고 알려져 있다. 위에 언급했듯이 내가 자란 플로리다주의 벙커는 특히 모래 입자가 둥글기로 유명했다. 모래 사이에 공간이 많아서 공이 벙커에 떨어지면 그대로 모래 사이를 뚫고 깊숙이 박혔다. 공이 굴러서 들어가더라도 모래 표면보다 낮은 곳에 위치한 경우가 대부분이다. 공이 놓인 라이(Lie)가 좋지 않다 보니 타점에 나쁜 영향을 줬고, 탈출이 어려웠다. 입자도 큰 편이어서 모래 저항이 어마어마했다. 코치들이 항상 스윙을 더 크게, 더 과감하게 하라고 주문했던 배경이다. 그나마 입자가 둥근 모래의 장점은 깊이나 모래 저항이 일정하다는 점이었다. 그렇기 때문에 익숙해지면 탈출하기 쉬운 벙커가

벙커 셋업 측면

벙커 백스윙 측면

벙커 피니시 측면

벙커 셋업 정면

벙커 피니시 정면

플로리다주 골프장의 벙커였다.

─────── 선수 은퇴 후 미국 캘리포니아주 로스앤젤레스로 건너온 뒤에는 각진 입자의 모래 벙커에 적응하느라 애를 먹었다. 벙커샷이라면 꽤 자신이 있었는데, 캘리포니아로 건너온 뒤에는 골프장에만 가면 벙커에서 헤맸다. 생전 처음 하는 미스샷이 여기저기서 나왔다. 실수를 통해서 벙커 모래 입자가 경기력에 큰 영향을 끼친다는 사실을 깨달았다.

─────── 각진 모래는 입자 사이에 공간이 많지 않기 때문에 매우 단단했다. 밟고 지나가는 내 몸무게도 견뎠다. 비가 오면 벙커 모래는 더욱 단단해졌다. 또 인기가 많은 골프장일수록 많은 골퍼들이 자주 밟은 탓에 더 딱딱했다. 특히 현재 내가 거주하고 있는 서부 캘리포니아의 골프장 벙커 대부분은 모래 입자가 각이 져 있었다.

─────── 플로리다와 캘리포니아 골프장 벙커의 극명한 차이점은 모래의 '일관성'이었다. 골프장은 18홀 벙커 컨디션을 비슷하게 관리하려 노력한다. 하지만 변화무쌍한 캘리포니아 날씨 때문인지 배수, 음지·양지, 풍량 등에 영향을 많이 받았고, 같은 코스라도 벙커의 상태가 제각각인 경우가 많다. 골프장 보수 시기에 벙커의 모든 모래를 뺐다가 한 번에 갈아줘야 하는데, 비용이 만만치 않아서 쉽지 않다. 가격 경쟁이 심한 코스들일수록 벙커 간의 편차가 컸다. 특히 해가 잘 드는 곳에 있는 벙커와 그렇지 않은 곳의 벙커의 밀도 차이가 정말 컸다.

─────── 단단한 벙커의 가장 큰 함정은 모래 깊이다. 밟았을 땐 단단한데, 실제로 샷을 해보면 생각보다 모래가 깊어서 클럽이 움푹 들어가는 경우가 많았다. 바닥이 단단하다고 생각해서 스윙을 작게 했는데, 모래에 클럽이 잡혀 탈출하지 못할 때가 있다. 반대로 모래가 깊다고 생각해서 솔을 이용해 스윙을 했는데, 클럽이 모래 안으로 들어가지 못하고 튕겨나가

는 경우도 있다. 모래가 너무 많은 골퍼들에게 밟히면서 눌리고 땅처럼 딱딱해졌을 때 생기는 현상이다. 육안으로 가려내기 힘든 부분이다. 캘리포니아에 거주한 지 10년이 지난 지금도 여전히 벙커 적응에 애를 먹는 이유다. 딱딱한 벙커에서나 부드러운 벙커에서나 '굿 샷'이 나올 수 있는 에이미만의 팁을 소개하려고 한다.

영상으로 확인!

벙커샷, 아직도 샌드웨지만 쓰시나요?

벙커 탈출 완전 정복

벙커 모래가 젖었을 때

비가 오거나 비가 그친 직후 골프장에 가면 벙커 모래는 색이 어둡고 젖어 있다. 모래가 더 단단히 뭉치고 저항에 강해진 상태다. 이때도 여느 벙커샷처럼 페이스를 활짝 열고 솔을 이용해 스윙을 한다. 다만 스윙을 평소보다 더 세게 한다는 생각으로 몸 회전을 극대화한 뒤 공 뒤 3~5cm 지점을 내리친다. 질퍽이는 모래가 클럽헤드를 평소보다 더 강하게 잡겠지만, 부족한 비거리를 더 빠른 스윙 스피드로 만회할 수 있다.

땅이 단단한 벙커에서

모래가 젖거나 젖지 않아도 단단한 벙커가 있다. 이 같은 상황에선 평소처럼 클럽페이스를 열고 스윙하다간 심한 미스샷이 나올 것이다. 이상적인 벙커샷은 클럽헤드의 솔을 사용하는 것인데, 단단한 모래에 솔부터 닿았다간 바로 튕겨나와 '토핑샷'으로 연결되거나 그린을 훌쩍 넘기는 '홈런샷'이 나올 가능성이 크다.

땅이 단단한 경우에는 한 가지만 기억하면 된다. '칩샷 같은 벙커샷'이다. 홀까지 거리가 14m 정도 남았다고 가정할 때 스탠스를 좁게 선 셋업 자세를 취한다. 발 사이에 주먹 2개가 들어갈 정도로 선다. 칩샷과 같이 왼발에 체중 55~60%를 싣고 백스윙부터 폴로스루까지 이 비율을 유지한다. 스탠스도 5도 정도 열어주고 볼과 목표점을 잇는 가상의 선(비구선)도 마찬가지로 열리게 선다. 클럽페이스도 열지 않고 스퀘어(직각)를 유지한다.

다만 공 뒤에 편하게 클럽을 내려놓는 칩샷과 달리 벙커샷은 항상 클럽을 지면에 닿지 않게 들고 있어야 한다는 것을 잊어선 안 된다. 스윙 사이즈도 벙커샷처럼 풀스윙을 하지 않는다. 칩샷으로 14m를 보낼 때 하는 백스윙 크기로 하면 된다. 모래가 단단하기 때문에 땅에서 치는 것과 똑같이 클럽이 반응할 것이다.

다시 말해 땅이 매우 딱딱한 벙커라면 일반 칩샷을 한다고 생각하면 된다. 하지만 모래가 조금이라도 부드럽다면 통하지 않는 방법이기 때문에 벙커 상태를 정확히 파악하는 게 중요하다.

벙커 모래가 깊고 푹신할 때

플로리다의 골프장처럼 벙커가 깊고 푹신할 때는 모래 저항을 잘 이겨내는 게 중요하다. 일반적인 벙커샷보다 더 많은 힘이 공에 전달돼야 한다. 앞에서 설명한 대로 부드러운 벙커는 밟는 즉시 발이 깊이 들어가기 때문에 단번에 알아챌 수 있다.

기억해야 할 점은 골퍼는 모래에 힘을 가하는 것이고, 힘을 받은 모래가 공을 밖으로 밀어낸다는 것. 이때 팔 힘이 아니라 몸 전체의 힘을 써야 원하는 결과를 얻을 수 있다. 모래 저항을 이기기 힘들다면 샌드웨지보다 바운스 각이 큰 피칭웨지나 9번, 크게는 8번 아이언을 사용해도 좋다.

오르막 라이 벙커샷

SECTION ④ Bunker Shot | TRAINING

스탠스
경사에 따라 달라진다. 경사가 가파르면 짧은 칩샷 때처럼 양발을 붙이다시피 좁게 선다. 완만한 경사라면 주먹 2~3개 정도가 양발 사이에 들어갈 정도로 유지한다.

그립
그립은 평소보다 짧게 쥔다. 그립을 짧게 잡을수록 클럽헤드가 가벼워지고 컨트롤이 좋아진다.

공의 위치
스탠스 중앙 또는 중앙에서 공 한두 개 만큼 왼쪽에 두면 좋다.

왼발
오른발보다 왼발에 체중이 더 실린다. 쏠린 무게를 다시 왼발 쪽으로 가져와야 한다.

왼발이 높은 벙커 셋업 정면

TRAINING 3

칩샷과 마찬가지로 벙커샷도 두 가지의 오르막 라이 상황과 마주한다. 첫 번째는 왼발 위치가 오른발보다 높을 때, 두 번째는 공이 양발보다 높은 곳에 있을 때다.

왼발이 오른발보다 높은 때의 벙커샷

벙커에서 왼발 위치가 높은 오르막 라이에 공이 놓여 있을 땐 다음 3가지 포인트를 기억하자. 첫째, 오른발보다 왼발에 체중을 더 실어야 한다. 쏠린 무게를 다시 왼발 쪽으로 가져오라. 둘째, 오르막 경사에선 폴로스루와 피니시 자세가 잘 나오지 않는다. 포기해라. 셋째, 공은 높이, 짧게 날아간다. 가능하다면 한두 클럽 길게 잡아라.

이를 염두에 두고 셋업 자세부터 잡는다. 그립은 평소보다 짧게 쥔다. 그립을 짧게 잡을수록 클럽헤드가 가벼워지고 컨트롤이 좋아진다. 이는 모든 샷에 해당한다. 짧은 클럽으로 공을 맞히는 것이 더 섬세하다. 5번 아이언보다 피칭웨지로 정타를 칠 확률이 더 높은 이유다. 섬세한 컨트롤은 특히 벙커에서 더 필요한데, 벙커 안에선 공이 예쁘게 놓여 있을 가능성이 매우 낮기 때문이다. 공 바로 뒤에 작은 모래 벽이 쌓여 있을 수 있고, 모래 표면보다 낮은 곳에 공이 있어 콘택트가 어려울 수도 있다.

왼발이 높은 벙커 셋업 측면

최대한 좋은 경험을 쌓아야 성공적

스탠스는 경사에 따라 달라진다. 경사가 가파르면 짧은 칩샷 때처럼 양발을 붙이다시피 좁게 선다. 완만한 경사라면 주먹 2~3개 정도가 양발 사이에 들어갈 정도로 유지한다. 체중은 왼발에 60% 정도 실어준다. 다른 벙커샷과 마찬가지로 체중 비율은 백스윙 때부터 임팩트, 폴로스루까지 그대로 왼발에 두고 유지한다. 체중이 1%라도 오른발로 건너간다면 중심이 오른쪽으로 기울게 되고, 다운스윙 때 무게중심을 다시 왼발로 끌어오기 어려워진다. 타이밍도 잃게 되면서 무너진 밸런스를 되찾기 위해 팔로 클럽을 당겨 몸을 이동하는 잘못된 습관이 생길 수도 있다.

왼발이 높은 벙커 백스윙 측면

1%의 실수도 안 된다고 강조하는 이유는 벙커에서 겪는 실패 경험이 꽤 오래 잔상으로 남기 때문이다. 앞서 말했듯 벙커샷은 연습할 기회가 별로 없고, 몇 번의 경험이 수십 년 동안 이어질 수도 있기 때문이다. 또 한 번 팔을 사용하게 되면 토핑이나 심한 뒤땅 실수가 나오고 멘털에도 나쁜 영향을 미친다. 최대한 좋은 경험을 쌓아야 벙커에 들어가도 두려워하지 않고 탈출에 집중할 수 있다.

공의 위치(볼 포지션)는 스탠스 중앙 또는 중앙에서 공 한두 개 정도의 거리만큼 왼쪽에 두면 좋다. 물론 경사도에 따라 포지셔닝도 달라지는데, 완만한 경사에선 중앙보다 왼쪽에 두는 것을 추천한다. 셋업 때 왼발에 실려 있는 체중 때문이다. 왼발에 체중이 쏠려 있다 보니 클럽

왼발이 높은 벙커 피니시 측면

133

이 떨어지는 지점이 중앙에서 왼쪽이 되기 때문이다. 이를 잘 활용하면 일정한 콘택트를 만들 수 있다. 경사가 가파를수록 타격 지점이 점점 뒤로 물러나기 때문에 중앙 정도가 적당하다.

─────── 오르막 벙커샷에서 가장 많이 받은 질문이 어깨 각도와 관련돼 있다. 대부분 '어깨선을 지면과 평행을 이루도록 만들어야 하는 지'를 궁금해한다. 그리고 '누군가 그렇게 알려줬다'고 말한다. 하지만 이는 옳지 않은 셋업 방법이다. 오르막 라이에서 땅과 어깨선이 평행을 이루면 중력에 의해 오른쪽으로 체중이 쏠리기 마련이다. 그러면 앞서 설명했듯 다운스윙 때 왼발로 무게를 끌고 올 수 없어 타이밍을 놓치고 미스샷을 하게 된다.

─────── 방향성에도 문제가 생긴다. 타이밍에 문제가 생기기 때문에 다운스윙 때 스윙 궤도가 '아웃─인'으로 이어진다. 재차 강조하지만 오르막 라이에서 최선의 방법은 왼쪽에 축을 두는 것이다. 그렇기 때문에 어깨선을 크게 신경 쓰지 않고 무게중심 배분에만 집중하면 된다.

아주 드물게 어깨선을 지면과 평행으로 유지해야 할 때가 있는데, 오르막 경사가 아주 심할 때다. 일반적인 스윙을 했다간 발사각이 나오지 않아 턱을 넘기지 못할 정도로 가파를 때다. 이런 상황에선 오른발에 너무 많은 무게가 쏠리지 않게 신경 쓰면서 중심을 잡으려고 노력해야 한다.

▍ 폴로스루 동작은 포기가 답

─────── 위에 나온 내용들을 충실히 따라 이론적으로 완벽한 스윙을 한다면 경사 때문에 아주 높은 탄도의 샷이 나올 것이다. 높이 뜬 공은 그만큼 비거리 손실이 있고 굴러가는 거리인 '런'도 짧아진다. 그렇기 때문에 14m를 치는 게 목표여도 18m를 친다는 생각으로 쳐야 한다. 런이 없기에 공이 떨어지는 지점인 랜딩 스폿도 평소보다 핀에 가깝게 머릿속으로 그리는 것이 좋다.

─────── 마지막으로 왼발 위치가 높은 오르막 라이에서 폴로스루 동작은 과감히 포기하는 게 좋다. 이런 상황에선 억지로 피니시를 만들려고 하면 좋은 결과를 기대하기 힘들다. 아름다운 샷은 페어웨이나 러프에서 하면 되고, 벙커에선 무조건 탈출을 목표로 한다. 팔을 써서라도 폴로스루 동작을 하려는 골퍼들이 있는데, 이는 잘못이다. 평소보다 모래가 클럽을 세게 잡을 것이며 저항을 이기지 못한 헤드는 제 스피드를 내지 못하게 된다.

─────── 스윙의 피니시가 임팩트 순간과 동시에 끝난다고 생각해야 한다. 있는 힘껏 클럽을 떨구고 공이 날아가면 그다음 과정은 크게 중요하지 않기 때문이다. 또 클럽페이스를 열지 않고 타깃과 직각으로 셋업해도 된다. 이미 경사 때문에 높은 탄도를 확보한 상황이기 때문이다. 다만 비거리 손실을 고려해서 클럽을 평소보다 한두 클럽 길게 잡는 것도 방법이다.

공이 양발보다 높이 있을 때

──────── 오르막 라이 벙커샷의 두 번째 상황. 공이 양발의 위치보다 높은 경우. 결론부터 말하자면 기술적으로 난도가 높기로 손꼽히는 샷이라고 할 수 있다. 공의 위치가 발보다 높기 때문에 깔끔하게 정타를 치기 어렵고, 설령 공이 잘 맞는다고 해도 왼쪽으로 급격히 휘는 경우가 다반사다. 셋업 자세는 높을수록 좋다. 이번에도 그립은 짧게 잡는다. 그립을 짧게 쥐지 않으면 공과 발 사이가 멀어지고 정타율도 준다. 스탠스는 좁게 서고 무릎은 아주 살짝만 굽힌다. 똑바로 서 있는 자세와 비슷하게 셋업 자세를 잡아야 한다.

──────── 체중은 55% 정도 왼쪽에 싣는다. 똑같이 백스윙 때도 이 무게중심 비율을 유지한다. 공이 발보다 높은 위치에선 무게중심이 조금만 오른발로 가도 평소보다 훨씬 더 심한 뒤땅을 경험할 것이다. 경사지지 않은 곳에서 공 뒤 4~6㎝ 정도 뒤땅을 칠 스윙이 이 상황에서 똑같이 치고도 10㎝ 이상 벗어나는 경우도 있다. 회전을 하면서 몸이 흔들리지 않도록 밸런스를 스윙 내내 유지하는 게 그 어느 때보다 중요하다.

──────── 공 위치는 스탠스 중앙 또는 중앙에서 오른쪽으로 두는 게 좋다. 경사가 가파를수록 공 위치는 오른쪽으로 옮겨진다. 타깃 조준은 평소보다 오른쪽으로 해야 한다. 공의 위치가 높을수록 공이 왼쪽으로 휘는 훅샷이 나오기 때문이다. 오르막 경사에선 공이 왼쪽으로 출발하고 떨어진 뒤에도 드로가 걸린 것처럼 왼쪽으로 굴러간다. 경사에 따라 다르지만 적어도 타깃에서 4~9m 정도 더 오른쪽을 보고 서야 한다.

──────── 클럽페이스도 일반적인 벙커샷을 할 때보다 더 열어줘야 한다. 그래야 클럽헤드가 덮히면서 릴리즈되는 것을 막을 수 있다. 페이스 리딩에지가 2시 방향으로 향할 정도로 열어준다. 로프트 각이 확 커지면서 비거리가 줄기 때문에 14m를 보내는 게 목표라면 28m를 보낸다고 생각하고 스윙해야 한다. 아울러 오르막 경사 때문에 모래 저항이 강해 클럽헤드 바깥쪽 끝부분인 토에도 모래가 걸리는데, 이때 그립이 돌아가지 않도록 꽉 잡아줘야 한다.

──────── 또한 벙커샷은 풀스윙 릴리즈처럼 오른 손등이 덮히도록 치기보단 스쿠핑을 해주는 것이 좋다. 클럽페이스가 돌면서 공을 때리게 되면 공이 훨씬 더 왼쪽으로 가기 때문에 오차 범위가 넓어진다.

──────── 공을 떠내기 위해 손목을 목표 방향으로 퍼 올리는 동작인 스쿠핑 연습은 평소 공 없이 할 수 있다. 가상의 공을 그린 뒤 모래를 가격하고 모래가 클럽헤드 위에 남아 있도록 해보자. 클럽페이스가 돌아가면 페이스 위 모래가 땅으로 떨어질 것이고, 스쿠핑이 제대로 된다면 모래가 페이스 위에 남아 있을 것이다. '풀 스피드'로 연습하면 제대로 스윙하고도 모래가 헤드 위에 남아 있는 것을 보지 못할 수 있다. 따라서 처음에는 약 50%의 스윙 스피드로만 휘두르고 페이스 위에 모래를 남기는 연습을 하면 된다.

공이 발보다 높은 위치에서 벙커샷을 할 때 기억하세요!

1
최대한 높은 자세로 셋업을 해 정타 확률을 높여야 한다.

2
공이 왼쪽으로 날아갈 것을 고려해 에임을 오른쪽으로 한다.

내리막 라이 벙커샷

SECTION ④ Bunker Shot | TRAINING

스탠스
스탠스는 넓게 선다. 내리막 경사에 서 있기 때문에 밸런스를 잡아주는 것이 우선이기 때문이다.

어깨
어깨를 땅과 평행이 되도록 잡아주는 것이 가장 중요하다.

공의 위치
스탠스 중앙보다 오른쪽에 놓는다. 경사가 가파를수록 공을 더 오른쪽으로 옮긴다.

왼발
체중은 평소보다 조금 더 왼발에 싣는다. 전체 체중의 65~70%를 왼발에 쏠리게 한다.

왼발이 낮은 벙커 셋업 정면

내리막 라이 벙커샷도 크게 두 가지 상황으로 나눌 수 있다. 첫 번째는 왼발 위치가 오른발보다 낮을 때, 두 번째는 공이 발보다 낮은 위치에 있을 때다. 일반적으로 내리막 라이 벙커샷이 오르막 라이 벙커샷보다 어렵게 느껴질 수 있다. 실제 아마추어의 정타율로 봤을 때 사실이기도 하다. 하지만 에이미화를 통해 이 같은 어려운 상황에서도 쉽게 탈출할 수 있는 방법을 알려주려고 한다.

TRAINING 4

왼발이 오른발보다 낮을 때의 벙커샷

———————————— 난도로 치면 골프 전체에서 '톱 2'에 들 것으로 감히 예상한다. 벙커에 깊숙이 박히는 이른바 에그프라이 상황이 떠오를 정도다. 아마추어가 왼발 위치가 오른발보다 낮을 때의 벙커샷을 마주하면 대부분 공의 한참 뒤를 가격해 심한 뒤땅샷을 하고 탈출에 실패한다. 또는 '홈런샷'을 때려 그린을 한참 넘긴 뒤 아웃오브바운즈(Out of Bounds, OB)나 해저드(Hazard) 등 패널티 구역에 공을 보내기도 한다. 어려워서인지 왼발 위치가 낮은 내리막 라이의 벙커 샷은 내가 가장 재밌어하는 샷이기도 하다. 정말 어려운 샷이기 때문에 결과가 좋았을 때 동반자들로부터 박수를 받을 때도 있었다.

———————————— 이 샷이 어려운 가장 큰 이유는 발사각 때문이다. 내리막 경사에선 아무리 클럽페이스를 열고 쳐도 공이 낮게 뜬다. 땅이 타깃 방향으로 기울어 있고 클럽헤드 고유의 로프트 각을 제대로 사용하지 못한다. 낮은 발사각 때문에 벙커 턱을 못 넘길 때도 허다하고, 탈출에 성공하더라도 너무 낮은 탄도 때문에 목표 지점이 한참 지난 곳에 공을 보낸다. 엎친 데 덮친 격으로 그린 에지에서 핀까지 공간이 좁으면 차라리 홍길동 온(온을 온이라고 부르지 못할 정도로 홀에서 한참 떨어진 지점에 온 그린한 경우)을 노리는 게 나을 정도다. 머릿속이 하얘지겠지만, 그런 골퍼들을 볼 때마다 딱 두 가지를 강조한다. 첫째, 어깨를 지면 경사와 평행으로 맞춰라. 둘째, 스쿠핑 동작으로 릴리즈를 해라.

———————————— 에이미화에서 항상 강조하는 기본인 셋업부터 알아보자. 앞서 얘기한 오르막 경사 때처럼 그립은 짧게 쥔다. 컨트롤이 용이하기 때문에 어려운 샷일수록 그립을 짧게 쥔다고 생각하면 된다. 스탠스는 넓게 선다. 내리막 경사에 서 있기 때문에 밸런스를 잡아주는 게 우선이다. 또 체중 이동을 왼쪽으로 해야 하는데, 왼발이 낮기 때문에 밸런스를 잃기 쉽다. 발과 발 사이 간격이 넓어야 밸런스 잡기가 쉽다.

———————————— 체중은 평소보다 조금 더 왼발에 싣는다. 전체 체중의 65~70%를 왼발에 쏠리게 한다. 경사 때문에 원하지 않아도 평소보다 무게가 더 왼쪽으로 갈 것이다. 그리고 이 무게중심 비율을 백스윙 때 최대한 유지해준다. 왼발에 체중을 두고 스윙하면 일정한 타점을 만들 수 있고, 왼발에 축이 생긴다.

왼발이 낮은 벙커 백스윙 정면

왼발이 낮은 벙커 포스트 임팩트 정면

왼발이 낮은 벙커 피니시 정면

> **두 가지를 명심하세요!**
>
> **1**
> 낮은 자세를 잡고 스윙 내내 유지하기.
>
> **2**
> 힐 부분의 솔을 사용하기.

공의 위치는 스탠스 중앙보다 오른쪽에 놓는다. 경사가 가파를수록 공을 더 오른쪽으로 옮긴다. 공을 오른쪽에 놓을수록 땅을 먼저 칠 확률이 낮아진다. 더 가파른 어택 앵글로 공 뒤를 가격할 수 있어서 타점이 좋아진다.

─────── 가장 중요한 포인트는 왼발 위치가 높은 오르막과 달리 왼발 위치가 낮은 내리막 경사에선 어깨선과 지면을 평행하게 만들어야 한다는 것이다. 과도한 뒤땅 실수를 막아주고, 날이 공부터 치는 실수도 방지한다. 어택 앵글도 커지면서 공의 탄도가 높아져 벙커 탈출이 더 쉬워진다.

스쿠핑을 더하면 금상첨화

─────── 여기에 스쿠핑 동작을 더해주면 가장 이상적인 결과를 얻을 수 있다. 전편에 이야기 했던 스쿠핑 동작은 사실 공을 높이 띄우는 플롭샷을 할 때 많이 쓰는 테크닉이다. 손목을 사용해서 클럽페이스 각도를 더 눕히는 것이다. 사실 스쿠핑은 고난도의 기술이라 '백돌이'가 실전에서 써먹기 어려운 게 사실이다. 스쿠핑 이전 과정들도 머리가 따라가기 바쁘기 때문이다. 초보 골퍼에겐 스쿠핑까진 신경 쓰지 않아도 된다고 하지만, 여유가 된다면 스쿠핑 동작을 꼭 더하라고 조언한다.

─────── 스쿠핑이 필요한 이유는 내리막 라이에서 공을 아무리 잘 쳐도 그린에 떨어진 뒤 엄청나게 굴러가기 때문이다. 스쿠핑은 그린 위에서 공에 브레이크를 걸어주는 역할을 한다. 틈이 나면 종종 연습해뒀다가 나중에 진짜 필요할 때 꺼내 써도 좋은 기술이다.

─────── 스쿠핑 연습 방법은 오르막 경사 때와 같다. 공 없이 절반 정도의 힘으로 모래에 연습 스윙을 하고, 임팩트 뒤 클럽페이스 위에 모래가 남아 있게 하려고 노력한다. 클럽페이스가 왼쪽으로 돌지 않고 하늘을 향하게 만드는 것이 포인트다. 모래를 떠낸다는 느낌으로 손목을 쓰면 된다. 다만 손목에 몰두한 나머지 몸 회전을 게을리해선 안 된다. 손목에만 의지하면 타점이 들쑥날쑥해져 일관성을 잃는다. 결국 스쿠핑 효과를 제대로 볼 수 없다. 정리하자면 셋업에서 공은 가운데보다 오른쪽에, 어깨선은 지면과 평행으로 맞춘다. 여기에다 가능하다면 릴리즈 구간에서 스쿠핑 동작으로 스핀의 양을 극대화해 공을 그린 위에 세운다.

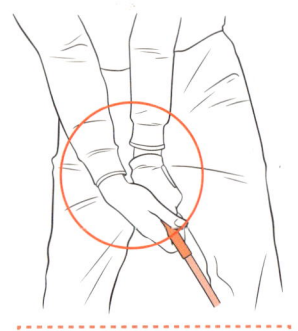

> **스쿠핑**
> 공을 떠내기 위해 손목을 목표 방향으로 퍼올리는 동작

공이 낮은 벙커 셋업 측면

공이 낮은 벙커 백스윙 측면

공이 낮은 벙커 피니시 측면

공이 발보다 낮을 때의 내리막 벙커샷

두 번째는 공이 발보다 낮은 위치에 있을 때 하는 내리막 벙커샷이다. 먼저 셋업이다. 그립은 다른 경사에서의 벙커샷과 달리 길게 잡는다. 몸이 앞으로 심하게 쏠릴수록 클럽을 더 길게 잡아야 한다. 공 위치가 발보다 낮기 때문에 토핑 실수가 자주 나온다. 그립을 길게 잡아야 토핑 실수를 어느 정도 피할 수 있다.

양발 간격은 넓게 선다. 무릎과 엉덩이는 평소 스윙 때보다 더 구부린다. 무릎만 더 구부리거나 허리만 더 숙이는 등 한쪽으로 치우치지 않고 자세를 고루 낮춰줘야 한다. 그렇지 않으면 밸런스를 잃을 수 있고, 임팩트 뒤에 무게 중심을 잃고 앞으로 고꾸라질 수도 있다.

스탠스는 오픈스탠스다. 내리막 라이에서 미스샷이 나면 공이 오른쪽으로 휘기 때문에 목표물보다 왼쪽을 겨냥하자. 무게중심은 왼발에 60~65% 정도를 둔다. 백스윙 때도 이 무게 비율을 유지한다. 볼 포지션은 스탠스 중앙 또는 중앙에서 왼쪽이다. 공 위치가 발보다 낮은 내리막 경사에선 가파를수록 중앙에 볼을 두는 게 좋다. 왼쪽으로 체중 이동을 많이 하면 밸런스가 흐트러질 수 있기 때문에 되도록이면 체중 이동을 자제한 상태에서 공을 가운데 두고 치는 게 최선이다.

내리막 경사인 만큼 임팩트 때 클럽헤드의 힐 부분이 먼저 땅에 닿는데, 힐 부분이 먼저 맞으면서 익숙하지 않은 느낌 때문에 놀란 나머지 손의 힘을 푸는 경우도 있다. 그러면 클럽헤드가 틀어지고 심하게 빗겨 맞는 샷이 나오기도 한다. 따라서 힐이 땅에 닿는 익숙하지 않은 느낌이 손에 전달되도 당황하지 않고 끝까지 스윙하는 게 중요하다.

이 때문에 다른 샷과 달리 솔 전체가 아니라 힐 쪽에 있는 헤드 밑부분인 '힐 솔'을 사용하게 되는데, 이는 힐 부분의 솔이 모래에서 튕겨나온다는 뜻이다. 공을 스위트스폿에 맞추기 힘들지만 대신 솔이 모래에 닿는 면적이 작아 모래 저항을 훨씬 덜 받게 된다. 헤드 컨트롤이 좋아지면서 더 많은 백스핀양도 만들 수 있다. 다만 클럽헤드가 쉽게 틀어질 수 있기 때문에 그립을 쥘 때 평소보다 10% 정도의 힘을 더 주는 게 좋다.

복잡해 보이지만 결국 오르막·내리막 경사에서의 벙커샷은 공식처럼 대입만 하면 된다. 그럼에도 외울 게 너무 많아 복잡하다면 앞서 짚어준 노하우와 포인트를 외우고 라운드에 나서길 바란다.

내리막 벙커샷 마스터 포인트

1
몸이 앞으로 쏠릴수록 클럽을 더 길게 잡아라.

2
공 위치가 발보다 낮은 내리막 경사에선 공을 중앙에 두어라.

3
그립을 쥘 때 평소보다 10% 정도의 힘을 더 주어라.

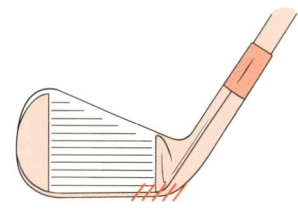

'힐 솔'

📍 영상으로 확인!!

내리막 벙커샷

박힌 볼 빼내는 기술

SECTION ④ Bunker Shot | TRAINING

공이 모래에 박힌 상황
클럽페이스를 45도 닫고 그대로 클럽헤드의 토 부분으로 찍어버린다고 생각하면 된다.

그립
그립은 짧게 잡는다.

스탠스
여느 벙커샷처럼 넓게 선다. 스탠스 각도는 대개 클럽페이스를 여는 각도와 비례한다. 페이스를 열수록 스탠스도 오픈해서 서야 한다.

클럽페이스
토 부분이 먼저 들어갈 수 있도록 닫는다.

박힌 볼 벙커 정석 셋업 정면

벙커에 박힌 공을 빼내는 방법은 크게 두 가지다. 먼저 널리 알려진 정석이다. 그립을 짧게 잡고, 스탠스는 여느 벙커샷처럼 넓게 선다. 클럽페이스는 2시 방향을 향하게끔, 혹은 그 이상으로 활짝 연다. 스탠스는 일반적인 샷보다 더 오픈해서 선다. 스탠스 각도는 대개 클럽페이스를 여는 각도와 비례한다. 페이스를 열수록 스탠스도 오픈해서 서야 한다. 스윙은 최대한 크게 하고, 다운스윙 때는 가파른 스윙을 해서 공 뒤 3~5㎝ 부분을 힘껏 내리치면 된다. 보통 벙커샷보다 2배 이상 빠르게 회전하고 강하게 쳐야 한다.

또 다른 방법은 내가 대학 선수 생활을 할 때 미국 대학 골프에서 전국적으로 잘 나가던 콜롬비아의 카밀로 비예가스(Camilo Villegas Restrepo) 선수가 알려준 것이다(비예가스는 이후 PGA 투어에 진출해 4승을 거두는 등 콜롬비아를 대표하는 선수로 성장했다). 당시 비예가스는 '자신만의 노하우'라며 비밀 엄수를 요구했는데, 이후 같은 테크닉을 두 명의 코치가 알려줬기 때문에 더는 숨기지 않아도 될 듯하다. 이른바 '토 샷'이다.

핵심은 클럽페이스를 45도 닫는 것. 리딩에지가 타깃과 스퀘어를 이룰 때를 기준으로 하면 절반가량을 닫는 셈이다. 기존 벙커샷 팁들이 클럽페이스를 열라고 하는 것과 상반되는 주장이다. 페이스가 닫혀 있기 때문에 타깃 왼쪽을 겨냥한다. 목표 지점보다 9~13m 정도 오른쪽을 보고 선다. 클럽헤드를 닫고 스윙하면 공이 왼쪽으로 날아간 뒤 굴러가기 때문이다. 이러면 토 부분이 공 뒤 모래를 가격하게 된다.

그린 위에 공이 떨어진 뒤 너무 많이 굴러가는 경우가 있는데, 공이 모래에 박힌 상황에선 무조건 탈출이 목적이다. 그 이후 결과는 다음 샷을 준비하면서 생각해야 한다.

정리하자면 클럽페이스를 45도 닫고 그대로 클럽헤드의 토 부분으로 찍어버린다고 생각하면 된다. 이른바 '에그프라이' 상황이 오면 비예가스의 방법이 먹히지 않는다. 공 뒤에 모래 벽이 있기 때문에 자칫 잘못하다간 토가 모래에 맞아서 튕기고 공부터 때리는 경우가 있기 때문이다. 이럴 땐 클럽페이스를 활짝 열고 있는 힘껏 치는 테크닉을 사용할 수밖에 없다.

TRAINING 5

카밀로 비예가스의 박힌 공 탈출법

1
그립을 짧게 잡는다.

2
양발 사이에 주먹 하나가 겨우 들어갈 정도로 좁게 선다.

3
스탠스는 오픈스탠스로 선다.

4
무게중심은 왼발에 55% 둔다.

5
클럽페이스는 45도 닫는다.

 영상으로 확인!

러프에서 잘 치는 방법

박힌 볼 토 셋업 측면

박힌 볼 토 백스윙 측면

박힌 볼 토 피니시 측면

섕크병 극복 노하우

골퍼들에게 큰 대미지를 안겨주는 섕크는 모든 골퍼가 가장 두려워 하는 실수다.
특히 한번 섕크가 나면 몸이 긴장하고 굳으면서 제대로 된 샷을 치기가 어렵다.
반복된 섕크는 자신감을 떨어뜨리고 골프 자체에 두려움을 느끼게 한다.

공이 타깃 방향보다 급격히 오른쪽으로 휘는 미스샷을 '섕크'라고 한다. 섕크는 페이스 중앙에 공을 맞히지 못하고 헤드의 힐 부분에 공이 맞으면서 발생한다. 섕크샷이 두려운 나머지 셋업을 할 때 토를 공 뒤에 두고 시작하는 골퍼도 있다. 나는 섕크를 아주 쉽게 고칠 수 있다고 생각한다. 섕크샷으로 인해 골퍼들이 마주하는 결과가 너무 좋지 않다 보니 공포스러울 뿐, 원리만 제대로 이해한다면 '섕크병'은 금방 완치할 수 있다.

먼저 섕크가 나는 원인을 파악하는 게 중요하다. 섕크가 날 때 가장 많이 보이는 실수는 몸과 손을 함께 사용할 때다. 정상적인 스윙은 몸이 회전하면서 이뤄진다. 백스윙에서 다운스윙으로 이어질 때 엉덩이가 '시동' 역할을 하고, 어깨와 손이 따라오면서 공을 맞히는 게 올바른 순서다. 아마추어의 경우 이 과정에서 팔을 사용하면서 문제가 발생한다. 몸통 회전이 아니라 팔의 힘으로 백스윙을 하고, 다운스윙 때도 잔뜩 힘이 들어간 팔로 리드한다. 폴로스루, 피니시 동작까지 대부분 팔 힘을 사용한다.

팔로만 하는 스윙이라면 어떻게든 공을 클럽페이스에 맞출 수 있다. ==문제는 몸통 스윙과 팔을 이용한 스윙을 섞어서 하다 보니 섕크샷이 나는 것이다.== 다운스윙 때 몸 회전이 시작됐는데 팔도 개입하면서 몸과 팔이 동시에 회전하게 된다. 결국 타이밍이 맞지 않아 미스샷이 발생한다. 릴리스 동작도 하지 못해 클럽페이스가 활짝 열린 상태에서 임팩트가 들어가고, 페이스가 아닌 헤드의 힐 부분에 공이 맞는 것이다. 아주 심하게 비껴 맞는 느낌은 이때 손에 전달된다. 우리 몸은 밸런스를 잃은 상황에서도 어떻게든 공을 맞히려 하기 때문에 나오는 실수기도 하다. 결국 스윙 시퀀스의 문제이므로 장기적 관점에서 볼 땐 스윙 전체를 손보는 것이 좋다. 다만 당장 벙커샷에서 섕크를 피해야 하는 골퍼를 위해 몇 가지 팁을 공유하려고 한다.

벙커 위에서 양손으로 클럽을 가로로 잡는다. 어깨너비보다 조금 넓게 쥐고 어깨와 평행이 되게 든다. 이 상태에서 몸을 회전하면서 팔에서 힘을 충분히 빼고 백스윙과 다운스윙 동작을 해보자. 왼쪽 손목이 움직임 없이 고정된 느낌이 들 것이다. 이 느낌을 실전에서도 유지하면 된다. 왼쪽 손목을 사용하지 않으면 클럽을 급히 당기는 것을 막을 수 있고, 이상적인 'U'자 궤도의 스윙도 할 수 있게 된다.

이제 오른손을 떼고 똑같이 백스윙과 다운스윙을 해보자. 샤프트는 이전 연습과 마찬가지로 어깨와 평행을 유지한다. 양손으로 클럽을 잡은 것처럼 왼쪽 손목이 움직이지 않는 것을 느낄 수 있을 것이다.

생크병
완벽 치유!

다시 원래대로 클럽을 쥐고 연습하면 된다. 왼쪽 손목이 움직이지 않던 느낌을 기억하면서 해야 한다. 셋업 때 양팔과 어깨선으로 만들어지는 '삼각형'을 최대한 유지하고 몸통을 회전한다. 손목을 사용하지 않으니 클럽헤드를 모래에 내려칠 때 팔이 아니라 몸이 회전하는 힘으로 하게 될 것이다.

간단히 벙커샷을 정리해봤는데, 아마추어는 결국 비중이 크지 않은 벙커샷에 많은 시간을 들이지 않을 것이다. 연습 조건도 열악하다. 하지만 추후 싱글로 가기 위한 필수 조건이므로 초보 때부터 벙커샷을 제대로 익혀두는 것이 좋다. 또한 까다로운 경사와 다양한 벙커샷을 만날 수 있는 만큼, 앞서 설명한 '공식'을 이해한다면 훨씬 더 나은 결과를 얻을 수 있을 것이다. '에이미화'가 도움이 되길 바란다.

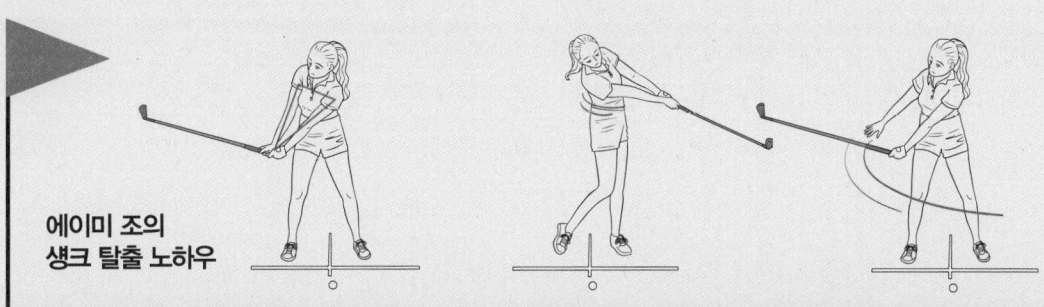

에이미 조의
생크 탈출 노하우

1 양손으로 클럽을 어깨너비보다 조금 넓게 쥐고 어깨와 평행이 되게 든다.

2 이 상태에서 몸을 회전하면서 팔의 힘을 충분히 빼고 다운스윙을 한다.

3 왼쪽 손목 움직임 없이 고정된 느낌이 들었다면 오른손을 떼고 백스윙과 다운스윙을 한다.

SECTION ⑤ Putting

Let's get Aimeefied — 에이미 따라잡기
퍼팅

에이미's Training Note

🏌 오늘의 자세	퍼팅
⛳ 포인트	퍼팅이 중요하지 않다고? 퍼팅은 가장 고난도 핵심 기술이다!

> " 퍼팅이 스코어에 얼마큼 영향을 미칠까요?

> " 퍼팅 연습장이 부족해요.

> " 퍼팅 고수로 거듭나고 싶어요.

초보 골퍼의 눈과 귀는 당장 결과가 보이는 샷에 쏠려 있다. 그래서 퍼팅은 항상 연습 우선순위에서 밀려난다. 돌이켜보면 나 역시 100타의 벽을 허물기 전까진 퍼팅을 잘하지 못했다. 어릴 적 한국에서 골프를 시작했는데, 땅이 좁다 보니 제대로 된 퍼팅 연습장을 찾기가 어려웠다. 그러나 결국 골프에서 가장 어려우면서도 중요한 게 퍼팅이라는 사실을 뒤늦게 깨달았다. "퍼팅만 잘해도 10타는 줄인다"라는 오랜 격언이 괜히 나온 게 아니라는 것을 경험으로 알았다.

퍼팅이 스코어에 실제로 얼마큼 영향을 미칠까. 파4홀에서 세 번의 샷으로 온 그린했다고 가정해보자. 여기서 '1퍼트'로 공을 홀에 넣으면 파인데, 거리를 제대로 파악하지 못해 원래 남은 거리보다 더 멀리 공을 보내는 경우가 있다. 이럴 땐 원 퍼트를 해야 보기인데, 아까보다 더 먼 거리가 남았기 때문에 '2퍼트'에 그칠 가능성이 높다. 눈 깜짝할 새 '3퍼트'가 나오고 결국 더블보기라는 스코어를 받아들여야 한다. 해저드나 아웃오브바운즈가 나온 것도 아닌데 더블보기를 기록하게 되는 셈. 샷 실수가 없는데도 스코어 관리에 치명적인 홀이 된 것이다. 결국 퍼팅이 '베스트 스코어'의 열쇠다. '퍼팅 고수'로 거듭나기 위해선 복잡한 퍼팅 관련 지식을 익혀야 하고 퍼팅하는 방법을 제대로 배워야 한다. 퍼팅은 그만큼 복잡하기 때문에 모든 스윙의 기본인 셋업 자세부터 테크닉까지 완벽히 익혀야 한다. 그립도 알아야 하고 스트로크도 빼놓을 수 없다. 라인 읽는 방법도 필수다.

무엇보다 가장 중요한 건 공의 '롤'이다. 퍼팅 후 공이 굴러가는 것을 뜻한다. 세계 정상급 선수들의 퍼팅 스트로크 방법은 가지각색이지만, 이들이 치는 공은 거의 대부분 비슷하게 굴러간다. 이번 섹션을 통해 기본자세부터 내가 배운 모든 노하우를 독자와 공유할 예정이다.

퍼팅 셋업 마스터하기

SECTION 5 | Putting | SET-UP

등
등을 동그랗게 말아 자세를 낮추면 안 된다. 등을 말면 허리에 무리가 가고 복근 사용에 제한이 생긴다.

공의 위치
셋업 자세를 취한 후 바라보았을 때 왼쪽 눈 아래에 놓여 있어야 한다.

스탠스
어깨너비보다 조금 좁게 선다. 7번 아이언 셋업 자세보다 조금 좁게 선다고 생각하자.

무릎과 골반
풀스윙 때의 셋업과는 반대로 무릎을 조금 덜 구부린다. 대신 골반을 더 많이 내려서 높이를 맞춘다.

퍼터 셋업 측면

퍼팅 셋업을 쉽게 배우기

─────── 퍼팅 셋업을 쉽게 배우는 방법은 고수들을 잘 관찰하는 것이다. 샷은 그리 훌륭하지 않아도 그린 위에서 퍼팅으로 스코어를 얻는 아마추어가 꽤 있는데, 그들에게서 발견한 공통점이 있다.

─────── 먼저 공은 셋업 자세를 취한 후 바라보았을 때 왼쪽 눈 아래에 놓여 있어야 한다. 셋업 자세를 취한 뒤 가운데에서 공 반 개에서 한 개만큼의 거리다. 눈 아래에 정확히 두기 위해선 일단 풀스윙 때의 셋업과는 반대로 무릎을 조금 덜 구부린다. 대신 골반을 더 많이 내려서 높이를 맞춘다. 등을 동그랗게 말아 자세를 낮추면 안 된다. 등을 말면 허리에 무리가 가고 복근 사용에도 제한이 생긴다.

─────── 스탠스는 어깨너비보다 조금 좁게 선다. 7번 아이언 셋업 자세보다 조금 좁게 선다고 생각하자. 물론 이는 정해진 룰은 아니다. 더 편하게 셋업을 할 수 있다면 자신만의 스탠스 넓이를 유지하는 것도 좋은 방법이다.

퍼팅의 핵심 '얼라인먼트'

─────── 퍼팅의 핵심인 얼라인먼트는 발가락으로 조정한다. 양발 엄지발가락이 12시 방향을 향하게 '11자' 모양으로 만들어 서자. 양 엄지발가락 라인이 타깃 공 라인과 평행하면 된다. 이는 가장 이상적인 방법이지만 신경 쓸 것이 많다 보니 대부분은 발이 틀어진 채 셋업 자세를 서게 된다. 그린 경사 등으로 인한 착시 현상도 올바른 자세를 방해한다.

─────── 자신의 스탠스가 '11자'로 똑바로 이뤄졌는지 확신이 서지 않는다면 왼발을 닫는 것보다는 열고 서는 것이 좋다. 다시 말해 일단 왼발을 11시 방향 쪽으로 살짝 열어서 서라는 뜻이다. 이는 스탠스를 닫았을 때보다 열고 칠 때 훨씬 더 좋은 결과를 얻을 수 있다는 얘기다. 프로 선수들도 헷갈리면 일단 왼발을 열고 본다.

─────── 왼발이 닫혀 있는, 즉 얼라인먼트가 1시 방향을 가리키면 스트로크는 크게 망가진다. 타깃이 서 있는 방향보다 왼쪽에 놓이게 되니 자신도 모르게 당겨 치는 스트로크를 하게 된다. 손목을 써서 억지로 공을 타깃 방향으로 보내는 경우도 있다. 18홀은 물론 한 시즌을 통째로 날리는 악습관으로 굳어질 수도 있다. 반면 열어 친다면 그나마 개선할 가능성이 높다. 밸런스가 살짝 흔들리거나 조금 밀어 치는 것으로 끝난다.

─────── 나도 선수 시절 타깃 얼라인먼트로 고생한 적이 있다. 계속 당겨 쳤는데, 할 수 없이 왼발을 뒤로 빼서 오픈스탠스로 만든 후 퍼팅 연습을 했다. 당겨 치는 습관이 없어졌고 방향성과 거리감도 훨씬 좋아졌다.

─────── 왼쪽 팔뚝의 바깥 면이 타깃 방향을 향하고 있는지 확인하는 방법도 추천한다. 팔뚝을 이용한 얼라인먼트는 '체크리스트'의 마지막 옵션으로, 심리적 여유가 있을 때 하면 좋다.

얼라인먼트 발가락 TIP

1
양발 엄지를 12시 방향을 향하게 '11자' 모양으로 만들어 서자.

2
양발 엄지 라인이 타깃 공 라인과 평행하면 된다.

3
왼발을 11시 방향 쪽으로 살짝 열어서 서라.

영상으로 확인!

퍼팅의 정석

퍼터 그립 잡는 방법

SECTION ⑤ Putting | GRIP

그립 기준
엄지와 검지 사이에서 손목 쪽으로 타고 내려오는 손바닥 생명선을 기준으로 삼는다.

오른손
오른손은 생명선을 왼손 엄지 오른쪽 측면에 갖다 대면서 클럽 그립을 감싼다.

퍼터헤드
클럽 그립을 쥔 채 퍼터헤드를 땅에 자연스레 내려 놓는다.

퍼터 셋업 정면

스윙만큼이나 다양해지고 있는 것이 퍼팅 그립이다. 요즘 선수들을 보면 퍼팅 그립의 '정석'이 없어진 듯하다. 물론 다수가 오른손이 왼손 밑으로 가는 전통적 리버스 오버랩을 애용하지만, 그렇지 않은 선수들이 늘고 있다. 리버스 오버랩과 반대로 왼손이 오른손 밑으로 가는 크로스 핸드 그립, 오른손을 집게처럼 만들어 그립을 엄지와 검지 사이에 갖다 대는 클로 그립, 왼쪽 팔뚝에 클럽 그립을 밀착하는 암록 그립까지 '신(新)이론'으로 무장한 그립들이 '뉴노멀'로 자리 잡는 추세다.

■ 가장 안정적인 리버스 오버랩

나는 리버스 오버랩(Reverse Overlap)으로 퍼팅을 배웠고 지금까지 유지하고 있다. 다른 그립을 시도해보지 않은 것은 아니다. 선수들은 리버스 오버랩으로 스트로크할 때 일관성이 부족하고 마음에 드는 결과가 나오지 않으면 그립을 바꾸는데, 나에겐 리버스 오버랩이 가장 안정적이었다. 선수들이 그립을 바꾸는 건 엄청난 연습량에도 리버스 오버랩이 손에 익지 않아서다. 골프 격언 중에 "못 쓸 정도가 아니면 굳이 고치지 말라"는 말이 있다. 선수들도 이를 알지만 새로운 그립을 상상하기 힘든 연습량으로 익히고 적응한다.

연습량이 절대적으로 부족한 아마추어에겐 리버스 오버랩 그립을 먼저 알려준다. 충분히 노력한 뒤에도 이 그립이 맞지 않는다면 다른 그립을 시도해보라고 한다. 아직까진 정석으로 통하는 리버스 오버랩을 통해 스트로크의 느낌, 공의 롤 등을 완벽히 깨닫고 익힌 후에 다음 단계로 넘어가도 된다는 뜻이다. 리버스 오버랩 연습에 투자한 시간은 추후 다른 그립에서도 분명 도움이 될 것이다.

■ 리버스 오버랩 쥐는 법

리버스 오버랩 그립을 쥘 때 엄지와 검지 사이에서 손목 쪽으로 타고 내려오는 손바닥 생명선을 기준으로 삼는다. 왼손 생명선 아래 끝을 클럽 그립 끝에 맞춘 다음 손가락을 감아쥔다. 이때 왼손 엄지는 클럽 그립 위 평평한 곳에 내려놓는다. 오른손은 생명선을 왼손 엄지 오른쪽 측면에 갖다 대면서 클럽 그립을 감싼다.

여기까진 일반 클럽을 쥐는 방법과 비슷한데, 바닥 쪽을 바라보고 있는 클럽 그립 반대편이 다르다. 일반적으로 오른손 새끼손가락을 왼손 검지 위에 올려놓는데, 퍼팅 그립에선 반대로 해야 한다. 오른손 새끼손가락이 클럽 그립을 직접 잡고, 왼손 검지를 오른손 새끼손가락과 약지 사이에 얹으면 된다.

이렇게 그립을 쥐면 일반 스윙 그립보다 훨씬 더 큰 손바닥 면적이 클럽 그립과 닿는다. 맞닿는 면적이 클수록 스트로크를 할 때 손목이 돌아가지 않도록 단단히 잡아준다. 퍼팅할 때 손목이 개입하는 것을

왼손 낮은 그립

트래디셔널 리버스 오버랩 그립

클로 그립(Claw Grip)

쏘 그립(Saw Grip)

최소화하는 것이 그만큼 중요하기 때문이다. 퍼터 헤드는 조금만 흔들려도 미스샷으로 이어진다.

클럽 그립을 쥔 채 퍼터 헤드를 땅에 자연스레 내려놓는다. 이때 왼쪽 손목이 자연스레 '보잉(Bowing)'이 돼야 한다. 손목이 둥그렇게 바깥쪽으로 펴지는 현상을 보잉이라고 한다. 측면에서 볼 때 왼 팔뚝과 퍼터 샤프트가 일자로 이어지면 보잉이 됐다고 볼 수 있다. 왼 손목이 살짝 튀어나온 느낌이 들 텐데 이는 손목 사용을 막아준다.

팔꿈치도 중요하다. 골프를 '감(感)'에 의존하던 시절에는 팔꿈치를 벌리라는 코치가 많았고, 나도 처음엔 팔꿈치를 벌렸다. 하지만 팔꿈치가 벌어지면 겨드랑이가 몸에서 떨어지고, 결국 스트로크가 흔들리게 된다. 퍼팅을 잘하는 골퍼를 유심히 관찰하면 팔꿈치가 좁혀져 있고 겨드랑이도 몸과 밀착돼 있는 것을 확인할 수 있다.

이를 위해 클럽 그립을 잡은 뒤 팔꿈치를 안쪽으로 오므린다고 생각하자. 그리고 나서 퍼터 헤드를 땅에 두면 된다. 팔꿈치를 오므리면서 팔 길이가 길어지면 퍼터가 길게 느껴질 수 있다. 이 경우 어깨가 불편할 수 있는데, 그럴 땐 팔꿈치를 더 굽혀준다. 그 대신 바깥쪽이 아니라 몸 안쪽으로 구부려야 한다.

> **퍼팅에서 손목 사용이 치명적인 이유**
>
> 퍼팅에서 손목 사용은 오차 범위와 연관이 깊다. 퍼팅은 풀스윙처럼 엄청난 스피드를 내서 공을 치는 것이 아니다. 임팩트 구간에서 1도만 빗나가도 10m 앞에선 10도 이상 타깃에서 벗어난다. 스윙 크기가 쇼트 게임과 비교해도 훨씬 작은 이유도 그 때문이다.

퍼팅 시 팔꿈치 사용의 좋은 예

퍼팅 시 팔꿈치 사용의 나쁜 예

퍼터 그립

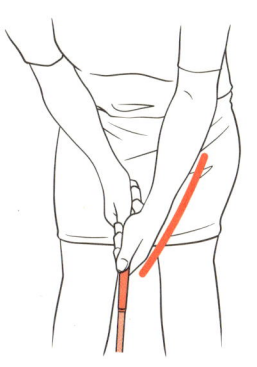

보잉
손목이 동그렇게
바깥쪽으로 펴지는 현상

퍼터 그립 리버스 오버랩

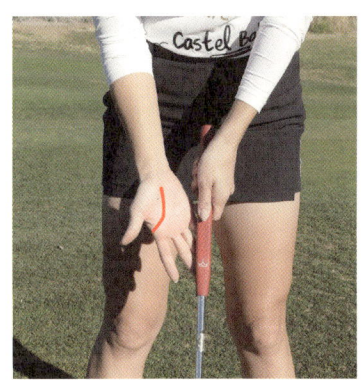

퍼터 그립 오른손 손금

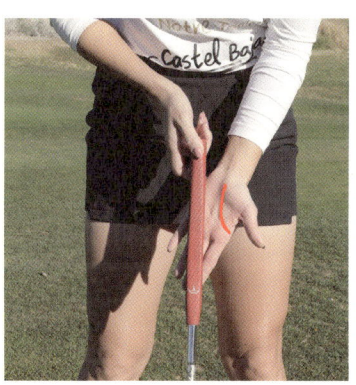

퍼터 그립 왼손 손금

3퍼팅 없애는 비법

SECTION ⑤ Putting | TRAINING

'미드–롱레인지' 연습법
버디 퍼팅 거리로 여겨지는 4m 안팎의 '미드레인지 퍼팅'. 9m 이상인 '롱 퍼트' 길이로 나누어 연습한다.

90cm

'미드–롱레인지' 연습법

TRAINING 1

백돌이를 빨리 탈출하는 방법은 3퍼팅을 줄이는 것이다. 3퍼팅은 공을 그린 위에 올려놓고 홀에 넣기까지 세 번 퍼팅했다는 뜻이다. 스윙 교정을 하고 드라이브 비거리를 내는 데는 시간이 걸리지만, 퍼팅은 비교적 짧은 시간에 바로 효과를 볼 수 있는 분야다. 특히 100타의 벽 앞에서 한두 타 차이로 번번히 좌절하는 골퍼들에겐 이 팁이 큰 도움이 될 것이라고 자신한다. ──── 통계적으로 아마추어 골퍼는 18홀 스트로크 경기에서 3퍼팅 혹은 그 이상을 평균 네 번 정도 한다. 내가 확인한 자료에선 초보자인 하이 핸디캡 골퍼의 통계가 없었기에 백돌이는 5~6회 혹은 그 이상을 한다고 추측해볼 수 있다. 초보자일수록 3퍼팅 수는 훨씬 더 늘어난다. 좋게 말해 3퍼팅이지 4퍼팅, 5퍼팅 등 셀 수 없이 많은 실수들이 나온다. 이런 실수를 홀마다 1타씩만 줄인다고 해도 18타를 벌게 된다. 117타를 치던 골퍼가 90대 타수로 진입할 수 있는 차이다.

3퍼팅이 나오는 이유

──── 3퍼팅은 왜 나오는 것일까. 홀까지 긴 거리가 남았는데 거리를 맞추지 못해 두 번째 퍼팅 역시 홀까지 길게 남는 경우, 라인을 제대로 읽지 못해 공이 홀 근처에서 크게 휘며 붙이지 못한 경우, 1m 남짓한 거리에서 두 번째 퍼팅을 놓치는 경우 등 다양하다. ──── 3퍼팅을 줄이기 위해선 다음 세 가지를 명심하자. 첫째, 통계(퍼팅 수 등 세부 기록)를 기록한다. 둘째, 목표를 세우고 연습한다. 셋째, 공략을 세운다. ──── 자신의 그린 위 플레이에 대한 기록을 통계로 내는 것은 자주 할수록 좋다. 라운드마다 하기를 추천한다. 최근에는 개인의 통계 정리를 도와주는 다양한 애플리케이션이 출시돼 있다. 스마트폰 사용이 미숙하다면 수기로 하는 방법도 있다. 내가 사용하던 방법은 라운드가 끝난 뒤 18홀 전체를 머릿속으로 복기하는 것이다. 주로 페어웨이 안착률, 평균 퍼팅 수와 홀별 퍼팅 수, 그린 적중률, 벙커 세이브율을 기억을 더듬어 적어놨다. 머릿속으로 티잉 에어리어(Teeing Area)에서 출발해 공이 페어웨이에 안착했는지, 공을 그린에 올렸는지, 퍼팅 몇 번에 공을 넣었는 지 등을 떠올렸다. ──── 물론 이는 골프를 밥 먹듯 치는 프로 선수여서 가능한 방법이다. 바둑 기사들이 100수가 넘는 돌을 되감기며 복기하듯 프로 골퍼들 역시 경기 뒤에도 18홀 플레이가 생생하게 그려진다. 반면 아마추어 골퍼는 스코어 카드의 작은 공간을 이용해 자신이 알아볼 수 있도록 체크해 두는 것이 좋다. 예를 들어 홀별로 나뉘어 있는 박스 왼쪽 위 코너에는 페어웨이 안착 여부를 OX로 표기하고 오른쪽 위 코너에는 평균 퍼팅 수를 숫자로 적는 식이다. ──── 라운드를 자주하는 골퍼라면 10회, 그렇지 못한 주말 골퍼는 5회 정도의 라운드 기록을 취합해 통계를 내보자. 퍼팅은 개수를

3퍼팅 줄이는 3가지 공식

1
통계 기록하기

2
목표를 세우고 연습하기

3
공략 세우기

세기 때문에 3퍼팅을 한 홀과 횟수를 쉽게 알 수 있다. 어느 홀에서 약했는지, 어떤 그린이나 환경에서 3퍼팅이 나왔는지를 복기하면 다음 라운드에서 3퍼팅 횟수를 현저히 줄일 수 있다.

■ '미드-롱레인지' 연습법

퍼팅 연습은 목표를 세우고 해야 효과가 크다. 목표가 없다면 무작정 많이 친다고 해도 내가 올바른 방향으로 나아가고 있는 지 확인할 길이 없다.

수백 가지의 퍼팅 연습법이 있는데, 내가 가장 확실한 효과를 얻은 퍼팅 연습법을 공유하려 한다. 이른바 '미드-롱레인지' 연습법이다.

이 연습법은 퍼팅하는 상황을 크게 두 가지로 나눈 뒤 진행한다. 첫 번째는 '버디 퍼팅' 거리로 여겨지는 4.5m 안팎의 '미드 레인지 퍼팅'(중거리) 길이, 또 다른 거리는 9m 이상인 '롱 퍼트' 길이다. 공은 2개로 연습한다.

골퍼마다 연습할 때 선호하는 공 개수가 다른데, 나의 경우 공이 3개 이상을 넘어가면 세 번째 공부터 집중력이 떨어져 항상 공 2개로 연습했다.

홀 위치를 지정한 뒤 중거리 길이부터 연습한다. 주로 4.5m로 설정하지만 때에 따라 3.5m로 줄이거나 5m로 늘리기도 한다. 먼저 홀 또는 홀로 지정한 위치가 오르막에 위치하도록 공 놓는 장소를 정한다. 2개의 공을 친 뒤 반대쪽에서 이번엔 내리막 경사로 공 2개를 스트로크한다.

다시 원래 지점으로 가 오르막 퍼팅을 하고 다시 내리막 퍼팅을 하는 식으로 양쪽을 오가며 10개의 공을 친다. 공 2개를 이용해 오르막 경사부터 퍼팅하기 때문에 오르막 퍼팅은 3세트, 내리막 퍼팅은 2세트를 하게 된다.

이때 목표는 절반 정도의 공을 홀에 넣는 것이다. 남은 절반은 실수했다 해도 홀 뒤 '90cm 존'을 지나가지 않고 멈추게 하면 성공이다. 이는 짧은 퍼팅이 나오지 않게 하고 무조건 지나가는 퍼팅을 지양하기 위해서다. 동시에 무조건 넣어야 한다는 압박감을 스스로에게 주고 이를 이겨내는 훈련을 하는 것이다.

물론 쉽지 않은 목표이기 때문에 주변 경사가 너무 가파르지 않은 홀을 택해야 한다. 초보자라면 목표치를 낮추는 것도 방법이다. 예를 들어 공 10개 가운데 1개만 홀에 넣고 7개는 90cm 존 안에 멈추게 하며 남은 2개는 존을 벗어나는 샷을 하면 성공인 것이다. 또 오르막과 내리막 중 자신이 약한 부분이 내리막 퍼팅이었다면, 다음 연습 때는 내리막 퍼팅부터 시작하는 것도 방법이다.

'롱퍼팅' 연습법

──────── 목표를 달성했다면 롱퍼팅 연습으로 넘어가자. 중거리 퍼팅 방법에서 거리만 9m로 늘리는 방식이다. 나의 경우 롱퍼팅은 공 10개 중 2개를 넣고 2개는 미스샷, 6개는 90cm 존에 들어가야 성공으로 간주했다. 처음 연습하는 골퍼는 미스샷 3개, 90cm 존에 안착하는 공 7개로 목표를 낮춰 설정하고 시작하면 된다.

──────── 내가 이 연습을 처음 시작해서 성공하기까지 약 3시간이 걸렸다. 당시 지금보다 목표를 낮춰 잡았는데도 말이다. 지금은 이 연습을 30분 이내에 끝내게 됐다. 퍼팅 실력이 늘었다는 것을 연습 시간이 증명해주는 셈이다.

──────── 이 연습법은 홀 위치가 바뀔 때마다 라인 등 연습 조건이 달라지기 때문에 어떤 환경에서도 좋은 퍼팅 스트로크를 하도록 도와준다. 공이 굴러가는 롤과 거리감, 방향성도 이 연습을 통해 모두 숙련할 수 있다.

──────── 3퍼팅 탈출의 마지막 단계는 '공략'이다. 퍼팅을 할 때 무조건 넣겠다는 생각보다는 실패하는 상황을 고려해 샷을 해야 한다. 첫 퍼트가 들어가지 않더라도 두 번째 퍼트는 확실하게 넣을 수 있는 곳으로 공을 흐르게 하는 것이다.

이를 위해 첫 퍼팅을 앞두고 홀 주변을 4등분으로 나눠 경사를 파악한다. 나눈 구역의 높낮이를 파악한 뒤 가장 안전한 구역으로 공을 보낸다고 생각하고 치는 것도 방법이다.

──────── 공은 항상 지나가게 치라고 하지만 오르막 경사를 남겨두고 있다면 공을 홀 길이에 맞춰 치거나 그보다 조금 짧게 치는 것이 나을 수 있다. 공이 지나가게 되면 내리막 경사에 휘어지는 까다로운 퍼팅 상황과 마주할 수 있기 때문이다. 짧아도 성공 확률이 높은 오르막 경사 퍼팅을 남겨두는 것이 현명하다.

──────── 특히 14m 이상의 장거리 퍼팅일수록 공을 홀 주변에 세운다는 느낌으로 쳐야 한다. 세계 최정상급 골퍼들이 모인 미국프로골프(PGA) 투어 선수들도 48피트(약 14.6m) 거리에서 퍼팅을 성공할 확률이 3%에 그친다. 같은 거리에서 3퍼팅을 할 확률은 15%다. 백돌이의 성공 확률은 소수점으로 내려간다고 했을 때 직접 넣는 것보다 붙이기만 해도 성공한 것이다. 두 번째 퍼팅을 할 때 성공 확률이 가장 높은 곳으로 공을 보낸다고 생각하면 3퍼팅도 눈에 띄게 줄어들 것이다.

쇼트 퍼팅 실수 줄이는 노하우

SECTION ⑤ Putting | TRAINING

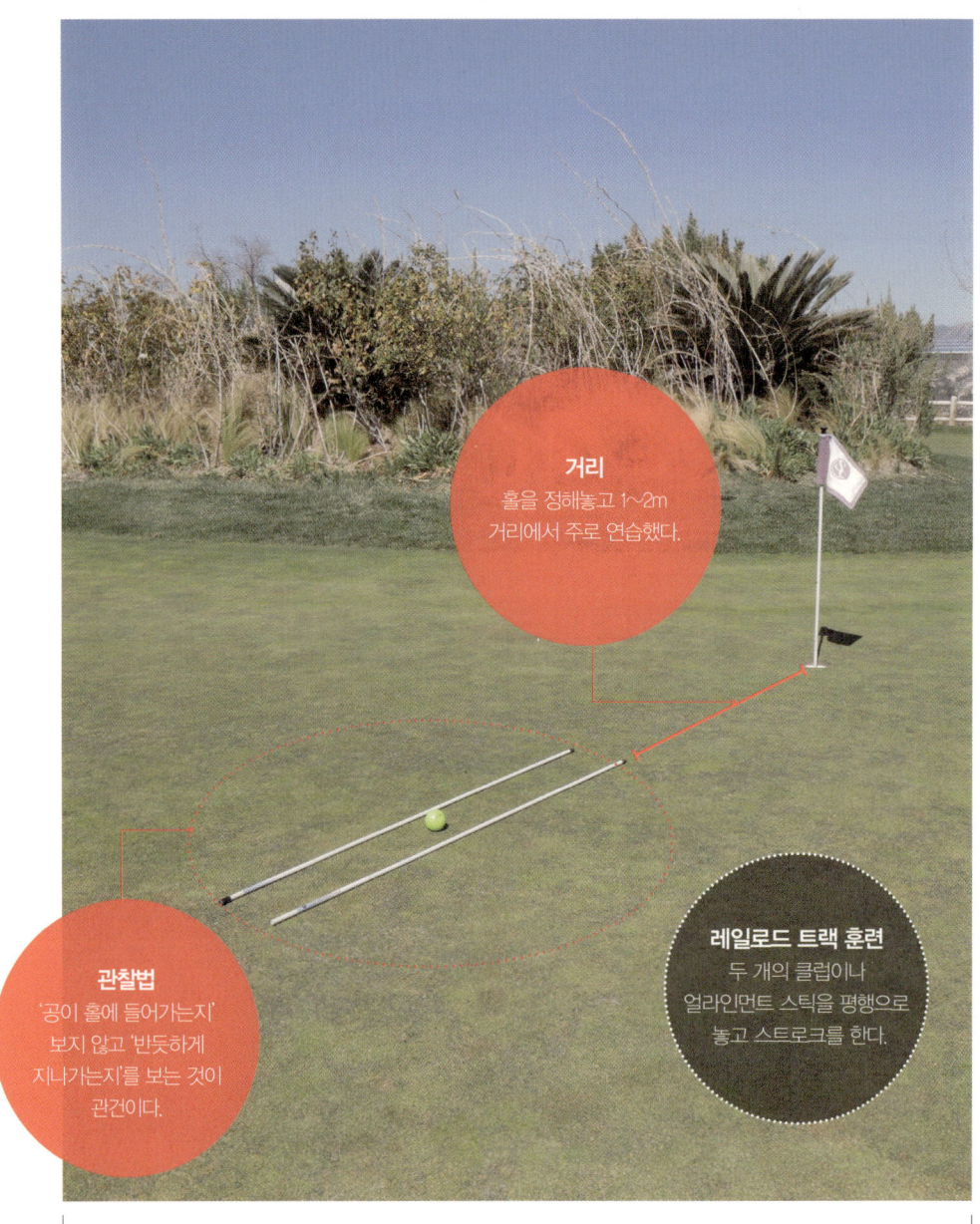

거리
홀을 정해놓고 1~2m 거리에서 주로 연습했다.

관찰법
'공이 홀에 들어가는지' 보지 않고 '반듯하게 지나가는지'를 보는 것이 관건이다.

레일로드 트랙 훈련
두 개의 클럽이나 얼라인먼트 스틱을 평행으로 놓고 스트로크를 한다.

레일로드 트랙

쇼트 퍼팅을 잘하면 엄청난 어드밴티지를 안고 골프를 하는 것이다. 아마추어 골퍼에겐 더욱 그렇다. 온 그린에 실패해도 칩샷으로 홀 주변에 공을 올린 뒤 쇼트 퍼팅으로 마무리할 수 있다는 자신감이 있어서다. 반드시 넣어야 하는 짧은 퍼트를 넣는 것과 그러지 못하는 차이가 스코어 앞자리 숫자를 바꾸기도 한다.

―――――――― 쇼트 퍼팅은 상대를 흔드는 강한 멘털 공격 무기가 되기도 한다. 짧은 퍼팅을 한 번도 놓치지 않고 넣는다면 실수를 바라는 상대는 압박을 받게 된다. 샷이 흔들리는 날에도 쇼트 퍼팅이 잘 들어가면 스코어를 지키기 용이하다.

▪ 스트로크의 일관성

―――――――― 쇼트 퍼팅을 잘하기 위한 필수 조건은 무엇일까. 나는 스트로크의 일관성이라고 생각한다. 일관성을 바탕으로 어떤 상황에서도 자신이 원하는 방향으로 공을 보낼 줄 알아야 한다. 스트로크가 일정해야 공이 굴러가는 것을 뜻하는 '롤'도 일정하다.

―――――――― 스트로크의 직진성을 키우는 데 가장 널리 알려진 연습법은 '레일로드 트랙(Railroad Track)' 훈련이다. 클럽이 2개나 얼라인먼트 스틱을 평행으로 놓은 모양이 기찻길처럼 생겼다고 해서 붙은 이름이다. 거의 모든 골퍼들이 하는 훈련이라고 봐도 무방하다. 폭은 퍼터 헤드가 겨우 들어갈 정도로 벌린다. 공을 스트로크하면서 퍼터 헤드가 얼라인먼트 스틱을 벗어나지 않도록 주의한다.

―――――――― 나 역시 레일로드 트랙 훈련을 즐겨 했다. 특히 홀을 정해놓고 1~2m 거리에서 연습했다. '공이 홀에 들어가는지' 보지 않고 '반듯하게 지나가는지'를 봤다. 결과보다 과정에 집중했다. 퍼터 헤드가 반듯하게 지나간다고 생각이 든 다음에는 공이 일정하게 굴러가는지 관찰했다. 프로가 되고 나서도 이 연습법은 꾸준히 애용했다. 어느 정도 수준에 올라왔다고 판단한 후에는 공이 일관되게 굴러가는지를 봤다. 스트로크를 아무리 일(─)자로 한다고 해도 결국 스트로크의 결과인 공의 롤이 중요하기 때문이다.

―――――――― 하지만 공은 일정하게 구르지 않는다. 내 경우 타고난 신체적인 조건들 때문인지 어떤 상황에서든 퍼터를 들면 아웃-인 스트로크를 했다. 아주 미세한 차이였지만, 공이 깎여 맞았기 때문에 정말 미세하게 왼쪽에서 오른쪽으로 굴렀다. 억지로 일자 스트로크를 유지하려다 보니 결과가 들쭉날쭉했다.

―――――――― 결국 자신 있어 하던 퍼팅이 시간이 흐르자 발목을 잡는 약점이 됐다. 안 되는 일자 스트로크를 고집하는 것이 정답은 아니라는 결론에 도달했다. 일자 스트로크 만들기를 과감히 포기했다. 나름 '완벽주의자'였는데 이를 포기한 게 골프 인생에 있어서 가장 잘한 선택이었던 것

TRAINING 2

같기도 하다.
　　　　　　　아웃-인 스트로크로 돌아가자 일관성을 되찾았고 쇼트 퍼팅 성공률도 급격히 올라갔다. 물론 자신만의 스트로크 궤도가 있다고 해서 직진성을 포기해선 안 된다. 최대한 일자로 스트로크를 하되, 그 안에서 미세한 뒤틀림 정도만 허용하자는 뜻이다. 이유는 퍼팅에도 '백스핀'이 걸리기 때문이다.
　　　　　　　퍼터 헤드는 평균적으로 3~4도의 로프트 각이 있다. 퍼팅 스트로크 때 헤드에 맞은 공은 찰나의 순간에 공중에 붕 뜬 뒤 땅에 떨어진다. 순간 백스핀이 생긴다. 골프공은 땅에 떨어진 뒤 굴러간다. 스트로크가 일정하지 않으면 공의 체공 시간, 방향 등의 편차가 커서 일관된 결과를 얻기 힘들다. 공이 일정하게 가기 위해선 어느 정도 스트로크가 반듯해야 한다.

▎반듯한 스트로크를 위한 기본 셋업

　　　　　　　그렇다면 일관성 있는 공의 롤을 얻기 위한 좋은 스트로크는 어떻게 할까. 열쇠는 기본 셋업에 달려 있다. 클럽 그립과 닿는 손바닥의 면이 최대한 넓어야 컨트롤하기가 쉽다. 그래야 손목을 사용하지 않게 된다. 손목을 많이 사용하는 순간 퍼터 헤드가 일정하지 않게 움직이고 흔들리는 스트로크를 하게 된다. 손목 사용을 자제하고 어깨를 움직여 스트로크를 한다. 엉덩이나 머리, 옆구리를 움직여서도 안 된다. 어깨는 상복근의 힘으로 움직여야 한다.
　　　　　　　물을 떠서 마실 때처럼 양손의 날이 마주 닿게 붙여보자. 두 손바닥이 하늘을 가리키게 하고 하체 등 몸 나머지 부분은 일반 퍼팅 셋업 자세를 취한다. 손바닥 위에 퍼터를 가로로 놓는데, 그립이 타깃 방향을 향하게 한다. 이 상태에서 퍼팅 스트로크를 하는 것처럼 움직여보자.

퍼터 드릴 클럽 셋업　　　　　　　　　　퍼터 드릴 클럽 피니시

──────── 손에 올린 퍼터가 앞으로 반듯이 움직이지 않고 ∞ 모양처럼 움직인다면 어깨가 올바로 움직이지 않는다는 뜻이다. 다시 한번 머리와 옆구리, 엉덩이, 무릎이 고정되어 있는지 확인하고 어깨만 움직이는지 점검한다. 올바른 방법으로 스트로크를 한다면 상복근이 땅기는 느낌이 들 것이다. 다만 상복근은 힘을 줄 뿐이지 실제로 움직인다고 생각해선 안 된다.

──────── 일관된 롤을 만들 수 있게 됐다면 머릿속으로 '가상의 라인'을 그리는 방법을 연습하자. 공과 홀 사이에 가상의 라인을 그리는 것은 거의 모든 프로 선수들이 쓰는 방법이다. 이 가상 라인이 존재해야만 라인 방향에 맞춰 셋업 자세를 취하고 세기 등을 조절할 수 있다. 예를 들어 1m가 조금 넘는 오르막 훅 라인 퍼터를 남겨두고 있다면, 홀 가운데가 아니라 오른쪽 끝 정도를 조준할 것이다. 이 지점에서 역으로 공 쪽으로 가상의 라인을 그리면 된다.

공과 홀 사이의 가상 라인

화장지 넓이의 공과 홀 사이 라인

──────── 가상 라인이 정해진 뒤에는 공 앞 3인치(7.62㎝) 구간에 집중하자. 공이 첫 3인치 구간에서 내가 원하는 방향대로 굴러가는지 집중해 확인하며 연습하는 것이다. 3인치 구간을 제대로 유지하며 공이 앞으로 나아간다면 결국 공은 내가 목표한 대로 굴러갈 가능성이 높다.

──────── 셋업 자세부터 스트로크까지 신경 쓸 것이 많은 백돌이로선 가상의 라인을 그리기 쉽지 않다. 여유가 없다면 가상의 선을 넓게 그려보자. 나는 처음에 화장지 폭 정도의 너비로 그렸다. 라인을 넓게 그리다 보니 심적 부담이 덜했다. 화장지 폭은 대개 퍼터 헤드 너비와 비슷했기 때문이다. 퍼터헤드가 굵은 선 위로 지나간다는 생각으로 스트로크를 했다. 오차 범위는 컸지만 헤드가 덜 흔들려 심리적으로는 안정감이 들었다. 이후 점차 가상의 선을 좁게 만들었고 프로가 된 지금은 실처럼 얇은 라인을 머릿속으로 그린다. 종종 퍼팅이 안 될 때는 가상의 선을 다시 넓게 만들었다가 좁히는 식으로 반복한다.

프리샷 루틴

여기까지 잘 따라왔다면 당신의 퍼팅 실력은 수준급으로 올라왔을 것이다. 여기서 방점을 찍을 팁을 하나 더 공유하겠다. 바로 '프리샷 루틴'이다. 프리샷 루틴은 공을 치기 전에 항상 똑같이 반복하는 동작을 뜻한다.

주말에 하는 명랑 골프와 달리 대회에선 1m 퍼팅도 손을 떨며 하게 된다. 대회의 무대가 주는 압박감이 엄청나기 때문이다. 그 흔한 OK도 없다. 원해서도 안 되며 동반자가 아무리 친해도 줄 수 없는 상황이기 때문이다. 개인적인 생각으로는, OK 없는 골프를 하면 아마추어는 자신의 핸디캡보다 평균 8타 이상을 적어낼 것이다. 나는 이를 이겨내기 위해 'US여자오픈'에서 우승을 확정 짓는 챔피언 퍼팅이라고 마인트컨트롤을 하며 연습했던 기억이 있다.

프리샷 루틴은 실전에서 긴장감을 덜어주는 역할을 한다. 프리샷 루틴은 정하기 나름이라 골퍼마다 제각각이다. 연습 스윙을 두 번 하거나 무릎을 살짝 구부리는 등 다양한 프리샷 루틴을 봤다. 다만 프로와 아마추어의 차이는 일관성이다. 프로 선수들은 대부분 자신의 리듬대로 프리샷 루틴을 항상 똑같이 가져간다. 반면 아마추어는 급한 상황에서 루틴을 생략하거나 너무 많이 시간을 들이다가 지체하는 경우가 많다. 그렇기 때문에 프리샷 루틴에는 정석은 없지만 너무 길어서도 안 된다. 루틴을 통해 셋업과 얼라인먼트, 리듬 등 여러 가지를 한 번에 잡아야 하기 때문이다.

퍼터 셋업 정면

마크(Mark)를 걷어내고 공을 그린 위에 두면서 프리샷 루틴을 시작한다. 머릿속으로 공의 세기를 상상한다. 이 세기로 쳤을 때 공이 어떻게 구를지, 얼마만큼 휠지도 고려한다. 타깃이 같아도 스트로크 세기에 따라 공이 굴러가는 라인이 달라지기 때문이다. 앞에서 말한 가상 라인을 그려야 하는 순간이다. 이후 공을 앞에 두고 선 다음 연습 스윙을 한다. 마음에 안 들면 한 번 더 스트로크를 한다. 그러나 되도록이면 한 번으로 끝내려 한다. 연습 스트로크 때 실제로 공을 치듯 신중히 하는 것이 중요하다.

이 모든 과정을 마치면 퍼터 헤드의 바깥쪽인 토 부분 쪽에 공이 놓이도록 헤드를 내려놓는다. 이때 왼쪽 눈이 공 위에 위치하는지 확인한다. 이후 홀에서부터 공까지 가상의 선을 그리고, 라인에 맞춰 퍼터 헤드를 정렬한다. 다시 공에서 홀 쪽으로 가상의 라인을 그리는데, 이때 스탠스가 라인과 병행이 되도록 정렬한다. 다시 홀에서 공으로 돌아오는 라인을 그린 뒤 테이크어웨이(Takeaway)를 시작한다. 앞서 연습한 리듬과 스트로크 크기대로 망설임 없이 친다.

신경 쓸 것도 많고 굉장히 오래 걸리는 작업으로 보일 수 있다. 그러나 실제 내가 하는 프리샷 루틴을 보면 모든 것이 30초 안팎으로 이뤄진다. 처음에는 어렵지만 익숙해지면 쉽고, 잡생각을 없애주는 게 이 프리샷 루틴이다. 나 역시 프리샷 루틴이 몸에 익자 손이 떨리는 현상 등이 사라졌다.

에이미가 전하는 셋업 자세 전 루틴 공식

1
그린으로 향하며 눈으로 전체적인 경사를 파악한다.

2
공을 마크하고 닦은 뒤 홀로 걸어가며 발걸음 수로 퍼팅 거리를 재고, 발바닥으로 경사를 느낀다.

3
홀 반대편으로 건너가서 경사를 다시 한 번 파악한다.

4
공 쪽으로 돌아올 때 조금 돌아서 걸어오면서 측면에서도 경사를 파악한다.

📍 영상으로 확인!

쇼트 퍼팅 실수 줄이는 노하우

| 이것만은 기억하자! 쇼트 퍼팅 원칙 5가지 |

1
스트로크의 직진성을 높이기 위해 '기찻길' 연습 등을 꾸준히 하자.

2
좋은 '롤'을 위해서 상복부에 힘을 주고 스트로크를 하자.

3
가상의 라인을 그리자.

4
프리샷 루틴을 익히자.

5
공이 출발하는 첫 3인치 구간에 집중하자.

내리막 퍼팅 시 토로 굴리라고?

SECTION ⑤ Putting | TRAINING

그립
느슨하게 잡아야 한다. 평소보다 5% 정도 힘을 뺀다.

템포
공을 내려놓고 셋업까지 가는 과정을 모두 평소보다 느리게 한다.

퍼팅
빠른 그린에서 스트로크를 한다고 생각하며 0.5배속으로 느리게 공을 친다.

쇼트 퍼팅 백스윙

내리막 퍼팅은 어렵다. 백돌이를 비롯한 초보자에겐 더욱 쉽지 않은 숙제다. 살살 친다고 하는데도 홀을 훌쩍 지나가는 일이 태반이다. 너무 살살 친 나머지 의도한 라인대로 공이 굴러가지 않는 경우도 잦다. 토를 이용한 스트로크는 내리막 퍼팅을 배울 때 자주 등장하는 방법 중 하나인데, 나는 이를 선호하지 않는다. 셋업 자세에서 손을 이용해 타점을 바꾸는 행위 자체가 위험한 데다, 토 어디에 맞느냐에 따라 공의 방향과 힘의 전달이 크게 달라지기 때문이다. 토는 스위트스폿이 아니기에 조금만 타점이 달라도 결과가 극과 극으로 나뉜다.

내리막 퍼팅을 공략하라

코치들이 토를 이용한 스트로크를 알려주는 이유는 토로 쳤을 때 공의 세기가 약해지기 때문이다. 헤드의 스위트스폿에서 멀어진 곳으로 공을 치기 때문에 자신이 한 스트로크 크기만큼 힘이 전달되지 않는다. 실수로 세게 치더라도 가운데로 때릴 때보다 공이 약하게 굴러가기 때문에 실수할 확률이 낮아진다. 그럼에도 나는 이 책을 읽는 골퍼들이 정석대로 내리막 퍼팅을 공략했으면 한다.

내가 뉴질랜드에서 국가대표로 뛰던 열네 살 때 얘기다. 당시 팀에서 내가 가장 어렸다. 선배들은 신체 조건이 나보다 월등히 좋았고 경험도 풍부했다. 또 뉴질랜드에서 프로로 전향하는 선수가 그리 많지 않기 때문에 여자 국가대표 팀에 실력이 쟁쟁한 선수가 꽤 있었다. 그중 한 선배는 테니스를 오래하다가 골프 선수로 전향해 대표팀에서 뛰고 있었다. 키가 크고 피지컬도 좋은 데다 승부욕까지 엄청나 경력이 짧은데도 퍼팅을 놀라울 정도로 잘했다.

한번은 이 선배와 연속해서 대회에 출전한 적이 있는데, 첫 번째 대회에서 선배는 정말 멋진 경기를 보여주었다. 그런데 두 번째 대회에선 맥없이 무너졌다. 특히 그린 위에서 딴 사람처럼 느껴졌다. 나는 첫 대회 때와 큰 차이를 느끼지 못했는데 말이다.

빠른 그린과 느린 그린의 템포는 다르다

이유가 궁금해 선배의 퍼팅을 유심히 살펴봤다. 얼마 지나지 않아 그 이유를 깨달았다. 선배는 그린이 느리던 첫 번째 대회와 그린이 빨라진 두 번째 대회에 똑같은 템포로 퍼팅 스트로크를 하고 있었다. 느린 그린과 빠른 그린에서 똑같은 템포로 스트로크를 하니 거리감이 맞을 리 없었다. 선수 생활을 오래한 나는 이를 감으로 조절하고 있었으나 선배는 그렇지 못했던 것이다.

이처럼 내리막 퍼팅은 빠른 그린에서 스트로크를 한다는 생각으로 천천히 공을 쳐야 한다. 내리막이어서 공이 굴러갈 거리를 계산해 짧게 치는 것이 아니다. 스트로크의 스피드 자체에 슬로모션을 걸어준다는 생각으로 템포를 늦춘다. 그립도 느슨하게 잡아야 한다. 평소보다 5% 정도 힘을 뺀다. 오르막 경사 앞에서는 헤드가 돌아갈 수 있기 때문에 그립을 세게 쥐어야 하지만, 내리막 경사에선 그럴 가능성이 적어 그립을 쥐는 세기가 느슨해도 된다. 느슨한 그립은 공에 전달되는 힘도 줄여준다. 이 같은 그립 세기를 앞서 설명한 '공 2개를 이용한 퍼팅 연습'에 적용해보자. 오르막 경사 퍼팅과 내리막 경사 퍼팅의 그립 세기를 컨트롤하며 잡아주면 실전에서 훨씬 더 도움이 될 것이다.

프리샷 루틴을 이용해 템포를 늦추는 방법도 있다. 공을 내려놓고 셋업까지 가는 과정을 모두 평소보다 느리게 한다. 빈스윙을 할 때 왼쪽 눈과 공을 맞추는 단계도, 머릿속에 가상의 라인을 그리는 것도 평소보다 천천히 한다. 몸은 느려진 리듬에 반응할 것이고 스트로크 또한 자연스레 느려지게 되는 것을 경험할 수 있다.

TRAINING 3

내리막 퍼팅 시 퍼팅 속도

내리막 퍼팅 공략 TIP

1
그립을 평소보다 5% 약하게 잡는다.

2
스트로크 템포를 늦춘다.

3
프리샷 루틴을 천천히 한다.

이렇게 하면 나도 퍼팅신!

SECTION 5 Putting | TRAINING

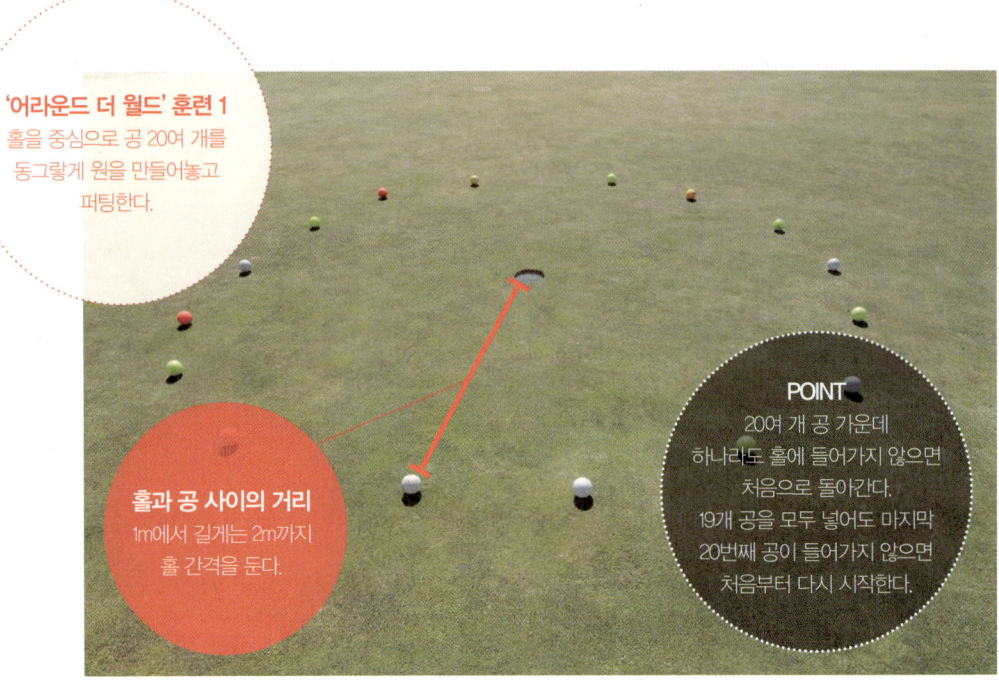

'어라운드 더 월드' 훈련 1
홀을 중심으로 공 20여 개를 동그랗게 원을 만들어놓고 퍼팅한다.

홀과 공 사이의 거리
1m에서 길게는 2m까지 홀 간격을 둔다.

POINT
20여 개 공 가운데 하나라도 홀에 들어가지 않으면 처음으로 돌아간다. 19개 공을 모두 넣어도 마지막 20번째 공이 들어가지 않으면 처음부터 다시 시작한다.

'어라운드 더 월드' 훈련 2
공 20개를 홀과 약 2.5m 떨어진 동서남북 4군데에 5개씩 나눠놓은 후 퍼팅한다. 이때도 미스샷이 나면 처음부터 다시 퍼팅한다.

● 타이거 우즈의 극한 연습법

———— 우즈는 퍼팅 연습을 할 때 '어라운드 더 월드'라고 불리는 훈련을 한다. 가운데 홀을 중심으로 공 20여 개를 동그랗게 원을 만들어놓아 붙인 이름이다. 보통 홀 간격을 짧게는 1m에서 길게는 2m 정도 둔다. 여기서 포인트는 20여 개 공 가운데 하나라도 홀에 들어가지 않으면 다시 처음으로 돌아가 연습하는 것이다. 거리가 짧아도 홀 주변 경사가 다 다르기 때문에 엄청난 집중력이 필요하다.

———— 공 20여 개를 다 넣으면 다음 단계로 이어간다. 이번엔 공 20개를 동서남북 4군데에 5개씩 나눠놓는다. 공은 홀과 2.5m 정도 떨어진 곳에 놓는다. 한쪽에서 모두 성공한 뒤 다음 방향으로 넘어가도 되고, 동서남북을 오가며 쳐도 된다. 물론 이때도 한 번이라도 미스샷이 나면 연습을 초기화해야 한다.

———— 두 번의 큰 산을 넘으면 마무리 훈련이 남아 있다. 퍼팅으로만 18홀을 도는 훈련이다. 연습 그린에 있는 홀을 아무데나 무작위로 목표로 정하고 경기한다. 각 홀은 파2로 진행한다. 지정한 홀에 한 번에 넣으면 버디, 두 번만에 넣으면 파, 세 번째 넣으면 보기가 되는 셈이다. 이처럼 18홀을 돈 뒤에 최종 스코어가 이븐파(Even Par) 이하로 나올 경우 연습이 끝난다. 1오버파 이상의 스코어가 나오면 다시 1번홀부터 시작한다. 설명을 듣는 것만으로도 숨이 막히는 우즈의 연습법은 현실적으로 시간이 부족한 주말 골퍼들이 따라 하기 어렵다.

● 주말 골퍼를 위한 강·중·약 훈련법

———— 우즈의 훈련법을 이용하되, 조금 눈높이를 낮춰 주말 골퍼들도 짧은 시간에 따라 할 수 있는 맞춤형 훈련법을 소개하려고 한다. 이 연습은 처음할 땐 홀에서 약 1m 거리를 두고 시작하는 게 좋다. 홀은 살짝 오르막 경사가 있는 곳을 고르자. 준비물은 공 3개면 된다. 공에 1, 2, 3의 번호를 매긴다. 1번 공은 강하게, 홀컵 뒷부분을 강하게 맞힌 뒤 홀에 들어가도록 한다. 2번 공은 1번 공보다 조금 약하게 쳐서 공이 정중앙으로 홀컵과 콘택트 없이 들어가도록 한다. 세 번째 공은 제일 약하게 친다. 공이 겨우 홀 안에 들어갈 정도의 힘으로 퍼팅한다. 이른바 '강·중·약 훈련법'이다.

———— 처음에는 거리 조절에 애를 먹겠지만 금방 익숙해진다. 1m가 쉽게 느껴질 때가 오면 공과 홀 간격을 2m, 이마저 쉬워지면 간격을 3m로 벌려나가면 된다. 강·중·약 연습법은 어떤 경사에서도 골퍼가 빨리 거리감을 익히도록 도와준다. 공과 홀 사이의 라인을 그리는 데도 도움이 된다. 같은 위치라도 공의 세기에 따라 라인이 달라지기 때문인데, 약하게 쳤을 때와 세게 쳤을 때 얼마나 경사에 영향을 받는지 확인할 수 있다. 이 연습법은 실내 골프연습장에 있는 인조 잔디에서도 충분히 가능하니 꼭 시도해보길 바란다.

TRAINING 4

연습 퍼팅 강
공이 홀컵 뒷부분을 강하게 맞힌 뒤 홀에 들어가도록 한다.

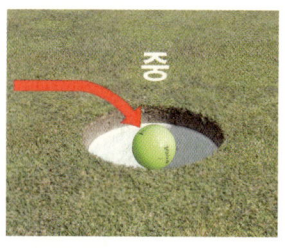

연습 퍼팅 중
공은 1번 공보다 조금 약하게 쳐서 공이 홀컵과 콘택트 없이 정중앙에 들어가도록 한다.

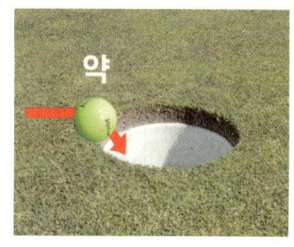

연습 퍼팅 약
공을 약하게 쳐서 공이 겨우 홀 안으로 들어가도록 한다.

영상으로 확인!

지금까지 이런 퍼팅 연습은 없었다!

프로처럼 퍼팅라인 읽기

시선
주변에서 그린의 경사를 전체적으로 넓게 살핀다. 그린이 왼쪽에서 오른쪽 혹은 오른쪽에서 왼쪽으로 치우쳐 있는지 등을 파악하면 된다.

발의 위치
공 뒤에 두 발을 벌리고 서서 몸이 홀과 수직을 이루게 한다. 발바닥으로 경사를 느낀다.

무릎
무릎을 살짝 굽혔을 때 왼발 또는 오른발로 체중이 쏠리는지 파악한다. 0부터 5까지 범위를 정해놓고 쏠림 정도를 숫자로 생각한다.

발로 라이 느끼기

TRAINING 5

아마추어들은 처음 만나면 계급처럼 서로의 '구력'을 따진다. 축구나 농구, 야구 등에서 젊은 선수일수록 체력이 좋다는 인식이 있는 것과는 다르다. 골프는 '경력' 스포츠로 여겨진다. 그런데 똑같은 시간, 똑같은 연습량을 투자한다면 골프 역시 젊은 선수가 잘하는 스포츠다. 젊을수록 유연하고 근력이 좋고 집중력도 높다. 라운드마다 7km가량을 걸어야 하기에 체력도 강해야 한다.

그러나 거의 유일하게 '실력이 구력에 비례한다'고 자신 있게 말할 수 있는 분야는 퍼팅 라인이다. 퍼팅 라인은 많이 쳐본 사람이 더 잘 파악한다. 물론 어디까지나 캐디에게 퍼팅 라인 파악을 맡기지 않은 골퍼에 한해서다. 아직 경험이 부족한 백돌이 골퍼를 위해 실전에서 사용할 수 있는 '짧은 시간에 퍼팅라인을 읽는 꿀팁'을 공유하려 한다.

▮ 그린 파악 순서

① 라운드에 앞서 프로샵(클럽하우스)에 들러 골프장 그린의 정보를 얻는다.
② 티박스(Tee Box)나 세컨드샷을 한 지점에서 그린의 높낮이를 파악한다. 그린이 티박스보다 높은 곳에 있으면 경사가 티박스 쪽으로 기울어 있을 것이다. 반대로 낮은 곳에 있으면 티박스 쪽이 높고 반대편이 낮다는 계산이 나온다.
③ 그린에 올라가기 전에 주변에서 그린의 전체 경사를 넓게 살핀다. 전체적으로 그린이 왼쪽에서 오른쪽 혹은 오른쪽에서 왼쪽으로 치우쳐 있는지 등을 파악하면 된다.
④ 공을 마크한 뒤에는 그린을 직접 밟고 돌아다니며 경사를 발바닥으로 느낀다.
⑤ 공 뒤에 두 발을 벌리고 서서 몸이 홀과 수직을 이루게 한다. 무릎을 살짝 굽혔을 때 왼발 또는 오른발로 체중이 쏠리는지를 파악한다. 0부터 5까지 범위를 정해놓고 쏠림의 정도를 숫자로 생각한다. 평지에 가까울수록 0, 경사가 심할수록 5에 가깝게 숫자를 정하고 이를 고려해 라인을 살핀다.
⑥ 경사를 파악한 뒤에는 퍼팅 스트로크의 세기를 정한다. 세게 쳐서 라인을 덜 볼 것인지, 약하게 쳐서 충분히 경사를 대워 공략할 것인지 등을 파악한다.

시간 여유가 있을 땐 연습장에서 다음과 같은 3단계를 거쳐 퍼팅 라인 읽는 법을 훈련하자.
① 눈으로 경사를 파악한다.
② 발바닥으로 경사를 느낀다.
③ 1, 2단계로 파악한 라인대로 공이 굴러가는지 직접 쳐본다.
직접 쳤는데 공이 들어가지 않을 경우에는 제자리로 돌아가 공을 놓고 1~3단계를 처음부터 다시 한다. 이 과정을 반복할수록 퍼팅 라인을 읽는 내공이 쌓일 것이다.

그린 체크리스트

1
마운틴 브레이크 (Mountain Break)
그린 주변으로 산이 있어 봉우리가 가장 높은 곳 반대편으로 공이 구른다.

2
오션 브레이크(Ocean Break)
그린에서 공은 호수나 바다 쪽으로 구른다.

3
해의 방향
잔디는 해가 움직이는 방향을 따라 결이 흐른다.

📍 영상으로 확인!

프로의 퍼팅 라인 읽는 정석

SECTION 5 Putting | TIP

퍼터 구매 전 체크리스트 5

가장 짧은 거리를 내는 클럽인 퍼터. 하지만 그 중요성은 무엇보다 크다.
퍼터로 승부를 볼 수 있기 때문이다. 이토록 중요한 퍼터를 아무거나 사용할 수는 없다.
새 퍼터를 마련하기로 결정했다면 반드시 체크해야 할 다섯 가지.

골퍼가 군인이라면 퍼터는 총이다. 그 홀의 결과를 결정하고 마지막을 책임지며 돈을 벌어다 주는 게 퍼터다. 그래서 프로 선수들은 퍼터에 매우 민감하다. 디자인이 같은 퍼터를 나열해도 자신이 쓰던 퍼터를 감각으로 골라낼 수 있을 정도다. 한번 마음을 준 퍼터는 쉽게 바꾸지 않는다. 내가 아는 프로 골퍼는 시합장 이동 중에 퍼터를 포함한 클럽을 항공편으로 보냈는데, 운반 과정에서 퍼터가 부러졌다. 퍼터 회사에서 급히 그가 쓰던 스펙대로 퍼터를 똑같이 만들어줬다. 하지만 그의 퍼팅 감각은 눈에 띄게 떨어졌고 결국 한참을 헤맸다.

나 역시 한 퍼터에 꽂히면 오래 함께한다. 가장 애착을 느낀 퍼터는 캘러웨이골프의 퍼터 브랜드 오디세이의 '투볼 블레이드 퍼터'였다. 퍼터 헤드의 페이스를 쇠가 아닌 고무 재질로 만든 것이다. 프로 선수여서 퍼터를 자주 사용했고, 페이스가 닳아서 거의 해마다 퍼터를 바꿨다. 매해 같은 모델의 퍼터로 교체했는데도 매번 새로운 모델의 퍼터를 쓰는 것 같았다. 아무리 회사가 동일하게 제품을 만들어내도 로프트 각 등에서 오차 범위가 생길 수밖에 없고, 그 차이에서 오는 이질감은 나에게 고스란히 전달됐다.

이처럼 민감한 퍼터를 아마추어들은 생각보다 쉽게 고른다. 일반적으로 브랜드를 가장 따지고 디자인이나 색상 등을 우선 고려한다. 물론 외관에서 풍기는 느낌도 중요하지만, 스코어를 원한다면 이는 후순위로 고려해야 할 대상이다.

첫 번째로 고려할 점은 셋업 자세에서 보이는 퍼터 헤드의 시각적 느낌을 뜻하는 룩(Look)이다. 퍼터 헤드의 페이스가 스퀘어를 이루는 것처럼 보이는지, 헤드를 땅에 놓았을 때 안정감이 있는지 등이다. 퍼터를 내려다볼 때 시각적으로 편해야 하며 크게 모나는 부분이 없어야 한다. 이 같은 룩에는 ==퍼터의 넥(Neck) 디자인==도 포함된다. 쇼트 호즐(Short Hozel, 헤드와 샤프트를 잇는 호즐 부분이 짧은 넥), 플러머 넥(Plumber Neck, 헤드가 샤프트보다 뒤에 위치), 센터 샤프트(Center Shaft, 샤프트가 헤드 중앙에 위치) 퍼터 헤드와 연결되는 샤프트의 생김새에 따라 종류가 나뉜다. 넥의 디자인은 철저히 개인적인 것이라서 골퍼의 취향이 가장 중요하다. 퍼터 헤드가 똑같아도 이 넥의 디자인에 따라 얼라인먼트가 달라진다. 내 경우 처음엔 플러머 넥을 선호했다. 더블 밴드나 쇼트 호즐 형태의 넥은 홀과 퍼터 헤드를 직각으로 놓기 어려웠다. 센터 샤프트는 지금은 애용하지만 예전에는 가장 싫어하는 넥 디자인이었다. 샤프트가 헤드 한가운데 꽂혀 있다 보니 공이 맞을 때 둔탁한 느낌이 났기 때문이다.

룩에는 ==퍼터 헤드의 디자인==도 포함된다. 나는 블레이드 디자인 헤드를 선호하는데, 스트로크 직진성을 유지하기에는 맬릿(Mallet)형 디자인이 더 좋은 것으로 알려져 있다. 맬릿 퍼터는 크고 납작해서 헤드 바닥 면을 땅에 밀착해 밸런스를 잡기에 훨씬 수월하다. 그렇기 때문에 큰 노력을 기울이지 않아도 땅에서 헤드가 너무 많이 떨어지지 않게 유지할 수 있다. 또 스트로크가 둥글지 않고 일(一)자가 되도록 돕는다.

반면 블레이드 모양의 헤드는 밸런스를 맞춰도 토 부분이 힐보다 더 땅을 향해 있다. 이를 '토 밸런스트 퍼터'라고도 하는데, 이 경우 퍼팅 스트로크가 일자 대신 둥그런 아크를 그리며 이뤄진다. 일부러 아크 형태의 스트로크를 하지 않으려고 해도 퍼터 헤드 모양이 이를 유도한다. 아크 형태의 스트로크는 정타를 치지 못할 경우 자칫 페이스가 뒤틀리는 현상이 발생한다. 공이 맞을 때 페이스가 닫히거나 열린 상태에서 임팩트가 이뤄진다. 반듯한 스트로크가 미스샷으로 이어질 확률이 적기 때문에 맬릿형 헤드를 골퍼들이 선호하는 것이다.

이런 이유 때문에 헤드를 내려다볼 때 눈에 들어오는 룩에서는 블레이드형 퍼터가 편해도 맬릿 퍼터를 사용했다. 현재는 블레이드와 맬릿이 적절히 섞인 하이브리드 타입의 퍼터 헤드를 사용한다. 시각적으로도 크게 불편하지 않고 맬릿 퍼터처럼 일자 스트로크를 만들어주기 때문에 만족도가 높다.

두 번째는 필(Feel)이다. 말 그대로 공을 칠 때 몸에 전달되는 전체적인 느낌을 뜻한다. 임팩트 때 페이스에서 전해오는 느낌이 마음에 드는지, 타구음은 마음에 드는지가 생각보다 중요하다. 처음에 센터 샤프트를 선호하지 않은 이유도 임팩트 때 살짝 뒤틀리는 느낌 때문이었다. 반면 플러머 넥은 오프셋 형태로 세팅돼 있어서 헤드가 샤프트보다 5mm 정도 뒤로 밀려 있는데, 살짝 딜레이되어 공이 맞는 느낌이 났기 때문에 항상 과감한 스트로크를 유지할 수 있었다. 손맛이 좋은 퍼터 헤드를 찾은 뒤로는 센터 샤프트에서 전해져오는 느낌이 더 좋았고, 지금까지 애용하고 있다.

필에는 퍼터 헤드의 무게도 포함된다. 공을 칠 때 헤드가 너무 무겁거나 가벼운 느낌이 나지 않는지 체크하고 자신에게 맞는 것을 알아야 한다. 헤드 무게는 철저하게 개인 선호도에 달려 있다. 나는 무거운 퍼터는 지양하는 편인데, 퍼터 헤드가 무거울수록 생각보다 공에 힘이 많이 전달되고 거리 조절이 어렵기 때문이다. 특히 그린이 빠를수록 무거운 퍼터를 피하게 된다. 시합에 자주 나갔던 나는 빠른 그린에서 거리감을 중시해 가벼운 퍼터 헤드를 선호했다. 클럽 그립도 필을 좌우하는 중요한 요소다. 여기에는 클럽 그립의 두께와 모양도 포함된다. 클럽 그립은 골프 숍 등에서 쉽게 바꿀 수 있으므로 너무 오래 고민하지 않아도 된다고 하지만, 자신에게 맞는 클럽 그립을 찾는 건 여전히 중요하다. 클럽 그립의 무게와 느낌에 따라 퍼터 전체의 무게 밸런스도 달라지기 때문에 충분히 쳐본 후 자신에게 맞는 클럽 그립을 찾아야 한다. 퍼터 길이도 중요하다. 퍼터 길이 역시 퍼터 전체의 무게 밸런스를 결정하는 요소 중 하나이므로 자신의 셋업 자세, 스트로크 스타일에 따라 충분한 연습을 통해 결정해야 한다. 자신의 키, 팔과 다리 길이에 따라 퍼터 길이도 달라져야 한다. 예를 들어 키가 작고 팔이 긴 골퍼가 긴 퍼터를 사용하면 셋업 자세를 취했을 때 양팔이 필요 이상으로 구부러질 것이다. 굽혀진 팔꿈치는 미스샷으로 이어질 수 있다. 또 전체적인 자세가 불편하기 때문에 스트로크가 흔들릴 가능성이 높다.

필의 마지막 요소는 헤드 움직임이다. 앞서 말했듯 블레이드 타입은 비교적 둥근 아크, 맬릿 타입은 일자 스트로크를 할 가능성이 높다. 스트로크가 똑바로 이뤄질수록 오차 범위는 줄어들지만, 아크 형태의 스트로크로도 더 잘 치는 골퍼가 많다. 두 퍼터를 사용했을 때 큰 불편함이 없다면 맬릿형 퍼터를 추천하지만, 무엇보다 중요한 건 자신에게 맞는 스트로크 방식을 선택하는 것이다. 일단 공을 일관되게 스위트스폿에 맞혀야 좋은 결과로 이어지고 거리와 방향성도 잡을 수 있다.

결국 이 같은 체크리스트를 모두 확인하기 위해선 골프 숍에 가서 가능한 한 오래 많은 퍼터를 쳐보는 게 답이다. 또 마음에 드는 퍼터를 고른 뒤에는 '퍼터 피팅'도 잊지 않고 받아야 한다. 퍼터처럼 예민한 클럽은 미세한 차이가 결과에 큰 영향을 미치기 때문이다.

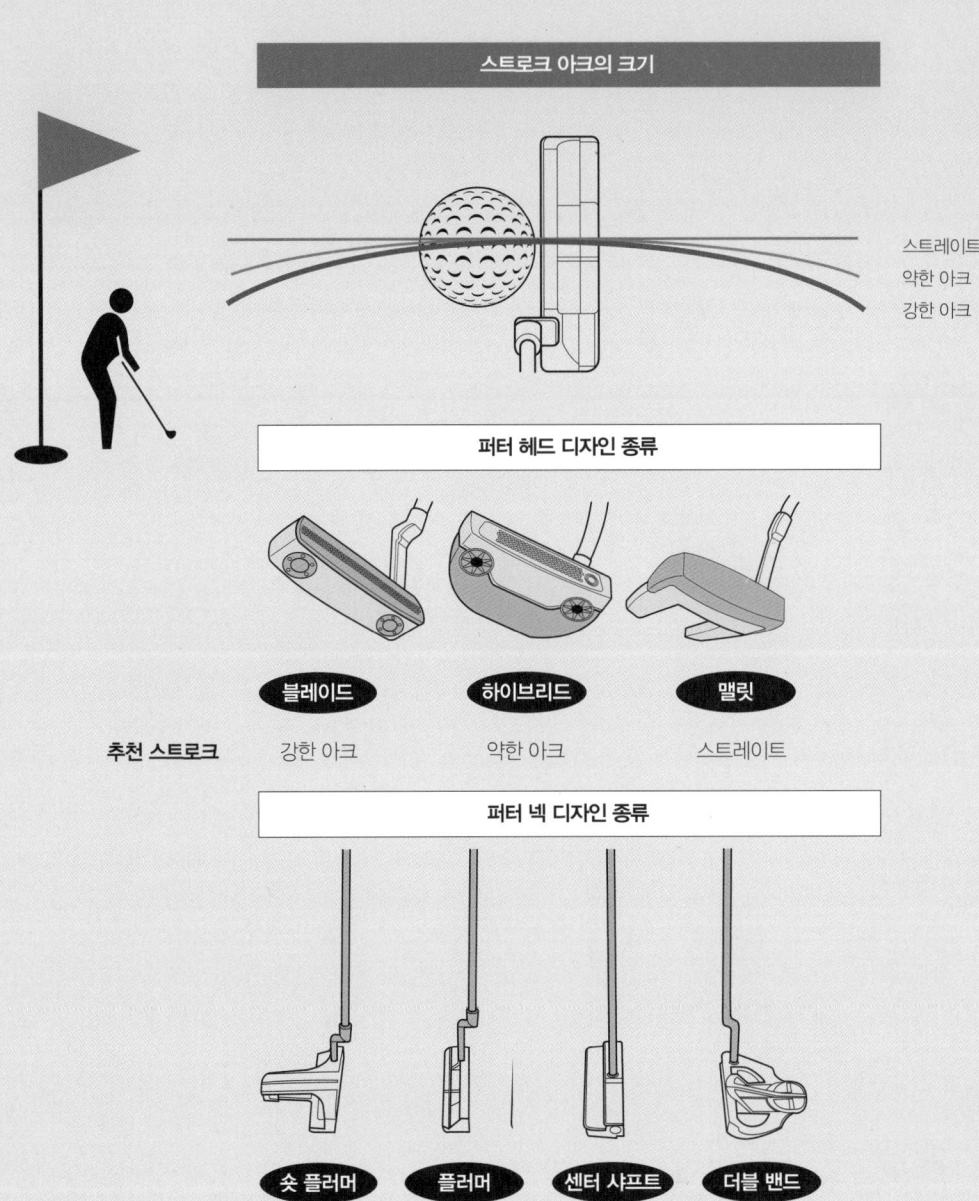

SECTION 6 Special

Let's play golf.

 골프 상식

 #골프 클럽의 종류 #클럽 피팅 노하우 #골프장 구성 #라운딩 체크리스트 #골프 에티켓 #골프규칙

> " 골프장에서 인증샷을 찍는 게 문제가 되나요?

> " 떨리는 첫 라운드, 전날 미리 알아야 할 것이 있나요?

> " 벙커에서 연습 스윙했는데 벌타를 받았어요.

골프에 갓 입문한 골린이가 늘어나면서 골프장에서 기상천외한 실수들이 나온다고 한다. 아마 모르기 때문에 본의 아니게 저지른 실수였을 것이다.

골프는 매너 스포츠다. 스윙이 멋지고 장비도 좋아야 하지만 라운드 전후, 그리고 필드에서의 매너가 골퍼의 품격을 좌우한다. '신사의 스포츠'라고 부르는 것도 그래서다. 하지만 골프 상식을 배울 곳이 마땅치 않은 것이 현실. 친구나 라운드 동반자들에게 제대로 배울 수 있으면 좋지만 그렇지 않은 골린이도 많을 것이다.

필드에서 본의 아닌 실수로 누를 끼치지나 않을지 걱정하는 분들을 위해 골프 상식을 알려주려 한다. 골프 에티켓과 규칙, 기본 상식을 함께 살펴보자. 여기서 소개하는 골프 매너와 라운드 에티켓을 갖추면 누구나 함께 라운드하고 싶어 할 만큼 매너 있는 골퍼가 될 수 있을 것이다.

꼭 알아야 할 골프 클럽의 종류

SECTION 6 | Special | CLUB

골프에서 클럽의 종류에 대한 이해는 중요하다. 골프 규칙상 클럽은 14개 이하로 제한되며, 이를 넘기면 벌타를 받는다.

클럽의 구성

클럽은 손으로 채를 잡는 부분인 그립, 공을 맞추는 부분인 클럽헤드, 그리고 그 둘을 연결해주는 샤프트로 구성된다. 샤프트는 재질에 따라 그래파이트와 스틸로 나뉜다. 그래파이트 샤프트는 가볍고 공이 쉽게 뜨고 비거리가 길다. 스틸은 무게가 있고 비거리는 짧을 수 있지만 공의 정확도가 높다.

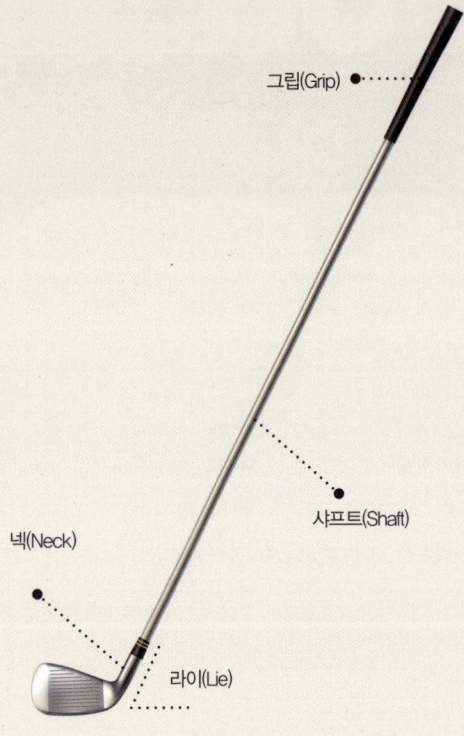

그립(Grip)
샤프트(Shaft)
넥(Neck)
라이(Lie)

● 형태와 재질에 따른 그립

그립은 형태에 따라 원형으로 디자인된 라운드(Round) 그립, 하단이 살짝 튀어나와 손가락 부분이 잘 잡히도록 만든 립(Rib) 그립으로 나뉜다. 재질에 따라서는 고무로 된 러버(Rubber) 그립, 고무로 된 표면에 실을 새긴 코드(Cord) 그립 등이 있다. 립이 들어가 있는 경우 밑부분에 튀어나온 립이 그립을 잡을 때 가이드 역할을 한다. 하지만 그립을 완벽하게 끼우지 못한다면 클럽마다 위치가 달라질 수도 있으므로 전문 피터의 도움이 필요하다.

코드 그립은 표면에 실이 박혀 있다. 표면이 다소 거친 느낌인데, 물 흡수가 잘돼서 손에 땀이 많이 나는 골퍼가 사용하기에 좋다. 어느 정도 사용하면 그립이 단단해지는 단점이 있다. 그립마다 두께나 무게가 달라서 자신의 손 사이즈와 스윙 스타일에 맞는 그립을 찾는 것도 경기력에 큰 도움이 된다.

클럽헤드 디자인

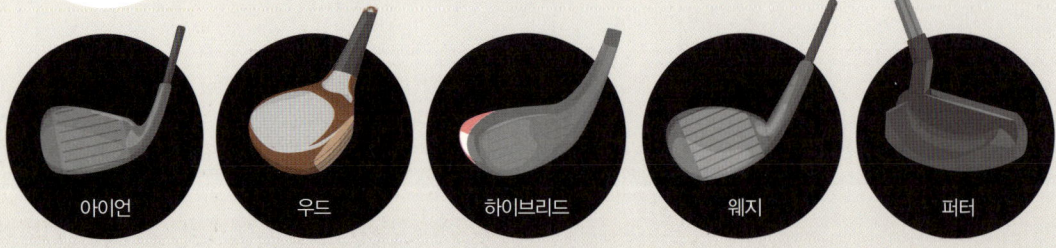

아이언 | 우드 | 하이브리드 | 웨지 | 퍼터

클럽헤드 부분별 용어

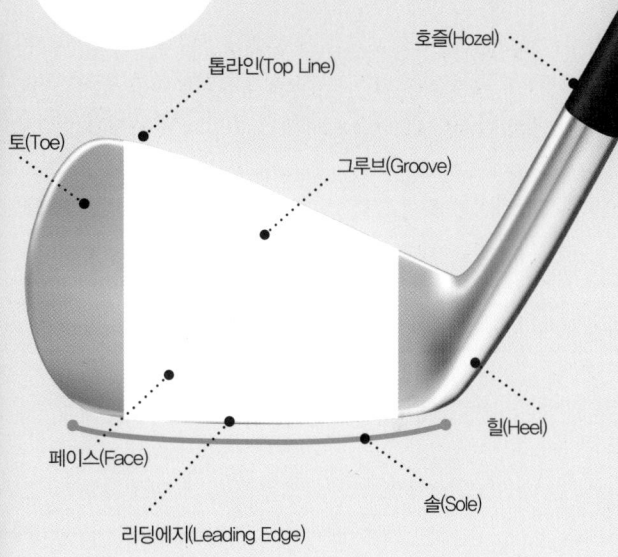

- 톱라인(Top Line)
- 호즐(Hozel)
- 토(Toe)
- 그루브(Groove)
- 페이스(Face)
- 리딩에지(Leading Edge)
- 힐(Heel)
- 솔(Sole)

● **디자인에 따른 헤드 타입**

헤드는 크게 오프셋과 투어 디자인으로 나뉜다. 오프셋은 페이스가 닫히도록 디자인돼 오른쪽으로 휘는 샷을 교정하는 데 도움을 준다. 아마추어들이 가장 흔히 내는 미스 샷이 슬라이스이기 때문에 이를 보완하기 위해 나온 디자인이다. 투어 디자인은 셋업했을 때 페이스가 스퀘어하게 정렬된다. 나의 경우, 샷 미스로 훅이 나오기 때문에 오프셋은 거의 사용하지 않는다. 페이스가 닫혀 있는 오프셋을 사용할 경우 훅이 더 쉽게 나오기 때문이다.

아이언은 크게 캐비티 백(Cavity Back)과 블레이드(Blades) 타입으로 나눈다. 블레이드 타입은 헤드가 작고 얇아서 칼날처럼 생겼다는 뜻에서 붙은 이름이다. 백페이스가 근육처럼 튀어나와 있어 머슬 백(Muscle Back)이라고도 부른다. 무게가 헤드 중앙에 집중돼 있고 스위트스폿이 작고 민감하다. 정타를 치기 어려운대신 스핀이나 구질을 자유자재로 조절하기 쉬워 상급자에게 적합하다.

캐비티 백은 블레이드 타입보다 헤드가 크고 두껍다. 페이스가 넓어 공을 맞히기 편하고 공도 쉽게 뜬다. 반면 블레이드 같은 정교한 샷을 만들어내기는 어렵다. 샷 컨트롤을 하지 못하고 똑바로 나가기 때문에 프로들은 선호하지 않는다.

웨지의 경우 프로들은 대부분 블레이드 타입을 사용한다. 초보들은 통상 아이언 세트에 딸려 오는 캐비티 백 웨지를 사용하다가 어느 정도 쇼트 게임 능력이 좋아지면 블레이드 타입으로 바꾸기도 한다.

퍼터는 크게 블레이드(일자형)와 맬릿(반달형)으로 나눌 수 있다. 블레이드 타입은 작은 터치에도 예민하게 반응하기 때문에 스위트스폿을 맞추기 쉽지는 않다. 하지만 정교한 퍼팅과 다양한 스트로크를 구사하기에 좋다. 반면 맬릿은 헤드 앞뒤로 무게가 균등하게 배분돼 스트로크 때 흔들림이 적다. 일정한 방향성에 도움을 주고 미스샷에도 강해 초급자가 사용하기도 어렵지 않은 퍼터다.

기본적인 장비 용어 알아두기

그루브
아이언 클럽헤드 페이스에는 홈이 파여 있다. 이것이 '그루브(Groove)'다. 클럽헤드가 공을 맞혔을 때 공이 그루브를 타고 올라가며 백스핀이 걸린다. 이로 인해 높이 뜬 공이 떨어졌을 때 많이 구르지 않고 적절하게 서게 된다. 드라이버 페이스에는 그루브가 있는 경우도, 없는 경우도 있다. 드라이버는 백스핀이 많이 필요하지는 않은 클럽이기 때문이다.

스위트스폿
클럽페이스의 정중앙을 '스위트스폿'이라고 부른다. 헤드에 샤프트가 붙어 있는 쪽이 힐(Heel), 그 반대쪽은 토(Toe), 클럽헤드 바닥 부분은 솔(Sole)이다. 클럽헤드를 발이라고 생각하고 각 부위를 뒤꿈치, 발가락 등으로 표현한 것이다. 우드, 하이브리드, 드라이버에는 아이언과 달리 클럽헤드의 윗부분이 있고 이를 크라운이라 부른다.

SECTION 6 | Special | FITTING

골프 실력과 직결되는 클럽 피팅 노하우

어느 정도 풀스윙이 완성됐다면 클럽 피팅 받기를 추천한다.
프로들은 자신의 몸과 스윙에 맞는 클럽을 찾고 만드는 것을
중요하게 여긴다. 장비 사용은 곧 경기력과 직결되기 때문이다.

Know-how ①

● 최적의 클럽 스펙 찾기

피팅은 자신에게 맞는 최적의 클럽 스펙을 찾는 과정이다. 자신의 힘보다 약한 샤프트로 치면 훅 미스가 나오고, 반대로 더 단단한 샤프트를 사용하면 오른쪽으로 휘는 슬라이스 샷이 나온다. 너무 무거운 샤프트를 사용할 경우에도 오른쪽으로 밀리거나 탄도가 낮은 구질이 나오면서 비거리에 손실이 생긴다. 자신의 힘에 맞는 강도를 사용해야 최선의 결과를 낼 수 있다.

헤드 솔과 샤프트가 이루는 각도인 라이 앵글도 구질에 큰 영향을 미친다. 이 각도는 셋업을 할 때 볼 수 있다. 자신에게 맞지 않는 라이 앵글이라면 셋업을 했을 때 토나 힐이 너무 뜬다. 토가 뜨면 업라이트 라이 앵글(Upright Lie Angle), 힐이 뜨면 플랫 라이 앵글(Flat Lie Angle)이라고 한다. 같은 공을 제대로 쳤을 때 업라이트 라이 앵글에서는 공이 왼쪽으로 날아간다. 같은 라이 앵글일 경우 로프트가 많은 클럽, 즉 3번 아이언보다 피칭 웨지가 더 많이 왼쪽으로 간다.

반면 플랫 라이 앵글로 올바른 샷을 했을 때에는 오른쪽으로 미스샷이 나온다. 라이 앵글 각도와 샷 길이에 따라 방향성이 달라지는 것이다.

Know-how ② 피팅 감각 키우기

나는 주니어 골퍼 시절부터 피팅을 받았다. 12세부터는 남성용 채를 사용했고, 고등학생 때부터는 남성용 채 스티프 플렉스를 사용했다. 고등학생 때 키가 165㎝로 크지 않은 체구였는데도 남성용 채를 사용할 수 있었던 것은 바로 골프 근력 때문이었다. 체격에 맞춰 아이언 세트를 정확하게 피팅을 받았고, 남성용 채에서 길이를 조금 잘라내야 했다. 자신에게 정확하게 맞는 스펙의 채로 공을 치면 비거리가 5~10m 정도 짧아졌다. 그래서 비거리를 선택했다. 컨트롤이 다소 떨어질 수 있는 단점을 감수하고 전에 사용하던 일반 남성용 채 길이를 선택했고, 지금도 그 스펙을 유지하고 있다.

프로 시절, 드라이버 피팅에서 드라이버 30개 중 나에게 가장 적합한 클럽을 추천해줬다. 당시 그 클럽의 느낌이 썩 마음에 들지는 않았다. 여러 데이터를 통해 그 클럽이 나에게 최적의 구질과 비거리를 만들어준다는 결과가 나왔고 그 클럽을 선택했다. 하지만 실전에서는 그 드라이버 때문에 꽤 고전했다. 결국 피팅 때 2위였던 드라이버로 바꿨다. 어느 정도 핸디가 좋아졌다면 피팅 때 자신의 감도 중요하다.

Know-how ③ 피팅에 투자하기

상당수의 아마추어 골퍼들이 자신 스펙과 상관없이 유행하는 브랜드의 클럽을 구입한다. 많으면 1년에서 2~3회 클럽을 바꾸는 골퍼도 있다. 클럽을 자주 바꾸는 것보다 피팅에 투자하는 것이 더 현명하다. 피팅이 비용 면에서는 훨씬 저렴하면서 경기력에는 큰 도움이 되기 때문이다.

아마추어 골퍼들은 공이 안 맞으면 우스갯소리로 "장비 탓을 하지 마라"고 한다. 하지만 성적이 잘 안 나올 때는 장비를 가장 먼저 점검하는 것이 맞다. 피팅을 하면서 공을 일정하게 맞힐 자신이 없다면 실력이 쌓일 때까지 기다려도 좋다.

나는 첫 클럽으로 일반 남성에게는 레귤러 샤프트, 힘이 뛰어나게 좋은 경우에는 스티프 플렉스를 추천한다. 골프 스윙이 좋아지기 시작하면 골프 근력이 붙었다는 뜻이다. 이때는 스티프나 엑스 샤프트로 바꾸는 것을 추천한다.

여성 골퍼는 대부분 레이디스 플렉스로 시작하는 것이 좋다. 근력이 좋다면 어느 정도 수준이 오른 뒤 힘에 비해 드라이버가 높이 뜨거나 런이 적을 수 있다. 이런 경우 남자 시니어 플렉스로 업그레이드하는 것을 권한다. 피팅이 어렵다면 기본에 충실하는 것도 하나의 방법이다.

골프장 구성의 비밀

SECTION 6 | Special | COURSE

골프장은 18홀로 구성돼 있다. 18홀은 전후 9홀, 프런트 나인과 백 나인으로 구성된다. 한국에서는 아웃 나인, 인 나인으로 부르기도 한다.

● 왜 18홀일까?

18홀로 정한 배경은 정확하지 않다. 스코틀랜드의 코스 설계자가 스카치 한 병을 가지고 나가서 한 홀에 한 샷씩 마셨을 때 딱 18번째 홀에서 술이 떨어져서 18홀로 결정됐다는 설이 있지만 근거가 있는 이야기는 아니다. 원래는 홀의 수가 고정돼 있지 않았다고 한다. 골프장의 원조로 꼽히는 스코틀랜드의 세인트앤드루스 골프장도 처음에는 22홀이었다가 1764년께 18홀로 지정했다고 알려져 있다.

깃발을 꽂는 홀을 뚫는 장비는 1829년 로열머슬버러 골프장에서 처음으로 발명했다. 홀컵의 지름은 4.25인치로 당시 머슬버러 타운의 배수관 사이즈였다고 한다. 그후 세계 골프 규칙을 정하는 영국왕립골프협회(R&A)와 미국골프협회(USGA)가 이를 규격으로 채택했다.

● 파의 의미

18홀은 4개의 파3홀과 4개의 파5홀, 10개의 파4로 구성된다. 그래서 파의 총합은 72이다. 18홀에서 100타를 친다면 28오버파를 치는 것이다.

파(Par)는 그 홀에서 주어진 타수다. 여기서 1타를 더 치면 보기(Bogey), 2타를 더 치면 더블보기(Double Bogey), 3타는 트리플보기(Triple Bogey), 4타는 쿼드러플보기(Quadruple Bogey)가 된다. 파의 2배를 칠 경우, 즉 파3에서 6타, 파4에서 8타, 파5에서 10타를 치면 더블파라고 부른다. 파보다 1타를 덜 치면 버디(Birdie)라고 한다. 파5나 파4에서 2타를 덜 치면 이글(Eagle), 파5에서 3타를 덜 치면 알바트로스(Albatross)라고 부른다. 1타만에 홀에 들어가면 홀인원(Hole-in-one)이다.

● 골프장 구역별 명칭

골프장의 구역별 명칭을 알아보자. 첫 샷을 치는 곳은 티잉그라운드, 또는 한국에서는 티박스라고 부른다. 티잉그라운드에는 2개의 티마크가 양쪽에 있다. 두 마크 사이, 그리고 각 티마크에서 2클럽 뒤로 설정된 직사각형 안에서 티를 꽂고 공을 친다. 여기서 벗어나면 USGA 규칙 6-1b에 따라 스트로크플레이 기준 2벌타를 받고 티잉그라운드에서 다시 티샷을 해야 한다.

파3홀

한 번의 스트로크로 그린에 볼을 올리고 두 번의 퍼팅으로 홀컵에 넣는 코스.
코스 중 가장 짧다.

파4홀

두 번의 스트로크로 그린에 볼을 올리고 두 번의 퍼팅으로 홀컵에 넣는 코스.
미들홀이라고 부른다.

파5홀

세 번의 스트로크로 그린에 볼을 올리고 두 번의 퍼팅으로 홀컵에 넣는 코스.
롱홀이라고 부른다.

페널티 구역
2019년 이전에는 해저드라고 불렀다. 페어웨이를 질러가는 물을 워터 해저드, 페어웨이와 평행으로 가는 물을 래터럴 해저드라고 불렀다. 각각 페널티 공을 떨어뜨리는 룰이 달랐다. 지금은 페널티 구역으로 통일됐고, 공이 여기 들어가면 페널티를 받고 밖에 공을 새로 두게 된다.

에지
그린을 둘러싼 페어웨이를 영어로 프린지(Fringe), 한국에서는 에지라고 부른다.

그린
홀과 깃발이 꽂혀 있는 곳이다. 코스에서 잔디 길이가 가장 짧으며 공을 굴리도록 디자인돼 있다.

그린사이드 벙커
페어웨이와 마찬가지로 벙커와 러프가 존재한다.

페어웨이
짧고 잘 가꿔놓은 잔디로, 중앙에 위치한다. 공을 보내야 하는 이상적인 구역.

페어웨이 벙커
그린에서 꽤 멀리 떨어진 곳에 있는 모래밭.

러프
페어웨이를 둘러싸고 있는 구역. 잔디가 긴 것이 특징. 퍼스트 컷 러프는 페어웨이 바로 옆으로, 페어웨이보다 잔디가 조금 더 길어 어렵긴 하지만 나쁘지 않은 곳이다. 세컨드 컷 러프는 잔디가 꽤 길어 공이 들어가면 치기가 까다롭다.

OB
아웃오브바운즈(Out of Bounds)의 약자로 코스 바깥 구역. 오비가 나면 앞서 친 곳에서 다시 쳐야 하며 2벌타를 받는다.

그라운드언더리페어
(Ground Under Repair, GUR)
보수공사를 하고 있는 구역으로 무벌타 드롭한다. 이 구역은 선택권이 있는 것이 아니며 무조건 드롭해야 한다.

라운드 체크리스트

매일 라운드에 나서는 아마추어 골퍼는 없을 것이다. 주말이나 휴가 중에 어렵게 낸 시간을 최고의 순간으로 만들기 위해서는 사전에 잘 준비해야 한다. 준비물, 게임 준비, 라운드 당일 준비 루틴 등 세 가지를 기억해야 한다.

● **우선 게임 전날에는 클럽의 개수와 상태를 체크하자.** 필요한 골프채가 가방에 들어 있는지, 상태는 괜찮은지 확인한다. 의외로 웨지나 퍼터를 집에서 연습하고 안 가져가는 사람이 적지 않다. 또한 라운드에서 흙이 굳어 있는 채로 샷을 하면 올바른 샷이 나오지 않을 뿐더러 흙을 닦느라 경기를 지체시킬 수도 있다. 이런 사소한 것들이 마음을 급하게 만들어 그날의 게임을 망칠 수 있다.

그립도 가끔 비눗물로 닦아주면 좋은 상태를 오래 유지할 수 있다. 오래 쓰다 보면 고무 부분이 말라 미끄러워진다. 미끄러운 그립으로 샷을 하면 당연히 손에 힘이 들어갈 수밖에 없다.

게임에 필요한 공, 티, 장갑, 신발, 모자, 볼 마커, 거리측정기 등도 체크하자. 한국에서는 보통 라운드 후에 라커룸에서 샤워를 하고 옷을 갈아입는 문화이기 때문에 보스턴 백에 갈아입을 옷, 세면도구, 마스크팩 등을 챙긴다.

● **라운드 당일의 날씨는 꼭 미리 체크해야 한다.** 날씨는 컨디션에 직접적으로 영향을 준다. 바람막이나 우산 또는 털모자, 장갑을 비롯한 방한용품 등으로 궂은 날씨에 대비하자.

자신의 티 타임도 반드시 확인해야 할 요소다. 한국에서는 골프장이 대부분 외곽에 있다. 그렇기 때문에 골프 라운드를 가면 거의 그날 하루를 다 쓰게 되고, 두 끼 혹은 많게는 세 끼 모두를 라운드 전후로 해결하게 된다. 골프장 근처 맛집을 검색해서 먹고 오는 사람이 많다.

해외에서는 티 타임에 따라 자신이 챙겨 갈 스낵이나 샌드위치 등을 준비하기 위해서 반드시 미리 티 타임을 확인한다. 꼭 챙겨 가지 않더라도 코스에서 사 먹을 수 있는지, 라운드 전후가 언제 먹을지, 라운드를 돌며 음식을 주문하고 먹을 시간은 언제인지 대략 파악하고 가는 것이 좋다. 여기에 팁 하나. 골프장에는 식사를 든든히 하고 가는 것이 좋다. 그리고 경기 중에는 오히려 가볍게 먹는 것이 퍼포먼스에 도움이 된다.

● **라운드 전날 자신의 게임과 신체 컨디션을 점검해보는 것도 좋다.** 프로들은 하루 전이 아니라, 1~2주 전부터 준비를 하고 알맞은 식사와 영양제, 운동을 통해 컨디션을 최고로 끌어 올린다. 아마추어들의 경우 전날 점검만 해줘도 훨씬 도움이 될 것이다. 혹시 불편한 부위가 있다면 자기 전에 폼 롤러나 가벼운 스트레칭으로 풀어주도록 한다. 짬을 내 자신의 게임 상태를 점검한다면 라운드에 너무 무리한 기대를 하지 않고 가벼운 마음으로 즐길 수 있다. 근래에 자신의 샷이 흔들리는데도 이전과 같은 스코어를 목표로 잡고 경기에 나선다면 부담감으로 인해 샷은 더 흔들리게 되고 스코어도 더 나빠지는 역효과가 생길 수 있다. 적절한 기대치와 목표를 정하는 것도 좋은 전략이다. 경기 전날 사전에 코스 관련 지식을 파악하는 것은 큰 도움이 된다. 코스를 잘 파악하고 있는지, 아무 정보 없이 치는지에 따라 스코어가 달라진다.

만약 익숙한 코스라면 난도에 따라 쉬운 홀과 어려운 홀로 나눈다. 그리고 쉬운 홀에서 자신이 원하는 스코어와 어려운 홀에서 실수를 할 경우 허용되는 희망 스코어를 잡아보자. 나의 경우 약 9개의 버디 홀과 2개 정도의 보기 홀을 정해둔다. 그리고 이 기준을 지키기 위해 실전 때 한 샷 한 샷 정성껏 친다. 그러다 보면 정말 버디를 많이 하는 날도 있다. 목표가 뚜렷하지 않았다면 쉽게 지나치는 홀이었을 것이다. 그리고 어려운 홀에선 미리 쉽지 않다는 것을 알고 있었기 때문에 보기를 하더라도 담담하게 받아들일 수 있다. 경기 중 평정심을 유지하는 데 큰 도움이 된다.

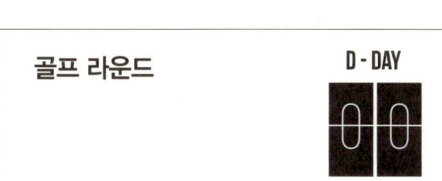

- **당일에는 라운드 준비 루틴을 만들어보자.** 코스에 미리 도착해 몸을 풀어두면 신체 리듬이 올라온 상태에서 라운드를 시작하게 된다. 코스에 늦게 도착해 마음이 조급한 상태에서 스트레스를 받으며 시작하면 경기를 망치기 십상이다. 내가 선수 시절부터 활용하는 라운드 전 루틴을 소개하자면, 티오프 1시간 20분 전에 코스에 도착한다. 간혹 연습장이 작아서 몸을 푸는 공간을 확보하기 위한 경쟁이 치열한 곳이 있을 수 있다. 이를 감안해 항상 공을 먼저 치는 루틴이 형성됐다.

- **도착하면 바로 간단하게 스트레칭을 한다. 그리고 웨지로 작은 칩샷부터 시작해 서서히 스윙을 키워준다.** 이후 숏아이언에서 롱아이언, 하이브리드, 우드, 드라이버 순으로 서서히 몸을 깨운다. 더 구체적으로는 샌드웨지로 시작해서 공 5개는 18m, 공 5개는 하프스윙을 한 뒤 피칭웨지로 하프스윙 4개, 풀스윙 4개를 한다. 다음엔 8번 아이언과 6번 아이언으로 각 5개씩 치고 하이브리드 공 4개, 3번 우드 4개, 드라이버 5~8개, 그리고 5번 우드 3개, 갭웨지 5개 순으로 몸을 푼다. 총 20~30분 정도 걸린다.

연습을 시작할 때는 항상 개수를 정해놓고 친다. 그렇지 않으면 작은 부분에 민감해지면서 한 샷이나 한 클럽에서 헤어나지 못할 수 있기 때문이다. 컨디션이 저조할 경우 치는 공의 개수를 줄인다. 체력을 18홀 동안 조절해야 하기 때문에 미리 힘을 다 써버리면 안 된다. 항상 자신의 몸에 귀를 기울여서 힘을 비축했다가 풀었다 하며 완급 조절을 해야 마지막 홀까지 포커스를 잃지 않고 스트롱 피니시를 할 수 있다.

그러고 나서 퍼팅그린에 가서 그날 사용할 공 2개에 마킹을 하고 퍼팅을 한다. 약 1m 거리 동서남북의 모든 경사로에서 짧은 퍼팅을 하며 스트로크나 셋업, 템포를 점검한다. 그리고 오르막에 공 1/2개 정도의 훅 라이를 골라 약 2m 거리에서 연달아 6개를 넣어본다. 반대로 오르막 공 1/2개 정도의 슬라이스 라이에서도 6개를 연달아 넣어보며 공이 내가 원하는 라인으로 가는지, 공의 롤이 일정한지 점검한다.

- **그다음은 15m 거리에서 오르막 2번, 반대편 내리막 2번을 번갈아가며 총 10개의 퍼팅을 한다.** 이때 목표는 3개 정도를 넣고 나머지는 홀에서 지나가게 약 2m 안팎으로 붙이는 것이다. 성공하면 10~12걸음 거리의 롱퍼팅을 한다. 이때도 오르막과 내리막을 골고루 연습하며, 홀 근처에 붙이는 것에 집중한다. 이후 3m 퍼팅 3~5개로 마무리한다. 총 20분 정도 걸린다.

그리고 화장실을 다녀와 옷과 신발을 점검하면 티 타임 15분 전쯤 티박스에 도착하게 된다. 티박스에서 장비를 다시 한번 점검하고 앞 팀의 티오프를 보며 바람 방향과 세기를 참고하기도 한다.

티박스에는 절대로 늦게 가면 안 된다. 시작부터 당황하고 페이스가 흔들리기 때문에 충분한 경기력을 활용하기 어렵다. 반드시 여유 있게 도착해 침착한 상태에서 베스트 컨디션으로 경기를 시작하자.

매너가 골퍼를 만든다
꼭 지켜야 할 골프 에티켓

골프는 젠틀맨의 스포츠다. 그만큼 매너가 중요하다. 스윙이 나쁜 사람과는 라운드를 해도 매너가 나쁜 사람과는 두 번 다시 라운드하고 싶지 않은 법이다. 이번에 소개하는 10가지 에티켓을 지킨다면 플레이에서 민폐를 끼치지는 않을 것이다.

1.

티샷은 아너(Honor) 시스템, 두 번째부터는 거리가 먼 사람부터

골프에는 아너 시스템이 있다. 최근 들어 슬로 플레이가 문제가 되면서 '레디 골프(Ready Golf)', 즉 준비된 골퍼가 먼저 치는 분위기도 있지만 전통적으로는 첫 티에서 정해진 순서대로 티오프를 하고, 2번홀부터는 앞 홀에서 가장 낮은 스코어가 나온 골퍼가 먼저 친다. 잘 친 순서대로 티오프를 하는 것이다. 만약 앞 홀에서 공동 1등이 있으면 해당 홀에서 티오프를 먼저 한 사람이 첫 번째로 친다. 아너 시스템은 더 잘 친 골퍼를 존중해주는 개념이다.

티오프에서 그랬듯, 나머지 샷에서도 순서가 있다. 깃발에서 먼 골퍼가 먼저 치는 것이다. 친선 게임이나 스트로크 게임은 가까운 사람이 먼저 쳐도 큰 문제가 되지 않는다. 하지만 매치플레이의 경우 순서가 매우 중요하다.

플레이어들이 서로 동의한 상태에서 가까운 사람이 먼저 치는 것은 허용된다. 하지만 동의하지 않은 상태에서 가까운 사람이 먼저 친다면 상대방이 그 샷을 무효로 만들 수 있다. USGA 규칙 6-4a에 따라 이미 친 샷을 무효로 만들고 순서대로 다시 쳐야 한다.

가끔 비슷한 샷이나 퍼팅이 남았을 경우 순서는 굉장히 민감한 요소가 된다. 먼저 친 골퍼의 결과에 따라 다음 골퍼가 부담을 느낄 수도, 정보를 얻을 수도 있기 때문이다. 매치플레이에서는 각별히 순서에 신경 써야 한다.

2.

슬로 플레이 금지

USGA 규칙 5-6b에 따르면 한 샷을 치는 데 주어지는 시간은 40초다. 이를 처음 넘기면 경고를 받고, 또다시 슬로 플레이를 하면 1타 벌타, 2타 벌타, 그다음에 또다시 지적을 받으면 실격당하게 된다. 슬로 플레이는 같은 조에 있는 골퍼에게도, 뒤에 따라오는 팀에도 민폐를 끼친다. 그 조의 플레이뿐 아니라 뒤따라오는 팀의 경기를 줄줄이 지연시킬 수 있기 때문이다. 함께 라운드하기 꺼려지는 골퍼로 슬로 플레이어가 많이 꼽히는 것도 이 때문이다.

경기 속도를 지키는 데 가장 중요한 것이 바로 올바른 프리샷 루틴이다. 프리샷 루틴을 잘 만들어두면 허비하는 시간 없이 짧은 시간에 아주 좋은 결과의 샷을 만들 수 있다. 특히 골린이들은 필드에 나가면 고수들보다 경기 시간이 더 오래 걸릴 수밖에 없다. 그러므로 더 집중해서 신속히 샷을 해야 한다.

누가 홀에서 더 멀고, 자기 차례가 언제인지 파악해두자. 자신의 차례가 되기 전에 상대에게 방해되지 않는 선에서 샷을 미리 준비하고 있으면 시간을 절약할 수 있다.

3.

시야 방해하지 않고 소리 내지 않기

골프는 굉장히 민감한 스포츠다. 샷 한 번에 신경 쓸 요소가 너무나 많다. 잠깐만 집중력이 흐트러져도 샷 결과가 달라진다. 작은 소리나 움직임이 생각보다 큰 민폐가 되는 이유도 그래서다.

동반자가 셋업을 취할 때는 그의 시야를 피해 서 있는 것이 좋다. 이를테면 타깃 라인 뒤쪽에 서 있으면 시야에 잡히게 된다. 보이지 않는 지점이 어디인지 파악하고 시야에 방해하지 않게 서 있는 것이 좋은 매너다. 특히 퍼팅 땐 큰 상관이 없지만 풀스윙 때는 자칫 미스샷에 맞아 큰 사고로 이어질 수 있다. 공과 타깃이 이루는 선과 수직이 되는 선을 기점으로 타깃 쪽에 서 있는 것을 피하자.

보통 미스샷이 나더라도 공이 90도 오른쪽으로 나갈 것이라고는 상상할 수 없기 때문에 그 자리에 서 있는 경우가 있다. 하지만 공이 그쪽으로 날아가 동반자를 맞히는 사고가 적지 않다. 공에 맞는 것은 정말 위험한 일이다. PGA 투어에 따르면 드라이버의 공 스피드는 평균 약 167mph(269kph)다. 칩샷이나 벙커샷 또한 풀스윙은 아니지만 공의 스피드가 꽤 빠르고 맞으면 큰 사고로 이어진다. 그 때문에 공이 날아갈 수 있는 방향에는 서 있지 않는 것이 최선이다. 자신의 안전을 위해서도, 상대를 위한 매너로도 중요하다.

시야만큼이나 중요한 변수가 소리다. 동반자가 프리샷 루틴부터 공을 치고 피니시를 잡을 때까지 최대한 소리를 내지 않는 것이 중요하다. 당사자는 사소하다고 느낄 수 있는 걸음 소리, 채가 부딪치는 소리, 말 소리 등은 골퍼의 집중을 깨뜨린다. 자신이 공을 칠 때 누군가가 떠들고 웃는다면 집중하기 힘들고 기분이 나쁠 것이다. 역지사지가 필요하다. 동반자가 샷을 할 때도 매너를 지키자.

카트를 타고 플레이할 때 절대 피해야 할 것이 동반자가 샷을 할 때 카트를 타고 앞으로 먼저 나가는 것이다. 그러면 골퍼의 시야에도 잡히고 소음도 발생한다. 골프 속담에 "골퍼가 마지막으로 본 곳으로 공이 간다"라는 말이 있다. 카트 길은 대개 러프나 페널티 구역, 오비 근처에 있다. 자신이 타고 나간 카트 때문에 상대방의 샷을 망칠 수 있는 셈이다.

이 정도 에티켓은 알고 있어야 매너가 좋은 골퍼로 상대방에게 좋은 인상으로 남을 것이다.

4.

라이 밟지 않기

그린 위 또는 그린 근처 에지에서 칩샷이 남은 경우, 상대방의 라이를 밟아서는 안 된다. 어떤 골퍼는 다리를 벌려서 뛰어 넘는 것조차 불편하게 여기기도 하는데 이 부분은 의견이 다소 갈린다.

라이를 밟으면 발자국이 남아 울퉁불퉁해질 수 있다. 2019년 이전에는 그린 위에 스파이크 마크조차 고칠 수 없는 규칙이 있었기 때문에 특히 더 조심해야 했다. 지금은 웬만한 부분은 수리할 수 있기 때문에 덜 민감해지긴 했지만 밟고 지나간 부분을 복구한다는 건 쉽지 않다. 퍼팅은 롤이 정말 중요하다. 작은 눌림에도 공이 잘못 튈 수 있다. 그러므로 가급적 상대방의 라이를 밟지 않아야 한다.

라이는 대부분 공에서 홀까지 라인을 그리면 된다. 사이드힐이 심할 경우 어느 정도 브레이크를 어림짐작해 상대방 라이를 피해주는 좋은 센스를 발휘해보자.

5.

공이 그린에 올라가면 무조건 마크하기

USGA 규칙 11-1a에 따르면 그린 위에서 친 공이 마크가 되어 있지 않은 공을 맞혔을 경우 퍼팅을 한 골퍼가 2벌타를 받는다. 그렇기 때문에 그린 위에 공이 올라간 경우 무조건 마크를 하는 것이 좋은 매너다. 다른 사람의 공이 그린에 올라가지 않은 상황이라고 해도 내 공이 칩샷에 방해가 될 수도 있다. 그러니 공이 그린에 올라갔다면 항상 마크를 하자.

6.

앞 팀이 멀리 나가면 샷을 치기

한국에서는 대부분 캐디가 앞뒤 팀 사이의 경기 속도를 잘 조율하기 때문에 덜 신경 써도 되는 부분이긴 하다. 미국에서는 성격 급한 한국 사람들이 간혹 앞팀이 조금 느리거나 앞팀이 아직 닿을 만한 거리에 있어도 기다리지 못하고 샷을 하는 모습을 볼 수 있다. 이러다가 앞팀 근처에 공이 가면 큰 실례가 된다. 심지어 싸움으로 번질 수도 있다.

공에 맞을 수 있다는 가능성은 엄청나게 공포스러운 일이다. 생명에 위협이 갈 수도 있다. 적잖은 골퍼가 이를 대수롭지 않게 여기는데, 여러 차례 공에 맞아본 나로서는 그때의 고통과 공포감을 잘 알고 있다.

앞팀이 느리다는 이유만으로 공을 서둘러 치는 것은 행위는 정말 무례한 행동이다. 심지어 앞팀이 느린 것이 아닐 경우가 많다. 보이지는 않지만 그 앞의 팀도 순서가 밀렸을 수 있다. 상황을 넘겨짚어 공을 치는 것은 어리석은 일이다. 앞팀의 경기가 너무 밀릴 때는 팀과 티박스에서 마주쳤을 때 정중하게 요청하거나 코스 관리팀에 전화해 진행 요원의 도움을 받는 것이 현명하다.

7.

휴대전화 소리 끄기

앞서 언급한 것처럼 골프는 소리나 움직임에 굉장히 민감한 스포츠다. 휴대전화의 알림을 무음으로 하는 것이 좋다. 간혹 진동도 꽤 큰 소리를 낼 수 있기 때문이다. 만약 비즈니스 차원에서 경기 중 통화를 해야 하는 상황이라면 초반에 양해를 구하고 진동을 세팅한 후 경기에 지장이 가지 않도록 통화하자.

8.

그린에서 모든 플레이가 끝날 때까지 기다렸다가 함께 나오기

가끔 자신의 플레이가 끝나면 바로 카트나 다음 티박스로 가는 골퍼를 볼 수 있다. 슬로 플레이로 너무 뒤처지지 않은 상황이라면 큰 실례가 될 수 있다.

슬로 플레이에서는 앞팀을 따라가기 위해 먼저 끝난 골퍼가 다음 티박스에서 티샷을 진행하는 것은 좋은 매너다. 하지만 이런 경우가 아니라면 모든 골퍼가 퍼팅을 마무리할 때까지 근처에서 기다려주고 함께 그린에서 나오는 것이 기본 매너다. 이때 뒤 팀이 기다리고 있다면 신속하게 그린에서 나오는 것도 뒤 팀을 위한 배려다.

9.

"포어" 외쳐주기

공이 엉뚱한 방향으로 날아갈 수 있다. 이때 공이 다른 홀의 골퍼들 쪽으로 날아간다면 "포어(Fore)"라고 외쳐주면 된다. 공이 그쪽으로 날아가고 있으니 전방을 조심하라는 의미다. 한국에서는 대부분 "볼"이라고 하는데 정확한 단어는 '포어'다. 포어든 볼이든 일단 골퍼가 위험을 감지할 수 있게 알려주는 것이 좋은 매너다.

10.

티 타임에 일찍 도착하기 & 웬만하면 취소하지 않기

골프에서 티 타임은 "자신의 장례식이 아니고는 취소하지 않는다"라는 농담 섞인 이야기가 있다. 그만큼 골프 약속을 취소하는 것은 실례라는 뜻이다. 그래서 골퍼들은 무슨 일이 있어도 골프 약속은 꼭 지킨다. 종종 늦게 도착하는 분도 있다. 티 타임에 딱 맞춰 겨우 도착하는 것도 민폐다. 가는 도중 길이 막힐 수도 있고, 도착해서도 돌발 변수가 나올 수 있는 만큼 항상 여유 있게 코스에 도착 하자.

너무 빠듯하게 도착하면 여유가 없어 게임에 지장이 갈 수도 있다. 마음이 급해 스윙이 빨라지면서 첫 몇 홀을 망칠 수 있다. 이는 매너의 문제기도 하지만 자신의 게임을 위해서도 최소 30분 정도 일찍 도착하는 것이 좋다. 그린피도 계산하고, 스트레칭, 풀스윙 또는 퍼팅, 치핑을 하며 원하는 리듬을 만들고 플레이하면 라운드를 훨씬 더 알차게 즐길 수 있을 것이다.

ETC.
디보트 수리하기

한국에서는 캐디들이 디보트 수리를 해주는 경우가 많아 톱 10 에티켓에는 넣지 않았다. 하지만 해외에 살거나 해외에서 경기를 할 경우, 캐디 없이 경기를 할 경우 자신의 샷으로 생긴 디보트를 카트에 있는 모래로 채워주고, 그린에서는 자신의 볼 마크를 수리하는 습관을 들이면 정말 매너 좋은 골퍼로 인정받는다.

캐디가 말하는 골린이를 위한 현실 에티켓 `Plus-tip`

1
기본만 챙겨도 100점!
골을 친 후 남은 피치 자국을 수리하거나 벙커샷 후 벙커를 정리하는 등의 일은 선수들이 하지 않을 경우 벌금을 내야 할 만큼 기본 매너다. 하지만 골린이의 경우 신경 쓰지 못할 때가 많다. 코스에 쓰레기가 떨어져 있다면 캐디와 함께 줍고 함께 간 이들을 배려해 기본 사항은 굳이 따로 얘기하지 않아도 스스로 챙기자.

2
스크린 골프장 아닙니다.
스크린 골프장에서는 혼자 공을 계속 치며 연습할 수 있다. 하지만 필드에서는 동행한 이에게 양해를 구하지 않으면 사고가 날 수도 있고, 정해진 시간이 있기 때문에 진행 상황에 따라 다시 한번 치면 플레이가 지연될 수도 있다. 이를 인지하지 못하고 캐디에게 말하지 않은 채 공을 꺼내 연습하는 행동은 지양해야 한다.

3
오지랖은 금물!
여러 명이 함께 플레이하다 보면 더 잘 치는 사람이 있기 마련이다. 누군가의 플레이를 지적하며 훈수를 둘 경우, 한 사람이 한 마디만 더 해도 3명이면 세 마디가 된다. 그리고 꼭 지적하는 사람들은 본인의 스윙을 시범 삼아 가르치며 한 번씩 더 쳐보곤 한다. 차례를 기다리는 다른 이를 위해 훈수는 넣어두도록 하자.

4
전후좌우 꼭 살피세요.
연습 스윙을 할 때는 꼭 앞뒤를 면밀히 살펴야 한다. 그러지 않을 경우 지나가는 이의 치아나 머리에 맞아 큰 사고가 나기도 한다. 특히 스윙을 할 때뿐 아니라 정차해 있는 카트에서 클럽을 꺼낼 때도 모두가 골프 가방 쪽으로 모여 있는 상황에서 뒤에 사람이 있는 것을 확인하지 않고 클럽을 꺼내다가 사고가 나곤 한다. 스윙할 때도, 클럽을 꺼낼 때도, 아니 모든 상황에서 전후좌우를 꼭 살피는 버릇을 들이는 것을 추천한다.

5
사진 찍고 싶다면 솔직하게 말하세요.
골프를 즐기는 연령대가 낮아지면서 필드에서 사진을 찍는 이가 많다. SNS 게시용 사진이 필요하다면 캐디에게 미리 언질을 해놓자. 어느 홀에서 어떻게 찍으면 제일 잘 나오는지 누구보다 잘 아는 전문가이자 최고의 사진가가 되어줄 것이다. 같이 간 일행끼리 몰려다니면 시간도 지연될뿐더러 눈치가 보여 제대로 된 포즈도 안 나온다. 캐디에게 미리 부탁한다면 플레이 속도도 조절해주고 마음놓고 찍을 수 있어 금상첨화다.

골프 규칙 제대로 알기

골프의 정신에 따라 규칙을 지키며 플레이하는 것은 기본 중의 기본.
자칫 페널티를 받을 수 있는 행동과 수칙을 알아보자.

○○ 오비(Out of Bounds)

코스 외부 지역이다. 공이 코스 밖으로 나가면 오비라고 하고, 그 공을 찾더라도 코스 바깥에서는 플레이할 수 없다. 골프 규칙 18조에 따르면 공이 조금이라도 코스 안쪽에 닿아 있다면 오비가 아니다. 공 전체가 외부 지역에 들어가야 오비가 된다.
오비가 나면 페널티를 받고 처음 쳤던 곳에서 다시 쳐야 한다. 스트로크-앤드-디스턴스 원칙에 따라 첫 티샷 1타, 오비 벌타 1타가 인정되고 다시 티박스에서 세 번째 샷을 티샷으로 하게 되는 셈이다. 골프장 로컬 룰에 따라 오비 티가 있는 곳이 있는데, 오비 티에서 치면 워킹 벌타(1타)가 추가돼 네 번째 샷을 하게 된다. 티박스에서 오비 티까지 공을 보낸 것으로 여기고 이에 대해 부과하는 타수다.
로스트볼에서도 같은 원칙이 적용된다. 친 공을 잃어버리는 경우로, 3분간 공을 찾을 수 있다. 자신이 친 샷이 오비가 나거나 잃어버렸을 경우 슬로 플레이를 막기 위해 프로비저널볼, 즉 잠정구를 칠 수 있다. 이때 반드시 동반자들에게 잠정구라고 말을 하고 다음 샷을 해야 한다. 로스트볼 처리가 되면 1벌타가 주어진다.
아마추어들은 특히 '오소(誤所) 플레이'에 주의해야 한다. 다른 골퍼의 공을 친 경우에는 2벌타가 추가된다. 여기에 자신의 공을 찾지 못한 것으로 간주돼 로스트볼에 대한 페널티 1타가 더 부과되어 총 3벌타를 받게 된다. 오소 플레이를 한 것을 감췄다가 드러날 경우 공식 대회에서는 실격 처리될 수도 있다.

○○ 언플레이어블(Unplayable)

도저히 공을 칠 수 없을 경우 언플레이어블을 선언한다. 규칙 19조에 따르면 1벌타를 받고 드롭을 할 수 있다. 이때 3가지 선택지가 있다.

① 바로 전에 친 지점에서 스트로크-앤드-디스턴스로 다시 친다.

② 공이 있는 지점과 깃발에 라인을 그리고 그 뒤로 가서 드롭할 수 있다. 이때 홀에 가깝지 않은 쪽으로 1클럽 길이 안에 드롭해야 한다.

③ 공이 있는 지점에서 2클럽 길이 안으로 홀에서 가깝지 않도록 드롭한다.

○○ 벙커

규칙 12조에 따르면 공이 벙커에 들어가 있는 경우는 2019년부터 낙엽이나 돌은 치울 수 있게 허용됐다. 하지만 벙커샷을 하기 전에 모래를 테스트하면 안 된다. 셋업을 할 때 모래를 건드린다든지, 연습 스윙을 하며 모래를 건드려선 안 된다. 모래를 건드리면 2벌타를 받는다.

○○ 연습 스윙을 하며 공을 건드릴 경우

티박스나 그린에서 공을 실수로 건드렸을 경우 원래 자리로 공을 돌려놓고 벌타를 받지 않는다. 하지만 티박스나 그린을 제외한 구역에서 연습 스윙을 하다가 공을 건드리면 다시 원위치에 돌려놓아야 하고 1벌타를 받게 된다. 티박스와 그린을 제외한 구역에서는 공이 항상 인 플레이가 되기 때문이다. 이 구역에는 페널티 구역, 벙커 등도 포함된다.

○○ 무벌타 드롭

무벌타 드롭은 규칙 16조에 자세히 설명돼 있다. 여러 상황에서 생길 수 있는데 대표적인 것이 공이 카트 길에 있을 때, 물이 고여 있는 곳에 공이 박혀 있을 때 등이다.

공이 카트 길에 있는 경우 길 오른쪽으로 드롭을 하게 되면 스탠스까지 길에 서 있지 않도록 해야 한다. 카트 길 왼쪽으로는 스탠스에 방해되지 않기 때문에 보다 가까이 공을 둘 수 있다.

공이 물이 고인 곳에 있는 경우 역시 스탠스까지 완전히 구제를 받아야 한다. 물이 고여 있는 경우 벙커 안에서 드롭할 경우 무벌타이지만 벙커 밖으로 드롭해야 한다면 1벌타를 받게 된다. 공이 땅에 박힌 경우도 무벌타로 드롭이 가능하다. 최대한 근처에서 1클럽 길이로, 홀에 가깝지 않도록 드롭한다.

○○ 페널티 구역

2019년부터 해저드(Hazard) 구역이 페널티 구역으로 이름을 바꿨다. 원래 페어웨이를 가로지르는 물길은 노란 말뚝으로 표시하고 '워터 해저드(Water Hazard)', 페어웨이와 평행되게 흐르는 물길은 빨간 말뚝으로 표시하고 '래터럴 해저드(Lateral Hazard)'라고 불렀다. 하지만 이제는 페널티 구역이라고 통일한다. 말뚝 색상은 전과 같다. USGA 골프 규칙 17조에 따르면 페널티 구역에서 드롭을 할 때 1벌타를 받게 된다. 말뚝 색깔에 따라 드롭 룰이 다르다. 노란 말뚝 페널티 구역은 드롭에 세 가지, 빨간 말뚝 페널티 구역은 네 가지 옵션이 있다.

노란 말뚝

① 벌타 없이 페널티 구역에서 그대로 친다.
② 1벌타를 받고 공이 노란 페널티 구역을 마지막으로 통과한 지점(크로스 포인트)과 깃발 사이에 직선을 긋고, 이 선 위에서 크로스 포인트로부터 1클럽 안에서 드롭한다.
③ 1벌타를 받고 처음 친 지점에서 다시 친다.

빨간 말뚝

① 벌타 없이 페널티 구역에서 그대로 치친다.
② 1벌타를 받고 크로스 포인트에서 2클럽 길이만큼 홀에 가깝지 않도록 드롭한다.
③ 1벌타를 받고 크로스 포인트와 깃발 사이를 직선으로 그었을때 그 선상에서 드롭할 수 있다. 특정 지점을 잡고 1클럽 안에 드롭한다.
④ 1벌타를 받고 처음 친 지점에서 다시 친다.

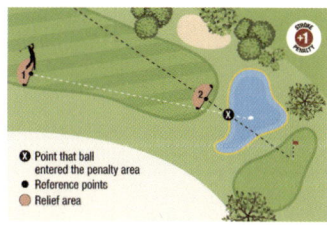

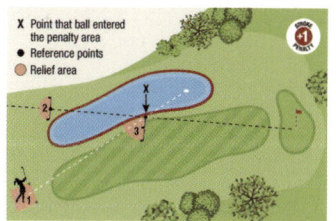

자료 미국 골프 협회(USGA) 홈페이지

골프 용어 사전

그립(Grip)
① 골퍼가 클럽을 쉽게 잡을 수 있도록 샤프트 끝에 덧씌워놓은 것
② 골퍼가 샷을 하기 위해 샤프트를 쥐는 행위

다운 블로(Down Blow)
클럽헤드가 스윙 궤도의 최저점에 내려오기 전에 볼과 임팩트가 되는 것. 디센딩 블로(Descending Blow)와 같은 말

다운스윙(Downswing)
톱 오브 스윙부터 임팩트까지의 스윙 동작

더블보기(Double Bogey)
한 홀에서 기준 타수(파)보다 2타를 더 치는 것

뒤땅
다운스윙을 할 때 클럽이 볼에 맞지 않고 볼 뒤쪽에 있는 땅에 클럽이 먼저 닿는 것

드라이버(Driver)
우드 1번 클럽의 별칭. 14개 클럽 중 가장 길며, 퍼터 다음으로 로프트가 작아 가장 치기 어려운 볼을 가장 멀리 보낼 수 있는 클럽

드로(Draw)
오른쪽으로 출발해 왼쪽으로 휘는 볼

디보트(Divot)
클럽헤드에 맞아 뜯긴 잔디 조각 또는 파인 자리

라운드(Round)
코스를 돌며 플레이하는 일

라이(Lie)
볼이 놓인 상태나 위치

러프(Rough)
페어웨이 양쪽 잔디가 길고 무성하며 정비되지 않은 지역

로프트(Loft)
클럽페이스가 수직면과 이루는 경사도

롱 게임(Long Game)
우드나 미드·롱아이언으로 볼을 멀리 치는 샷 위주의 게임. 그린 주변에서 이뤄지는 '쇼트 게임'과 대비되는 개념임

롱아이언(Long Iron)
3, 4번 아이언. 사람에 따라 5번 아이언을 롱아이언 범주에 넣기도 함

리딩에지(Leading Edge)
클럽헤드 맨 아래 날 부분

릴리스(Release)
임팩트 존에서 손목 코킹을 풀면서 클럽을 목표 방향으로 쭉 뻗어주는 것

마크(Mark)
① 볼에 자신의 것임을 표시하는 일
② 그린에서 볼 뒤에 동전이나 '볼 마커'로 표시한 후 볼을 들어올리는 일

미들아이언(Middle Iron)
5~7번 아이언을 지칭

바운스(Bounce)
① 골프 볼이 지면에 떨어진 후 튀는 것
② 클럽헤드와 리딩에지 사이의 각도

발사각
임팩트 후 볼이 날아가면서
지면과 이루는 각도

백스윙(Back Swing)
스윙 초기 단계에서 클럽헤드를
목표 반대(뒤쪽) 방향으로 빼
들어 올리는 일

백스핀(Back Spin)
타구된 볼이 뒤쪽(목표 반대쪽)으로
역회전하는 것

벌타
규칙을 어긴 벌로 받는 타수

벙커(Bunker)
움푹 파인 웅덩이에
모래가 깔려 있는 장애 구역

비거리
공이 있던 곳에서 날아가 최초로
땅에 떨어진 지점과 일직선상에
놓인 거리

샤프트(Shaft)
골프 클럽에서 헤드를 제외하고
막대기 모양으로 된 부분

섕크(Shank)
볼이 클럽의 호즐(클럽헤드와
샤프트를 잇는 소켓 또는 그 부위)에
맞으며 목표 라인 오른쪽으로
빗나가는 현상

세이브(Save)
위기에서 탈출하거나 위기를
모면하는 일

세컨드샷(Second Shot)
파4 또는 파5에서 두 번째 공을 치는 것

셋업 앵글(Setup Angle)
셋업 자세에서 몸의 기울어진 정도

셋업(Set-up)
① 스윙이나 경기를 하기 위한
   준비를 마치는 일
② 특정 홀의 티잉그라운드나
   홀 위치를 정하는 것

솔(Sole)
클럽헤드 중 지면과 닿는 바닥 부분

쇼트 게임(Short Game)
그린에서 100m 안쪽 지점에서
플레이하는 것. 칩샷, 피치샷, 벙커샷,
퍼트 등을 통칭

스매시 팩터(Smash Factor)
볼 스피드를 클럽 스피드로 나눈 값

스웨이(Sway)
스윙할 때 몸의 중심을 필요 이상
좌우로 움직이는 일

스위트스폿(Sweet Spot)
임팩트 때 볼에 최대 힘을 전달할 수
있는 클럽페이스의 일정 지점

스윙 플레인(Swing Plane)
스윙할 때 팔과 클럽이 움직이는
궤도를 연결한 가상의 평면

스카이볼(Sky Ball)
높이 치솟는 샷

스퀘어(Square)
① 클럽헤드나 스탠스가 목표 라인과
   평행 또는 직각을 이루는 일
② 승부가 나지 않은 상태

스탠스(Stance)
스윙을 하기 위해 발의 위치를
정하고 선 자세

스트로크(Stroke)
볼을 치려는 의사를 갖고 클럽을
전방으로 움직이는 행위

스핀(Spin)
임팩트 직후 골프 볼이 회전하는 것

스핀아웃(Spin Out)
다운스윙을 할 때 몸이 타깃의 왼쪽으로
빨리 빠지는 현상

슬라이스(Slice)
볼이 곧게 또는 왼쪽으로 나가다가
낙하지점 부근에서 오른쪽으로 급격히
휘는 것

시퀀스(Sequence)
연속 순서

아웃오브바운즈(Out of Bounds, OB)
① 플레이를 할 수 없는 지역
② 코스의 한계를 넘어선 장소 또는
   위원회가 그렇게 표시한 코스의 일부

아웃투인(Out-to-In)
볼에 접근하는 클럽헤드가 목표 라인
바깥에서 안으로 들어오는 스윙 궤도

아이언(Iron)
헤드 소재가 쇠(또는 그 합금)로
돼 있다고 하여 이름 붙은 클럽

아이언샷(Iron Shot)
아이언으로 친 타구

아크(Arc)
스윙할 때 그리는 궤도

어드레스(Address)
플레이어가 공을 치기 위해
스탠스를 취한 자세

어택 앵글(Attack Angle)
임팩트 순간 클럽헤드가 이동하는
방향의 각도

어프로치(Approach)
① 페어웨이에서 그린을 향해
   치는 샷
② 짧은 거리를 내는 클럽으로 핀에
   공을 가까이 붙이는 행위

얼라인먼트(Alignment)
클럽헤드와 몸이 목표 라인과 평행하게 정렬하는 일

업 블로(Up Blow)
클럽헤드가 최저점을 지나 올라가기 시작하면서 임팩트를 이루는 것

에임(Aim)
골프 코스에서 몸 전체를 목표 선과 평행하게 세우는 것

에지(Edge)
홀·그린·벙커·클럽 등의 가장자리

오프셋(Offset)
골프 클럽의 디자인 기능으로 샤프트 라인보다 클럽페이스 라인을 뒤로 보낸 형태

오픈 스탠스(Open Stance)
어드레스 때 왼발을 오른발보다 뒤쪽으로 빼서 서는 스탠스

오픈 페이스(Open Face)
클럽페이스가 목표 라인과 스퀘어를 이루지 않고 열려 있는 일

온 그린(On Green)
① 홀이 있는 평탄한 지역 일대
② 공을 그린 위에 올리는 것

우드(Wood)
헤드가 나무로 된 클럽. 1번 우드는 드라이버를 일컬음

왜글(Waggle)
프리샷 루틴의 한 과정으로 스윙하기 전에 손이나 손목으로 클럽헤드를 움직이는 동작

웨지(Wedge)
로프트가 크고 바닥이 넓은 아이언 클럽

이븐파(Even Par)
파 플레이 최종 스코어가 규정 타수와 동일한 경우

인사이드(Inside)
다운스윙 시 볼 안쪽에서 접근하는 것

인터미디어트 타깃(Intermediate Target)
공과 타깃의 가상 선상에 있는 특정한 지점

임팩트(Impact)
클럽헤드와 볼이 만나 타구가 이뤄지는 일

입스(Yips)
심리적 요인으로 스윙을 제대로 못하거나 강박관념에 시달려 샷을 실패하는 증상

치킨 윙(Chicken Wing)
임팩트 이후 두 팔을 릴리스하지 못하고 닭 날개처럼 굽은 상태로 어정쩡하게 피니시가 되는 것

치핑(Chipping)
볼을 낮게 띄워 지면을 구르는 런의 거리가 긴 것

칩샷(Chip Shot)
볼을 낮게 띄웠다가 낙하 후에는 일정 거리를 굴러가게 하는 쇼트 어프로치샷의 하나

캐리(Carry)
친 볼이 공중에서 날아간 거리

캐스팅(Casting)
다운스윙 중 손목의 코킹이 풀려버리는 잘못된 동작

컴프레션(Compression)
골프공에 일정한 힘을 가했을 때 변형되는 정도를 표시하는 경도

코일링(Coiling)
백스윙 때 형성되는 상체의 꼬임

코킹(Cocking)
백스윙 중 손목이 오른손 엄지 쪽으로 꺾이는 것

클래식 스윙(Classic Swing)
백스윙과 다운스윙의 궤도가 10도 이상 차이 나는 투 플레인(Two Plane) 스윙

클럽페이스(Club Face)
클럽헤드에서 볼과 임팩트가 되는 타구 면

클럽헤드(Club Head)
샤프트를 지지하는 골프 클럽의 맨 아랫부분

타이밍(Timing)
스윙할 때 자신만의 시간 배분이나 속도 조정

태핑(Tapping)
치거나 두드리는 행동

테이크어웨이(Takeaway)
어드레스 상태에서 클럽을 뒤로 빼는 백스윙 초기 동작

템포(Tempo)
스윙 전체의 속도

토(Toe)
클럽헤드 앞쪽의 넓은 면

토핑(Topping)
공의 윗부분을 때리는 미스샷

톱(Top)
① 백스윙의 정점
② 클럽헤드가 볼 중앙보다 윗부분을 치는 것

트러블(Trouble)
벙커·함정·트랩

티박스(Tee Box)
① 플레이할 홀의 출발 장소로 티샷을 하는 구역
② 티잉그라운드

티샷(Tee Shot)
한 홀의 첫 샷

티오프(Tee Off)
① 티업된 볼을 쳐내는 플레이
② 경기 시작

티잉(Teeing)
플레이를 위해 공을 티에 올려놓는 것

파(Par)
① 홀마다 정해진 기준 타수
② 한 코스의 기준 타수

페어웨이(Fairway)
티잉그라운드와 그린 사이에 잔디를 짧게 깎아놓은 구역

페이드(Fade)
처음에는 곧바로 나가다가 떨어질 무렵 속도가 느려지면서 오른쪽으로 굽는 볼

포스트임팩트(Post Impact)
임팩트에서 손과 클럽헤드가 약 1m 정도 나가 있는 포지션

폴로스루(Follow Through)
임팩트 후 클럽의 움직임을 멈추지 않고 스윙 궤도를 따라 계속 클럽을 휘두르는 동작

퍼팅(Putting)
그린에서 퍼터로 쳐서 볼을 홀에 집어넣는 동작

페어웨이우드(Fairway Wood)
잔디 위에서 가장 멀리 칠 수 있는 클럽

풀스윙(Full Swing)
크기나 파워를 줄이지 않고 클럽의 기능을 100% 활용해 스윙하는 것

풋워크(Footwork)
스윙을 원활하게 하기 위한 발동작

프리샷 루틴(Preshot Routine)
샷을 하기 전 매번 일관되게 행하는 일련의 예비 동작

피니시(Finish)
① 스윙의 완결 동작
② 경기에서 마지막 홀을 끝내는 일

피칭(Pitching)
목표 지점으로 볼을 띄워 보낼 때 공중에서의 거리가 지면에 굴러가는 거리보다 많은 샷

피팅(Fitting)
골프 클럽을 사용자에게 맞게 조정하는 것

핀(Pin)
그린에서 홀을 표시하기 위해 꼽아놓은 막대기

필드(Field)
① 공식 대회 출전 선수 명단
② 골프 코스

하이브리드(Hybrid)
아이언과 우드의 장점을 결합해 라이, 러프, 벙커 등지에서 볼을 높이 띄워 멀리 날릴 수 있는 클럽

하프스윙(Half Swing)
백스윙을 하면서 나오는 중간 동작. 왼팔이 지면과 수평이 된 상태

해저드(Hazard)
모든 벙커 또는 워터해저드 (코스 안의 모든 바다·호수·연못·하천·도랑 등)

핸드퍼스트(Hand First)
아이언샷이나 웨지샷을 할 때 양손이 클럽헤드보다 앞선 상태로 임팩트가 이뤄지는 일

행백(Hang Back)
다운스윙 시 골퍼의 체중이 뒷발인 오른발에 남아 있는 것

헤드 스피드(Head Speed)
스윙할 때 클럽헤드가 움직이는 속도

헤드업(Head Up)
스윙 시 공을 보지 않고 타깃을 향해 고개를 치켜드는 현상

호즐(Hozel)
헤드와 샤프트를 이어주는 넥 위쪽의 연결 부분

홀(Hall)
① 그린에서 볼을 넣는 구멍
② 코스를 구성하는 한 단위

훅(Hook)
오른손잡이의 경우 타구된 볼이 왼쪽으로 많이 휘는 구질

힐(Heel)
토의 반대편. 넥과 이어지는 헤드의 끝부분

한경 MOOK

명품 스윙 에이미 조
EASY GOLF

펴낸날	초판 1쇄 발행 2022년 3월 31일
	3쇄 발행 2022년 12월 13일
발행인	김정호
편집인	유근석
펴낸곳	한국경제신문
지은이	에이미 조
편집 총괄	서화동
기획·제작 총괄	이선정
편집	한국경제신문 조수영·조희찬
	한국경제매거진 이진이·강은영·윤제나·정자은
디자인	서희지
판매·유통	정갑철·선상헌
인쇄	제이엠프린팅
등록	제2006-000008호
주소	서울시 중구 청파로 463 한국경제신문
구입 문의	02-360-4859
홈페이지	www.hankyung.com

값 20,000원
ISBN │ 979-11-85272-88-7(93690)

〈명품 스윙 에이미 조 EASY GOLF〉는 골프의 기본기를 닦고 싶은 골린이나 스윙이 무너진 골퍼를 위한
에이미 조의 훈련법을 담은 골프 가이드북입니다.

- 잘못 만든 책은 구입하신 곳에서 교환해드립니다.
- 이 책은 저작권법에 따라 보호받는 저작물이므로 무단 전재와 복제를 금합니다.